Walter Meys

Langweilig war es nie

\-

Aufregend war es immer

Ein etwas anderer Lebensweg

Walter Meys

Langweilig war es nie

\-

Aufregend war es immer

Ein etwas anderer Lebensweg

Autobiografische Erzählung

Impressum

Bibliografische Information der Deutschen
Nationalbibliothek:
Die Deutsche Nationalbibliothek verzeichnet diese Publika-
tion in der Deutschen Nationalbibliografie; detaillierte bibli-
ografische Daten sind im Internet über http://dnb.dnb.de
abrufbar.
© 2021 Walter Meys
Lektorat: Rosemarie Heisters
Herstellung und Verlag: BoD – Books on Demand,
Norderstedt
ISBN: 978-3753425085

Für meine Kinder und Enkel

Inhaltsverzeichnis

Prolog
Der Beginn meiner Erinnerungen

Die Jahre 1941 bis 1947
Meine Kindheit in Berchtesgaden

Die Jahre 1947 bis 1954
Meine Jugendzeit in Aachen

Die Jahre 1954 bis 1960
Start ins harte Berufsleben
Ausbildung zum Bergmann

Die Jahre 1960 bis 1970
Zwölf Jahre Bundeswehr
Die Grundausbildung in Sigmaringen
Ausbildung zum Fallschirmjäger
Ausbildung zum Panzerfahrer
Pionierlehrgang
Militärische Übungen mit unseren
Verbündeten
Einzelkämpferlehrgang
Gefangennahme
Versetzung zur Ausbildungskompanie 6/9
Der Nagoldprozess

Eine andere militärische Welt
Amerikanisches Fallschirmspringerabzeichen
Skitraining in Berchtesgaden
Feldwebellehrgang
Internationale Skiveranstaltung in den Pyrenäen
Unteroffiziersschule in Aachen

Die Jahre 1970 – 1974
Ausbildung zum Kriminalbeamten
Meine Tätigkeit als Kriminalbeamter

Die Jahre 1974 - 1984
Vorbereitungen für den Nachrichtendienst

Erste Ermittlungen für den Nachrichtendienst
in London und Rhodesien
London
Rhodesien

Ermittlungen in Südwestafrika und Südafrika
Ein ständiger Wechsel des Einsatzortes

Epilog

Danke

Prolog

In diesem Buch beschreibe ich meine Lebensjahre während der Kriegsjahre und der Aufbauzeit nach dem verlorenen Krieg, wie ich sie selbst erlebt habe. Die verschiedenen Ereignisse nach den Jahren 1939 traten schnell hintereinander ein und mir blieb nichts Anderes übrig, als mich mit den jeweiligen Gegebenheiten sehr schnell abzufinden und darin einzufügen bzw. für meine Situation jeweils das Beste daraus zu machen. Die Geschehnisse beeinflussten meinen Werdegang mehr oder weniger stark, je nachdem wie erfolgreich ich durch sie meinen Lebensweg positiv gestalten konnte. Die Mehrzahl der jungen Leute suchte damals einen Weg in die „normale" Gesellschaft und setzten ihre Kraft zum Aufbau einer erfolgreichen Existenz ein. Es gab allerdings auch solche, die das Außergewöhnliche suchten, so wie ich.

Vielleicht ist diese Lebensgeschichte deshalb lesenswert, da sie einen Einblick in eine andere Welt und einen ungewöhnlichen Weg bietet, ohne die ein Staat vielleicht nicht existieren könnte.

Der Beginn meiner Erinnerungen

Im Juli 1939 wurde ich in der Grenzstadt Aachen geboren. Es war die Zeit des großen Aufbruchs, eine Zeit der Veränderung, Veränderungen zur Katastrophe. Aachen ist das Tor zu den Niederlanden und Belgien, mit der Verbindung nach Frankreich und dem Atlantischen Ozean. Meine Erinnerung an diese Zeit beginnt, als ich etwa zwei Jahre alt war. Ich war mit meiner Mutter unterwegs und wir hörten den Ton lauter Sirenen, der noch heute in meinen Ohren klingt. Wir rannten sofort zu einem Haus mit einer steil nach unten führenden Treppe in einen so genannten Luftschutzkeller. Der Krieg war vor einigen Monaten ausgebrochen und Aachen die erste Stadt, die nun furchtbare Luftangriffe erleben musste. Hier hörte ich das Fallen der Bomben, das Stöhnen und Schreien der Menschen. Die Wände und der Boden bebten und vor lauter aufwirbelndem Staub konnte man nichts erkennen. Nach einer langen Zeit, so kam es mir jedenfalls vor, verließen wir den Keller und waren dann in einer Welt voller Rauch und brennenden Häusern. Dies war für mich das erste Erlebnis, das mein weiteres Verhalten prägte und meine Aufmerksamkeit auf sich zog. Das zweite, wieder ein negatives Ereignis, an das ich mich erinnere in diesen jungen Jahren, ist der Tod meines Vaters, der 1941 in Russland gefallen ist. Nun musste meine Mutter für mich und meine Schwester, die ein Jahr jünger ist als ich, alleine sorgen und alles Weitere organisieren.

Jahre von 1941 bis 1947
Meine Kindheit in Berchtesgaden

Die Luftangriffe auf Aachen wurden mit der Zeit immer intensiver und auch unsere Wohnung lag in Trümmern. Wir wurden daraufhin nach Berchtesgaden evakuiert. Allerdings ist es mir bis heute nicht gelungen, herauszufinden, weshalb wir ausgerechnet so weit in den Süden evakuiert wurden. Berchtesgaden liegt in den Alpen und ist eingerahmt von hohen Bergen. Unsere neue Wohnung befand sich außerhalb der Kleinstadt in einer Pension. Die Pension lag in einer wunderschönen, bewaldeten Umgebung, ungefähr eine Stunde zu Fuß von der Stadt entfernt. Mitbewohner waren eine junge Frau aus Wien mit zwei Kindern und die anderen Zimmer belegten Spezialeinheiten der Wehrmacht. Der Weg zur Pension führte weiter zu einem Ausflugziel, dem Jenner, was für meine Schwester und für mich keine anstrengende Strecke war. Das Wandern oder Marschieren hat für mich bis heute noch eine große Bedeutung. Auch der Berg mit dem Namen Hoher Göll befand sich in unmittelbarer Nähe. Oben auf dem Berg besaß der Führer Adolf Hitler seine Residenz. Deshalb waren Soldaten als Sicherheitskräfte an strategisch wichtigen Punkten am Hohen Göll stationiert. Zu deren Aufgabe gehörte es, bei Luftangriffen die Berge einzunebeln. Bei solchen Einsätzen durfte ich später die Soldaten, die bei uns in der Pension wohnten und die etwa achtzehn bis zwanzig Jahre alt waren, begleiten. In der Sommerzeit unternahmen wir Wanderungen zum Platter Hof, der etwa sechs km entfernt war. Dieser Platter Hof, als Lazarett und Erholungseinrichtung für verletzte Soldaten ausgebaut, hatte einen wunderschönen Spielplatz für uns Kinder und ein Restaurant. Mit den Kindern aus den umliegenden Bauernhöfen unternahmen wir Streifzüge in der Umgebung oder wir spielten auf den Bauernhöfen und wurden so vertraut mit der bayrischen Lebensart: Knödel oder Dampfnudeln essen, das Tragen einer Lederhose und das Sprechen mit bayerischem Dialekt wurde mit der Zeit für uns eine Selbstverständlichkeit. Unsere Heimat war jetzt Berchtesgaden, denn etwas Anderes kannten wir nicht mehr. Die Besichtigung des Salzbergwerks in Berchtesgaden prägte teilweise mein späteres Berufsleben. Einen weiteren Höhepunkt in dieser Zeit stellten die Bootsfahrten auf dem Königsee nach St. Bartholome für mich dar. Meine Mutter, meine Schwester und Freunde fuhren mit mir auf dem Schiff, es wurde Trompete gespielt und das Echo in den Bergen klang einfach wunderschön.

Ein großes Ereignis für die Bewohner Berchtesgadens war immer der Besuch von Adolf Hitler in seiner Residenz, dem Berghof am Obersalzberg. Bei seiner Fahrt dorthin fuhr die Autokolonne durch Berchtesgaden. Und trotz der Geheimhaltung seiner Ankunftszeit standen immer viele Menschen am Straßenrand um den Führer zu begrüßen. Auch ich hatte die Gelegenheit ihn zu sehen. Wenn ich heute über diese Situation nachdenke, sehe ich darin ein geschichtliches Ereignis, welches ich direkt persönlich hautnah erlebte.

Einmal in der Woche ging meine Mutter mit uns Kindern nach Berchtesgaden, um dort unsere Lebensmittel einzukaufen.

Im Nachhinein betrachtet, war die Kindheit in Berchtesgaden für mich bis Kriegsende die schönste Zeit in meiner Jugend. Die Winter waren kalt und schneereich, die Sommer heiß und voller Sonnenschein. Wir hatten genügend zu essen und erst gegen Ende des Krieges traten weitere negative Veränderungen ein. Die Lebensmittel wurden knapp, die Luftangriffe nahmen zu. Trotz Krieg war Weihnachten für uns etwas Besonders. Wir hatten genügend Lametta um unseren Weihnachtsbaum zu schmücken, da dieser von hochfliegenden feindlichen Flugzeugen abgeworfen wurde, um so unsere Flugabwehr zu stören.

Mein Opa, der uns zeitweise besuchte, unterhielt sich mit meiner Mutter in meinen Augen über eine andere Welt, eine Welt, die für uns Kinder unverständlich war. Diese unverständliche Welt sollten wir jedoch bald kennen lernen.

1944 intensivierten sich die Luftangriffe auf militärische Einrichtungen und der Residenz von Adolf Hitler. Die Aufgabe der Spezialeinheit bestand darin, die Umgebung der Residenz und die anschließenden Berge einzunebeln. Als Fünfjähriger erlernte ich bereits den Umgang mit dem Gewehr von den Soldaten in der Pension, die sich mit mir beschäftigten. Ich durfte sie sogar zu naheliegenden Objekten begleiten. Bei den Objekten handelte es sich um fassgroße Tonnen, die mit Chlorsulfonsäure gefüllt waren. Bei Alarm wurden diese Rauchfässer gezündet, und entwickelten dann gewaltige Rauchwolken. Vor dem Zünden der Fässer setzten die Soldaten Gasmasken und Stahlhelme auf. Man hatte mir auch einen Stahlhelm angefertigt, den ich voller Stolz trug. Die Gasmasken waren für Erwachsene und Kinder in der Kriegszeit eine Selbstverständlichkeit. Für mich bedeuteten diese „Einsätze als Soldat" mehr oder weniger ein „Spiel". Heute weiß ich, dass diese Säure eine farblose, stechend riechende und an der Luft stark rauchende Flüssigkeit ist, die bei entsprechender Luftfeuchtigkeit einen ätzenden Nebel verursacht. Später, als der Krieg vorbei war, tauschte ich den Helm gegen vier große Tafeln Schokolade und drei Päckchen Kaugummi bei den amerikanischen Soldaten ein. Der Krieg war für mich erledigt, den Helm brauchte ich nicht mehr. Und Schokolade liebte ich.

Den schwersten Luftangriff erlebten wir am 25. April 1944 kurz vor Ende des Krieges. Wir befanden uns in der Wohnung, als plötzlich schwere Bombeneinschläge zu hören waren und das Haus durch den Luftdruck der explodierenden Bomben bebte. In Panik flüchteten wir in den Keller und setzten dort unsere Gasmasken auf. Der Angriff erfolgte auf das vier km entfernte Lazarett Platterhof und einige Bomben schlugen auch in unserer unmittelbaren Nähe ein. Soweit ich mich erinnern kann, erfolgte der Angriff in den späten Morgenstunden und erst gegen Abend wurden wir von den deutschen Soldaten aus dem Keller geholt. Einen Tag später konnte ich aus sicherer Entfernung die entsetzliche Zerstörung sehen: große Bombentrichter und ein verwüsteter Wald. So blieb mir trotz meines jungen Alters dieser Luftangriff voller Entsetzen in Erinnerung. Das Soldatenleben, das ich als Kind bei den Nebelaktionen erlebte, wurde durch die reale Gewalt des Krieges weit in den Schatten gestellt. Was mich wirklich stark erschütterte, waren die verletzten und toten Soldaten, die wir kurz vor und nach Kriegsende zu sehen bekamen. Hier spielte es keine Rolle, ob es deutsche oder amerikanische Soldaten waren.

Nach diesen Luftangriffen fuhren die Bauern mit ihren Fuhrwerken in Richtung Platter Hof und Obersalzberg und holten aus den Versorgungsstollen die dort gelagerten Lebensmittel und anderes Brauchbare und halfen beim Abtransport der Verletzten und Toten. Mein erstes Erlebnis mit amerikanischen Soldaten fand am 6. Mai 1945, einen Tag nach Kriegsende, statt. Einige Militärfahrzeuge stoppten vor unserer Pension. Junge amerikanische Soldaten stiegen aus und verteilten an uns Kinder Süßigkeiten und an die Erwachsenen Zigaretten. Die Erwachsenen saßen auf Holzbänken, die an der Hausseite standen und betrachteten erstaunt und auch bedrückt das freundliche Verhalten der amerikanischen Soldaten. Die ehemaligen jungen Soldaten hatten bereits ihre Uniformen vergraben oder auch verbrannt und trugen jetzt Zivilkleider, die nicht richtig passten. Es war für mich ein etwas ungewöhnlicher, völlig fremder Anblick. Ich kannte sie ja bis dahin nur in Uniform. Nach der Weiterfahrt der amerikanischen Soldaten verschwanden die deutschen Soldaten und wurden nicht mehr gesehen.

Was sich auch änderte, war die Begrüßung der Menschen untereinander. Wir Kinder kannten nur den Gruß „Heil Hitler" und nach Kriegsende begrüßten alle sich wieder in Bayern mit „Grüß Gott." Weiterhin lernten wir einige Dinge kennen, die uns vorher noch unbekannt waren. Das erste Zusammentreffen mit amerikanischen Soldaten unterschiedlicher Hautfarbe war zunächst ein beklemmendes Ereignis für mich und viele andere und wir hatten Angst vor diesen Schwarzen Menschen. Aber die Angst schlug in Begeisterung um, als wir ihre Freundlichkeit zu uns Kindern kennenlernten. Meine Schwester mit ihren langen, blonden Zöpfen wurde mit Süßigkeiten förmlich überhäuft. Auffallend bei den Schwarzen Soldaten waren ihre gute Laune und das herzhafte Lachen, wobei die schönen weißen Zähne durch die dunklere Haut noch mehr zur Geltung kamen. Bei den Weißen amerikanischen Soldaten war die Freundlichkeit uns Kindern gegenüber allerdings viel zurückhaltender. Weißbrot, Bananen,

Apfelsinen, Erdnüsse, Tomatensaft und Kaugummi waren für uns neue Genussmittel. Wir waren begeistert davon. Leider gingen die schönen Höhepunkte schnell vorbei und es begann eine Zeit geprägt von Hunger und Trostlosigkeit. Plötzlich wurden wir in Bayern als Flüchtlinge angesehen und sehr oft schlecht behandelt. Einige Spielkameraden bezeichneten uns als „Saupreußen" und es kam so oft zu tätlichen Auseinandersetzungen zwischen uns. Jeder „kämpfte" jetzt um zu überleben. Meine Mutter fand Lösungen, um uns Kinder einigermaßen ernähren zu können. Oft mussten wir uns mit trockenem Brot zufriedengeben. Meine Schwester knetete kleine Brotstücke zu Kugeln und diese schmeckten mir so gut wie ein ganz kleiner Kuchen. Die Winter waren für uns nicht mehr romantisch, sondern die Kälte und der hohe Schnee stellten ein weiteres Problem dar. Aus der Winterkleidung waren wir herausgewachsen und neue Kleidung konnte man nicht kaufen. Meine Mutter nähte aus Fallschirmseide aus den Versorgungsstollen Hemden und Schlafanzüge, die gegen Lebensmittel und alte, passende Kleidung eingetauscht wurden. Schuhsohlen schnitten wir aus alten Autoreifen aus. Meine kurze Lederhose trug ich jetzt auch im Winter und meine nackten Beine schützte ich vor der Kälte durch das Tragen von langen, gestrickten Mädchenstrümpfen. Soweit ich mich noch erinnern kann, waren wir abgehärtet und gesund und konnten so diese harten Jahre überstehen.

Im Frühjahr 1944 wurde ich eingeschult. Die Schule lag im Tal und ich musste täglich hin und zurück fast zehn km zu Fuß gehen. Im Winter legten wir den Weg mit dem Schlitten oder selbst gemachten Skiern aus Holzbrettern zurück. In der Schule gab es in der Pause eine Suppe, die so dünn war, dass wir sie als „amerikanisches Spülwasser" bezeichneten. Gegessen wurde, wenn vorhanden, aus einem Kochgeschirr oder aus Blechdosen, die wir fanden und reinigten. Einige Bauernfamilien, die uns noch kannten, versorgten uns manchmal mit Kartoffeln. Pellkartoffeln sind heute noch mein Lieblingsgericht. Zu unsern guten Bekannten zählte auch eine junge Försterfamilie, die sehr nett zu uns war. Als kinderloses Paar wollten sie mich unbedingt adoptieren, weil ich nicht aus Berchtesgaden zurück nach Aachen wollte. Mir gefiel es einfach zu gut in Berchtesgaden; meine Mutter war natürlich nicht damit einverstanden. Ich wäre damals wirklich sehr gerne bei diesem Ehepaar geblieben. Mein Leben hätte dann vielleicht einen anderen Weg eingeschlagen. Vielleicht wäre ich heute in Berchtesgaden ein Förster im Ruhestand. Bis heute noch liebe ich den Wald und mache täglich eine kleine Wanderung, auf der ich die Natur und Ruhe sehr genieße.

Die Jahre von 1947 bis 1954
Meine Jugendzeit in Aachen

Im Herbst 1947 kehrten wir nach Aachen, der Heimat meiner Mutter, zurück. Die Fahrt mit dem Zug dauerte zu der damaligen Zeit über eine Woche. Während dieser Fahrt hatte ich den Eindruck, als wären alle Menschen nur noch mit dem Zug unterwegs. Unsere Lebensumstände damals kann ich nur als katastrophal bezeichnen. Wir hatten nichts zu essen und füllten unsere Mägen mit kaltem Wasser, um somit das Hungergefühl zu unterdrücken. In Köln mussten wir nach vielen Unterbrechungen den Rhein über eine Notbrücke zu Fuß überqueren, dann ging es mit dem Zug weiter. Köln selbst bestand aus einem großen Trümmerhaufen mit einem zum Teil nicht zerstörten Kölner Dom. Der Umzug von Berchtesgaden nach Aachen war für mich wie ein Sprung ins kalte Wasser. Auch Aachen war in keinem besseren Zustand als Köln. In den Straßen verlegte man schmale Schienen, die von Loren mit Trümmerschutt befahren wurden. Frauen beluden die Loren und räumten die Straßen und zerstörten Grundstücke von Trümmern frei. Hierher stammt das Wort „Trümmerfrauen." Belohnt wurde diese harte Arbeit mit einer Lebensmittelkarte und man konnte damit Lebensmittel eintauschen. Männer waren kaum zu sehen. Viele waren im Krieg gefallen oder noch in der Kriegsgefangenschaft. Vereinzelte Fahrzeuge auf den freigeräumten Straßen waren entweder Kleinlaster mit Holzfeuerantrieb oder Militärfahrzeuge. Unsere Wohnung war von den Bomben zerstört und wir fanden eine Wohnmöglichkeit bei den Eltern meiner Mutter. Mein Opa arbeitete bei der Reichsbahn, die dann später zur Bundesbahn umbenannt wurde. Wir wohnten mit unserer

Mutter, einer Tante, einem Onkel und einem Vetter bei den Großeltern in einem Reichsbahnkomplex, der die Bombenangriffe fast unbeschädigt überstanden hatte. Unsere Wohnung befand sich in der dritten Etage und die siebzig qm bewohnten acht Personen. In dieser Notzeit galt dies als paradiesisches Wohnverhältnis. Meine Tante, mein Onkel und mein Vetter waren schon vor uns eingezogen. Wir drei Kinder schliefen in den ersten Wochen in einem Zimmer auf dem Boden. Die Wohnung lag in einem Randgebiet von Aachen und meine neue Schule in der Innenstadt. Der Schulweg war im Gegensatz zu Berchtesgaden ein großes Trümmerfeld. Den ca. drei km langen Weg ging ich jeden Tag alleine zu Fuß. Die Eltern meines Vaters wohnten in einem anderen Stadtteil von Aachen. Auch deren Haus hatte die Luftangriffe überstanden. Dieser Opa, ein großer Organisator, versorgte uns während der Kriegszeiten in Berchtesgaden mit Kleidung und Lebensmittel. Nun arbeitete er als Kraftfahrer bei den englischen Streitkräften. Aufgrund seiner englischen Sprachkenntnisse hatte er einen königlichen Job und konnte somit Dinge organisieren, wovon die Menschen zur damaligen Zeit nur träumten.

Aachen ist eine katholische Bischofstadt, deren Bewohner zu neunzig Prozent dem katholischen Glauben nachgehen. Es gab nur eine evangelische Schule, die mit einer hohen Mauer von der katholischen Schule getrennt war. Trotz der vielen Flüchtlinge, die jetzt in Aachen lebten und die in der Mehrheit Protestanten waren, hat sich das Glaubensverhältnis in der Stadt bis heute nicht gravierend verändert.

In Aachen galt ich nicht mehr als Flüchtling und konnte meine zurück gehaltenen Aggressionen wegen der ständigen Hänseleien an diesen Menschen auslassen, auch gegen die

Katholiken und die Militärbesatzung. Militärfahrzeuge bewarfen wir aus sicherer Entfernung mit Steinen. Ebenso kam es in der Schule regelmäßig zu tätlichen Auseinandersetzungen. Das Lehrpersonal in der Schule bestand in der Mehrzahl aus älteren Frauen, die mit harter Hand den Unterricht leiteten. Die Schulklassen waren oft mit bis zu 100 Schülern überfüllt und wegen Lehrermangel mussten zwei unterschiedliche Klassen oft von einer einzigen Lehrkraft unterrichtet werden. Nach damaliger Ansicht war die Prügelstrafe gerechtfertigt, um als Lehrkraft die chaotischen Situationen zu bewältigen.

Zu Hause besserte sich die Versorgungslage, da unsere Mütter aufs Land fuhren und in der Erntezeit Kartoffeln und Rüben nach Hause brachten. Diese Tätigkeit bezeichnete man als „Hamstern". Es wurden auch Teppiche, Familienschmuck und andere wertvolle Gegenstände, wenn sie denn vorhanden waren, gegen Essbares bei den Bauern eingetauscht.

Aachen hat eine bewaldete Grenzlage Richtung Westen. Die ländliche Gegend Aachens Richtung Osten bestand aus viel Landwirtschaft und hier hamsterte die notleidende Bevölkerung.

„Was ist der Unterschied zwischen einem armen und einem reichen Bauern?"

„Der arme Bauer putzt seinen Mercedes selber!"

Deutlicher als mit diesem Zitat kann ich den aufsteigenden Wohlstand der damaligen Bauern nicht beschreiben.

Im südlichen Bereich von Aachen liegt die Mittelgebirgslandschaft mit der Eifel, im Westen Belgien und Holland. Das belgische Gebiet mit den Städten Eupen, Malmedy und St. Vith war ehemaliges deutsches Gebiet und wurde nach dem Ersten Weltkrieg Belgien zugeschrieben. Hier wurde deutsch gesprochen und es bestanden noch viele verwandtschaftliche Beziehungen über die Grenzen hinaus.

Holland grenzt mit der Provinz Limburg an Aachen. Deshalb sprechen viele Limburger besser Deutsch als ihre eigene Landessprache. Wir hatten eine Tante in Holland, die in dem Grenzort Vaals wohnte. Vaals kann man heute als Vorort von Aachen bezeichnen. Dort liegt mit einer Höhe von dreihundert Metern Hollands höchster Berg und das Gebiet nennt sich Dreiländereck, da sich die Grenzen von Deutschland, Holland und Belgien dort vereinigen. Einmal in der Woche besuchte ich mit meinem drei Jahre älteren Vetter Tante Hannchen und wir konnten uns bei ihr so richtig satt essen. Außerdem versorgte sie uns mit Butterbroten und Süßigkeiten, die wir mit nach Hause nahmen. Die Grenze von Aachen nach Holland mit der Ortschaft Vaals trennte eine große Wiese, die mit mehreren Zäunen durchzogen war. Bewacht wurde dieser Grenzabschnitt von englischen Soldaten. Diese ließen uns passieren oder schauten einfach in eine andere Richtung. Später wurden diese Soldaten durch belgische Soldaten ersetzt. Die belgischen Soldaten stammten aus der Provinz Wallonien und sprachen nur französisch. Sie wurden von uns Grenzgängern gehasst. Wenn uns diese „Schweine" festnahmen, mussten wir die Butterbrote und Süßigkeiten unter deren Aufsicht aufessen oder abgeben. Abgelöst wurden sie durch den Deutschen Zoll, der erst ohne Waffen kontrollierte und später mit Gewehren ausgerüstet wurde. Der Deutsche Zoll war gefürchtet. Freie Flächen konnte man nicht mehr überqueren, weil sofort geschossen wurde. Der Kaffeeschmuggel von Belgien nach Deutschland entwickelte sich in dieser Zeit zu einem großen Geschäft und wurde immer besser organisiert. Ehemalige deutsche Soldaten, die aus der Kriegsgefangenschaft zurückkehrten, bauten einen gut durchdachten Grenzverkehr auf und brachten allen das richtige Verhalten im Gelände bei. Der Schmuggel war eine Möglichkeit, schnell an Wertsachen oder Geld zu kommen. Für viele bot er den Grundstein für einen späteren Geschäftsaufbau. In der Eifel beteiligten sich ganze Ortschaften am Kaffeeschmuggel. Der Deutsche Zoll war aber auch sehr erfolgreich und viele Schmuggler wurden nach einer Festnahme dann von den Gerichten zu Gefängnisstrafen verurteilt.

Übrigens wurde 1951 über die damalige Grenzsituation und dem Schmuggel der Film „Sündige Grenze" gedreht, der die Lebenssituation der Grenzbevölkerung nach dem verlorenen Krieg gut darstellt. Er ist noch heute erhältlich.

Die Ausläufer der Eifel reichen über Belgien bis nach Aachen und bilden ein fast geschlossenes Waldgebiet. Sie waren ein Teil des Westwalls mit Panzersperren (Höckerlinien) und Bunkern. Noch heute versucht man diese zu beseitigen. Die Waldgebiete waren durch Kriegshandlungen oft stark beeinträchtigt. In dieser Hügellandschaft liegt Aachen in einem Tal, das sich nach Osten und Norden öffnet. Für einen unbemerkten Grenzwechsel nach Belgien gab es viele Möglichkeiten. Schluchten, Wald und hohes Farnkraut boten Deckung oder man konnte sich unbemerkt absetzen. Die organisierten Schmugglerbanden bestanden oft aus über dreißig Trägern. Den Kaffee transportierte man in handlichen Säcken. Wurden die Schmuggler vom Zoll entdeckt, versuchte man die Säcke auf der Flucht zu verstecken, um sie später wieder einzusammeln. Zwischen Aachen und Belgien bestand ein Eisenbahntunnel von einer Länge von ca. sechshundertneunzig Metern.

Dieser war der kürzeste Weg um die Grenze zu überqueren. Bei der Rückkehr nach Deutschland rannte man mit seinem Kaffee durch den Tunnel. Der Zoll sperrte zwar den Ausgang ab, aber die Masse der Schmuggler war so groß, dass nur ein geringer Teil festgenommen werden konnte. Auch setzten Schmuggler LKW ein, die so umgebaut und verstärkt waren, dass sie mit Gewalt die Grenzbefestigungen auf den Straßen durchbrechen konnten. Ein Höhepunkt in meiner Schmugglerzeit ist für mich die unvergessliche Fahrt in einem Spähpanzer, der von den belgischen Streitkräften „ausgeliehen", gestohlen wurde, um große Mengen Kaffee sicher nach Deutschland zu bringen.

In den Wäldern um Aachen und Richtung Eifel lag noch sehr viel Munition. Für uns Jungs war es ein Abenteuer mit diesem gefährlichen Nachlass zu spielen. Begehrt waren das Pulver der Patronen und der Granaten, um damit ein großes Feuer zu entfachen. Wir trennten mit Gewalt den Geschosskopf von der Hülse, um so das Pulver aus der Hülse zu entnehmen.

Schwere Unfälle, auch mit Todesfolge, ereigneten sich bei diesem Leichtsinn, da wir gelagerte Munition von Blindgängern nicht unterscheiden konnten. Auch diese Zeit ging vorüber und die Wälder wurden vom Munitionsräumdienst von dem Kriegsnachlass befreit.

Der Raum Aachen ist auch bekannt für seine wertvolle Steinkohle. Die im Untertagebereich abgebaute Kohle mussten die Deutschen an die Siegermächte abführen. Der Transport mit der Reichsbahn führte dann über Aachen nach Belgien, Frankreich, Holland und England. Da mein Opa bei der Reichsbahn arbeitete, konnte ich in Erfahrung bringen, wann Kohlenzüge durch Aachen fuhren. Durch Absprachen mit den Lokführern wurde der Streckenteil festgelegt, auf dem eine langsame Fahrt der Eisenbahn möglich war und keine Kontrolle durch Streitkräfte erfolgte. Wir kletterten dann auf die offenen, mit Kohle beladenen Waggons und warfen die Kohlebrocken herunter, die wir dann später einsammelten. Das Überleben wollen machte erfinderisch. In dieser Zeit der Not bemühten sich viele Menschen, einander zu helfen und trotz aller negativen Ereignisse herrschte eine fast positive Stimmung:

„Was uns nicht umbringt, macht uns nur noch härter."

In der Stadt gab es einige Treffpunkte, die als „Schwarzer Markt" bezeichnet wurden und durch die Besatzungsmacht verboten waren. Hier konnte man Lebensmittel, Altkleider und andere, zum Leben notwendige Dinge, erhalten. Luxusgüter waren Medikamente, Kaffee, Zigaretten und Alkohol. Die geschmuggelten Kaffeebohnen verkaufte man auch, mit dem Lot gemessen, an den Kleinabnehmer oder an Einzelpersonen. Berühmt war die Kaffeemarke „Schwarze Katz" und die Zigarettenmarke „Belga". All diese wertvollen Güter kamen aus Belgien. An Alkoholmarken, wie Weinbrand, kann ich mich nicht mehr erinnern, da diese für mich noch zu der Zeit nicht interessant waren.

1948 begann der große wirtschaftliche Aufschwung mit der Währungsreform. Es begann die Zeit, in der es von einem zum anderen Tag alles zu kaufen gab. Die Reichsmark wurde durch die Deutsche Mark ersetzt. Jeder deutsche Bürger erhielt als Startgeld von der Regierung DM 40,-. Nun wurden die Lebensmittelkarten nicht mehr gebraucht. Süßigkeiten und Südfrüchte gab es auf einmal im Überfluss. Es war für mich eine neue Welt. Milch bekam man jetzt in geschlossenen

Glasflaschen. Vorher musste ich die Milch bei einem Milchhändler einkaufen. Sie wurde mit einem Messbecher in eine mitgebrachte Milchkanne geschüttet. Auf dem Nachhausweg konnte ich unbemerkt einen großen Schluck Milch trinken und den fehlenden Inhalt mit Leitungswasser wieder ausgleichen. Soweit ich mich erinnern kann, gab es in der Anfangszeit zehn und fünfzig Pfennige in Papiernoten. Diese kleine Geldsumme hatte für uns einen großen Wert. Für zehn Pfennig gab es so viele Süßigkeiten, die für den ganzen Tag ausreichten. Für erbrachte Leistungen bezahlte man mit Geld. Wer Geld besaß, konnte einfach alles kaufen. Damit begann allerdings auch die Zeit von Habgier und Neid, eine so genannte Ellbogengesellschaft bildete sich. Die ausgeprägte Nachbarschaftshilfe ging leider verloren. Das Geld war jetzt der „große Gott".

Ebenso begann sich das Stadtbild zu verändern. Die Trümmer in den Straßen hatte man entfernt und neue Häuser wurden gebaut. In der Stadt entwickelte sich ein Straßenverkehr geprägt durch die Straßenbahn. Leute, die es sich leisten konnten, fuhren sogar schon Autos. Der „normale" Bürger jedoch fuhr mit einem Fahrrad oder dem Moped. Den Kraftstoff konnte man nun in neugebauten Tankstellen abfüllen lassen und brauchte nicht mehr illegal auf dem Schwarzmarkt gekauft werden. In der Schule wurde die Schiefertafel für die Schüler abgeschafft und wir schrieben mit Feder und Tinte in Schreibhefte und erhielten Lehrbücher. Die schönsten Spielplätze waren für uns Kinder aber immer noch die Trümmerhaufen der zerstörten Häuser. Außerdem konnten wir Geld verdienen, indem wir in den Trümmern nach Altmetall suchten und es bei den Schrotthändlern, die wie Pilze aus dem Boden schossen, verkauften.

Eine weitere gute Wende in meinen jungen Leben war der Eintritt in die Pfadfinderschaft. Hier erlernte ich die Grundsätze der Kameradschaft und Disziplin. An den Wochenenden unternahmen wir Wanderungen in die Umgebung und in die Eifel. Auf diesen Touren oder auch in den Ferien übernachteten wir in Zelten. Aus ehemaligen Militärbeständen hatte fast jeder noch eine Zeltbahn zu Hause. Zwei Bahnen wurden zusammengeknüpft und aus dieser nun größeren Plane bauten wir ein Zweimannzelt auf. Um das Zelt aufzustellen, wurden aus Ästen Zeltstöcke geschnitzt. Zum Abspannen des Zeltes fertigten wir kurze Holzstücke (Heringe) an, die durch ein vorgefertigtes Loch in der Zeltbahn in den Boden gesteckt wurden. Wir schliefen in selbst zusammen genähten Schlafsäcken, die aus einer Militärdecke bestanden. Als Unterlage diente uns Laub und wenn wir Glück hatten, überließ uns ein Bauer etwas Stroh. Damit bei Regenwetter kein Wasser ins Zelt rannte, mussten wir um das Zelt einen Wassergraben ausheben. Trotz aller guten Vorbereitungen bedeuteten die Übernachtungen in den Zelten eine Härteprobe und wir konnten oft vor lauter Kälte kaum schlafen, da der Schlafsack als Kälteschutz nicht ausreichte. Dagegen war ein Aufenthalt in einer Jugendherberge eine wohltuende Abwechslung. Einen besonderen Höhepunkt bildeten für mich die Abende am Lagerfeuer. Das Feuer besaß eine besondere Ausstrahlung, nicht nur, dass es den Körper wärmte, sondern es strahlte eine wohltuende Wirkung für die Seele und den Geist aus. Wenn ich in das Feuer blickte, fielen bei mir alle Sorgen ab und ich war mit meinem Leben zufrieden. Zum zehnten Geburtstag schenkte mir mein Großvater ein Fahrrad. Jetzt konnte ich mit den Pfadfindern an den Wochenenden weitere Touren in die Eifel unternehmen. In der

Ferienzeit fuhren wir dann an die holländische und belgische Küste, die Ostsee und in die Alpen. In Holland und Belgien waren wir als Deutsche zu dieser Zeit in manchen Gegenden nicht immer willkommen und wurden häufiger beschimpft. Ein internationales Pfadfindertreffen in der Lüneburger Heide änderte jedoch meine Einstellung zu anderen Nationen. Ich war über die Freundlichkeit und Hilfsbereitschaft der Teilnehmer angenehm überrascht. Meine große Leidenschaft in der Sommerzeit war Eiscreme, die mir aber einmal einen langen Aufenthalt im Krankenhaus bescherte. Wegen dieser Eiscreme hatte ich Paratyphus bekommen, sie war wohl durch Salmonellen verseucht. Trotz dieser unangenehmen Erfahrung habe ich die Lust auf Eiscreme allerdings nicht verloren.

Meine Mutter erhielt in einem anderen Stadtteil von Aachen für uns eine Neubauwohnung. Der Umzug bedeutete kein großes Problem, da wir kaum Möbel besaßen und uns jetzt erst richtig einrichten konnten. Diese Wohnung hatte leider nur drei Zimmer. Meine Schwester bekam ihr eigenes Zimmer und ich musste im Wohnzimmer schlafen. Gelebt und gegessen wurde in der Küche und meine Mutter konnte dort auf einem aufklappbaren Sofa übernachten. Diese Küche war auch der Raum, der in der kalten Jahreszeit beheizt wurde. Sehr viel Zeit verlebte ich bei meinen Großeltern. Nach der Schule besuchte ich oft meinen Großvater in der englischen Militärniederlassung. Er war nun der Einsatzleiter in der Fahrbereitschaft und arbeitete mit englischen Soldaten zusammen. Die englische Sprache faszinierte mich und ich wollte sie unbedingt erlernen. Leider wurde diese Sprache noch nicht in der Schule gelehrt. Ich besuchte die damalige Volksschule und wegen der Kosten für den Schulbesuch und den anderen Vorstellungen meiner Mutter durfte ich keine weiterführende Schule besuchen. Vielleicht waren auch meine schulischen Leistungen nicht gut genug, meine Schwester war auf jeden Fall fleißiger. Sie besuchte aufgrund ihrer guten Schulleistungen die Realschule. Nach acht Volksschuljahren wurde ich entlassen und die Familie suchte für mich eine gut bezahlte Beschäftigung. Mein Vetter, der drei Jahre älter war, arbeitete bereits als ungelernte Kraft im Bergbau und verdiente zu dieser Zeit schon gutes Geld. Deshalb sollte ich nun ebenfalls dort arbeiten, meinte meine Mutter.

Die Jahre von 1954 bis 1960
Start ins harte Berufsleben

Ausbildung zum Bergmann

Mein Großvater bestand darauf, dass ich, wenn ich schon im Bergbau arbeiten sollte, nur mit einem Lehrvertrag als Berglehrling anfing, um damit später die Laufbahn eines Steigers einschlagen zu können. Mit vierzehn Jahren begann somit meine Arbeit als Berglehrling im Bergbau auf der Grube Lauerweg in Kohlscheid. Es war eine neue, aber harte Welt für mich. Die Kohlengrube lag zwanzig km von meinem Wohnort entfernt. Den Weg zur Arbeit legte ich in den Wintermonaten mit der Straßenbahn und in der anderen Zeit mit meinem Fahrrad zurück. Nach drei Jahren Lehre hatte ich genügend Geld verdient, um für die Fahrt zum Arbeitsplatz einen Motorroller zu kaufen und einige Zeit später sogar ein altes Auto mit vielen Macken. Arbeitsbeginn auf der Zeche war um 6.00 Uhr morgens. Gearbeitet wurde bis 15.00 Uhr und auch an Samstagen. Um meine Arbeit pünktlich zu beginnen, musste ich jeden Morgen um 4.00 Uhr aufstehen. Mit der Straßenbahn und später mit dem Fahrrad erreichte ich um 5.30 Uhr meinen Arbeitsplatz. Wir Jugendlichen mussten unsere alte Kleidung in der sogenannten Jugendkaue anziehen. Unsere Straßenkleidung wurde an Haken auf gehangen. Diese Haken waren mit einer langen Kette verbunden, die dann mit der Kleidung zur Decke hochgezogen wurde. Die Straßenkleidung hing zirka drei Meter hoch und konnte dort auslüften oder auch trocknen. Diese Kaue bot Platz für fünfzig Jugendliche, die sich dort umzogen. Nach der Arbeit hängten wir die Arbeitskleidung in einer zweiten Kaue auf, zogen sie hoch und betraten dann nackt den Duschraum zum Duschen. Danach konnte man die Straßenkleider in der ersten Kaue wieder anziehen. Frisch und sauber verließ man seinen Arbeitsplatz. Seife und Handtücher wurden zur damaligen Zeit noch nicht vom Arbeitgeber gestellt. Der sehr verschmutzte Arbeitsanzug musste einmal in der Woche zu Hause gewaschen werden. Probleme ergaben sich zwischen uns Neulingen und den Lehrlingen, die kurz vor der Verlegung nach Untertage standen. Mit sechzehn Jahren war man nach dem Jugendschutzgesetz „volljährig" für die Arbeit im Untertagebereich. Wir Anfänger waren jedoch der Willkür und Schikanen der älteren Lehrlinge ausgesetzt und mussten uns oft mit körperlicher Gewalt durchsetzen. Gearbeitet wurde in verschiedenen Fachrichtungen, zum Beispiel drei Monate in der Schlosserei, dann im Wechsel in der Elektrowerkstatt, dem Labor, der Schreinerei, dem Holzplatz, der Halde, der Lampenstube, dem Leseband und anderen vielseitigen Arbeiten am Förderschacht. Was ich mit besonderem Interesse beobachtete, war das Verhalten der Bergleute bei Schichtbeginn, Schichtwechsel und Schichtende. Soweit ich mich erinnere, arbeiteten auf dieser Anlage etwa dreitausend Bergleute, die in vier Schichten eingesetzt wurden. Der Ablauf hatte unterschiedliche Höhepunkte, der mit dem Umziehen der Bergmänner für den Arbeitseinsatz nach Untertage begann. Die Bergleute waren in Revieren zu unterschiedlichen Arbeitsvorgängen eingeteilt und mussten bei Schichtbeginn und Schichtende ihre Arbeitskarte an einer Zeituhr stempeln, die elektrische Lampe (Geleucht) empfangen und am Schichtende zum Aufladen wieder abgeben. Die Batterien der Lampen waren so geladen, dass sie für zirka zehn Stunden genügend Licht rundherum ausstrahlten. Die heutigen Kopflampen wurden erst später im Bergbau eingeführt. In den Revieren gab es verschiedene Sammelstellen, an denen sich der Bergmann anstellen musste. Überprüft wurde die Vollzähligkeit der Leute in den Revieren vom zuständigen Steiger. Der Steiger war direkter Vorgesetzter der ihm zugeteilten Bergleute und erkenntlich durch einen weißen Arbeitsanzug, den er arbeitstäglich wechselte und der im Betrieb gewaschen wurde. Vor unserer Brust hing eine etwa faustgroße elektrische Lampe (Blitzer), die ein starkes Scheinwerferlicht ausstrahlte. Ein Lederhelm schützte den Kopf. Alle Bergleute mussten ihn tragen. Je nach Arbeitseinsatz wurden Knieschoner und Arschleder (so hieß es nun mal bei Bergmännern) getragen. Auf dem Rücken liegend musste nämlich oft in einer Höhe von nur fünfzig cm im Streb gerutscht werden um Kohle abzubauen und dazu brauchten wir es. Der Verantwortliche für ein vollständiges Revier bei den vier unterschiedlichen Schichten war der Reviersteiger. Diesem unterstanden vier Steiger, die verteilt auf vier Schichten arbeiteten und für die Sicherheit und den Arbeitsablauf verantwortlich zeichneten. Das Einfahren nach Untertage und die Ausfahrt nach Übertage kontrollierten die Aufsichtspersonen streng, um so Unfälle zu vermeiden. Mein erster Arbeitsplatz als Berglehrling war das unbeliebte Leseband. Hier wurde die Kohle zur ersten Überprüfung auf dem laufenden Band abgekippt. Wir standen mit mehreren Personen verteilt rechts und links neben einem breiten Stahlband und mussten die noch beiliegenden Steine von der Kohle auslesen und dicke Kohlebrocken mit einem schweren Hammer zerschlagen. So begann mein Einstieg in eine harte Arbeitswelt, eine schwere und schmutzige Arbeit, die erst nach neun Stunden täglich endete. Nach zwei Monaten startete für uns neu eingestellte

31

Lehrlinge eine erste Grubenfahrt. Wir sollten unsere zukünftige Arbeitswelt im Untertagebereich kennen lernen. Die Fahrt mit dem Korb in die Unterwelt war ein Erlebnis. Wir standen dicht gedrängt in einem Käfig und dann ging es mit hoher Geschwindigkeit in eine finstere Welt. Unten angekommen, staunten wir über die Höhe und Breite der Anlage. Sie wurde Füllort genannt. In langen Reihen standen hier die vollen Kohleloren, die auf den Transport nach Übertage warteten. Es herrschte ein reger Verkehr und ohrenbetäubender Lärm von ankommenden Kohlezügen und abfahrenden Zügen mit leeren Loren, die dann in Richtung Kohlefelder fuhren. Die Kohlefelder, wo die Kohle abgebaut wurde, lagen ca. zehn km entfernt. Die Fahrt mit dem Leerzug dauerte etwa eine Stunde. Wir saßen zu jeweils zwei Personen in einer Lore auf dem Boden, die von Übertage kam und vorher mit Kohle oder Steinen (von Bergen) beladen war. Der Boden der Lore war also nass und schmutzig. Nach der Ankunft im Lehrrevier fuhren wir mit einem Korb, der jeweils sechs Personen aufnahm, in das hundert Meter höher gelegene Kohleabbaufeld. An den verschiedenen Arbeitsstellen herrschte ein gewaltiger Lärm. Eine schwache Beleuchtung und ein fast undurchdringlicher Kohlestaub umgab uns. Pressluft trieb alle Maschinen an, da sich elektrische Motoren noch in der Entwicklung für den Untertageeinsatz befanden. Ein elektrischer Funken hätte aufgrund der bestehenden Grubengase das Grubengebäude sofort zur Explosion gebracht. Den Abschluss der Besichtigung bildete ein Streb, wo der Bergmann die Kohle mit einem Presslufthammer abbaute. In damaligen Zeiten wurden die Kohle oder auch die Erze mit dem Hammer und dem Meißel (Schlegel und Meißel), die Symbole für den Bergbau, abgeschlagen. Die Kohle liegt in langen Schichten zwischen dem Gestein und hat aufgrund ihrer Entstehung eine unterschiedliche Dicke (Mächtigkeit). Durch den hohen Druck liegen die Kohleschichten oft in ungleichen Winkeln. Wurden diese abgetragen, bezeichnete der Bergmann diese Schicht als Streb. Der Streb, den wir besichtigten, hatte eine Höhe von 0,80 bis 0,50 Meter und einen Winkel (Einfallen) von 45 Grad. Der Streb war ca. zweihundert Meter lang und mit Blechrutschen ausgelegt. Auf den Blechrutschen schaufelte der Bergmann seine Kohle, die er vorher mit dem Abbauhammer gebrochen hatte. Dieser Abbauhammer wurde ebenfalls mit Pressluft angetrieben, die durch einen langen Gummischlauch zugeführt wurde. Dieser war an einer Versorgungsleitung angeschlossen. Die Kohle konnte dann auf den untereinander verbundenen Blechrutschen abrutschen, da eine Schräge (Einfallen) im Streb vorhanden war. In diesem Streb erlernten die Lehrlinge das Abbauen der Kohle und den freigekohlten Raum fachgerecht mit Holz abzusichern. Wir mussten uns hintereinander in die Blechrutschen legen und nutzten das Gefälle des Strebes aus, um so die einzelnen Arbeitsplätze zu besichtigen. Für uns war es eine anstrengende Rutschtour durch diese enge, staubige und heiße Unterwelt. Einige bekamen in dieser Enge Platzangst und fingen zu schreien an. Wir besichtigten noch weitere Arbeitsstellen, wie einen Streb in senkrechter Lage und den Vortrieb eines Tunnels (Streckenvortrieb) mit all seinen verschiedenen Arbeitsvorgängen, wie auch das Sprengen von Gestein. Nach dieser Grubenfahrt kündigten dreißig Prozent der Neuanfänger ihren Lehrvertrag und verabschiedeten sich vom Bergbau.

Nach einem harten Arbeitsjahr verbrachte ich mit der Pfadfinderschaft meinen Urlaub in England. Wir wurden bei englischen Familien untergebracht, die sich vorbildlich um uns kümmerten. Meine mir zugeteilte englische Familie hatte drei Kinder, die noch die Schule besuchten. Die englischen Mädchen waren sehr stark an uns jungen Männern aus Deutschland interessiert und manche Situationen entwickelten sich erstaunlich, denn für uns war die Beziehung zum anderen Geschlecht noch Neuland. Mit vielen Erfahrungen reicher kehrten wir nach Deutschland zurück. Es war insgesamt eine sehr schöne Zeit und meine Voreingenommenheit den Engländern gegenüber hatte sich zum Positiven verändert.

Eine andere Veränderung brachte uns die Fußballweltmeisterschaft in der Schweiz. Dies war ein Ereignis, das den nationalen Stolz in der sogenannten Bundesrepublik wieder anregte. Die deutsche Fußballmannschaft wurde 1954 Weltmeister und dieses Ereignis wurde als das „Wunder von Bern" bezeichnet. Der Film darüber wird auch heute noch im Fernsehen ausgestrahlt. Nach dem verlorenen Weltkrieg wurden wir also wieder in sportlicher und auch in wirtschaftlicher Hinsicht eine nicht zu übersehende Kraft.

Wir waren aus den Trümmern AUFERSTANDEN!

Vom Übertagebereich wurde ich dann endlich mit sechzehn Jahren nach Untertage ins Lehrrevier verlegt und konnte an den Plätzen arbeiten und lernen, die ich bei der Grubenfahrt zum Teil besichtigt hatte. Nach einem Arbeitsjahr im Untertagebereich beendete ich meine Lehrzeit und wurde zur Gesellenprüfung (Knappenprüfung) zugelassen. Nach bestandener Prüfung erfolgte meine Verlegung in die „echte"

Arbeitswelt, um hier das große Geld zu verdienen und um meine berufliche Zukunft aufzubauen. Der Umzug von der Jugendkaue in die Kaue für Erwachsene war für mich ein besonderes berufliches Ereignis und ich fühlte mich mit meinen noch nicht achtzehn Jahren schon als ausgebildeter Bergmann. Eingesetzt wurde ich im Gedinge (Akkordarbeit) in einem eineinhalb Meter hohen Abbaustreb. Auf mich gestellt, musste ich jetzt mit einem Abbauhammer eine große Menge Kohle abbauen. Gelernt hatte ich, nach jedem Quadratmeter ausgekohlter Fläche ein Kopfholz (Holzstempel mit Querholz) zu stellen, damit der über mir hängende Berg nicht einbrechen konnte. Um jetzt das große Geld zu verdienen und um diese Akkordarbeit nicht zu verlieren, verzichtete ich auf meinen guten Vorsatz, einen ordentlichen Holzausbau zu machen und die geforderten Sicherheitsbestimmungen einzuhalten. Bis Schichtende musste das eingeteilte Knapp (Kohlefeld) ausgekohlt und ausgebaut sein. Der Leistungsdruck saß mir im Nacken. Sehr oft arbeitete man unter einer mehr als zwanzig Quadratmeter nicht ausgebauten Fläche, um dann später den Ausbau nachzuholen. Es war eine mörderische Arbeit in Hitze, Staub und Gefahr, der man ausgesetzt war. In den nächsten zwei Jahren verlor ich zwei Freunde, die im Streb bei ihrer Arbeit durch einbrechende Steinplatten erschlagen wurden. Nach der harten Schicht kehrten wir oft in bestimmte Kneipen ein, um den großen Durst zu löschen und den „großen Mann" zu spielen. Für uns junge Burschen war es immer ein Zeichen der Anerkennung, wenn wir von erfahrenen Bergleuten dazu eingeladen wurden. Für uns galten sie als eine verschworene Männerwelt. In dieser Zeit waren wir Jungen nicht nur bei der Bergwerksgesellschaft, sondern auch als Legionäre bei der französischen Armee sehr gefragt. Die auf uns angesetzten Werber versuchten uns mit Hilfe von übermäßigem Alkohol, „leichten" Frauen und großartigen Versprechungen zu locken, um dann eine Unterschrift unter einen Verpflichtungsvertrag für die Legion zu erhalten. Einige Freunde konnten nicht widerstehen und verschwanden in die Ausbildungslager nach Afrika, da der unterschriebene Vertrag eingehalten werden musste.

Trotz der harten Arbeit hielt ich in meiner knappen Freizeit noch eine gute Verbindung zur Pfadfinderschaft und beteiligte mich an allen Veranstaltungen. Im Jahr 1956, als der Zweite Weltkrieg elf Jahre beendet war, gab es in den meisten Familien einen Vater, der im Krieg gefallen war oder seitdem vermisst wurde. Unsere Eltern, wenn man denn überhaupt noch von Eltern sprechen konnte, weil meistens nur die Mutter überlebt und einen neuen Lebenspartner hatte, waren unsere Ansprechpartner.

In den Nachrichten und auch in den Zeitungen wurde bekannt gegeben, dass der ehemalige englische Kriegsminister Churchill am 10. Mai 1956 den Aachner Karlspreis erhalten sollte. Die Karlspreisverleihung fand im Rathaus statt und unsere Pfadfinderschaft war von der Stadt Aachen eingeladen, bei dieser feierlichen Veranstaltung auf dem Marktplatz vor dem Rathaus anzutreten. Für mich bedeutete es ein außergewöhnliches Ereignis und ich brauchte, da es ein Feiertag war, an diesem Tag nicht arbeiten. Meine Mutter und alle anderen Familienmitglieder waren allerdings dagegen, dass ich an dieser „verwerflichen" Veranstaltung teilnehmen sollte. Dieser Churchill wäre für sie ein Kriegsverbrecher und hätte mehr deutsche Zivilisten durch gezielte Bombenangriffe umbringen lassen, als deutsche Soldaten in diesem furchtbaren

Krieg getötet wurden und nun sollte er den Karlspreis erhalten. Ich hatte jedoch erst kürzlich eine schöne Zeit mit unserer Pfadfinderschaft in England erlebt und für mich war es eine Selbstverständlichkeit, an dieser Veranstaltung teilzunehmen. Ich trat dann auch mit den Pfadfindern auf dem Marktplatz an. Es war schon eine etwas bedrückende Veranstaltung, da in den Nebenstraßen, die zum Marktplatz führten, Bereitschaftspolizei in LKW versteckt zur Sicherheit aufgestellt waren. Auf dem Marktplatz vor dem Rathaus hatten sich Zuschauer eingefunden und Filmkameras auf Dreibeinen waren zu sehen. Die Mehrzahl der Pfadfinder stellte damals die katholische Pfadfinderschaft und die Protestanten, denen ich angehörte, bildete nur eine kleine Gruppe, wurde aber von den Kameras der Filmleute gefilmt und in der späteren Wochenschau groß gezeigt. Vielleicht hatten wir eine schönere Uniform als die Katholiken oder der Kameramann war ein Protestant.

Nach etwa einer Stunde Wartezeit erschien Bundeskanzler Adenauer mit seinem Gast Churchill auf dem erhöhten Treppenaufgang vor dem Rathaus. Churchill, eine alte gebeugte Gestalt, die sich neben einem strammen Bundeskanzler unsicher vor dem Rathaus bewegte, winkte den Zuschauern und uns angetretenen Pfadfindern mit einer Hand lächelnd zu, drehte sich wieder um und kehrte mit Adenauer zurück ins Rathaus. Für mich war es ein seltsames Schauspiel und für die anderen wenigen Zuschauer auch kein besonderes Erlebnis. Sie gaben kaum Applaus und man hörte grelle Pfiffe. Am nächsten Tag sprach die Tageszeitung von einer erfolgreichen Vorführung.

Die weltpolitische Lage hatte sich im Laufe der Jahre verändert und in Deutschland bildeten sich zwei gegensätzliche

Regierungsformen. Ostdeutschland wurde durch die UDSSR beherrscht und führte unter dem Decknamen „Demokratie" dort eine Diktatur ein. In Westdeutschland baute man eine Demokratie auf, die durch die westlichen Siegermächte bestimmt wurden. In Korea verteidigte man die westliche Welt und die jetzt geschaffene BRD sollte Richtung Osten als Pufferstaat gegen die Ausweitung des Kommunismus aufgerüstet werden. Der Gedanke einer europäischen Armee mit der Bundesrepublik Westdeutschland konnte sich aber nicht durchsetzen. Unter dem Bundeskanzler Adenauer wurde 1955 die Bundeswehr aufgebaut. Aus politischen Gründen erklärte er mit Stolz: „Kein Soldatengürtel hat jemals meinen Körper umschlossen." Dies sollte also heißen, er war nie Soldat gewesen und kannte nur den Frieden. 1956 wurde die Wehrpflicht eingeführt und zum Aufbau dieser Bundeswehr Freiwillige gesucht. Das Angebot hörte sich sehr vielversprechend an und wir jungen Leute verfolgten es mit Interesse.

Die Jahre 1960 bis 1970

Zwölf Jahre Bundeswehr

Ich wollte meinen beruflichen Werdegang im Bergbau wei-
terverfolgen, meldete mich zur Steigerausbildung und war
jetzt verpflichtet, mehr und härter zu arbeiten. Gleichzeitig
erhielt ich meine Einberufung zur Bundeswehr und machte
dort meinen Gesundheitstest. Man teilte mir mit, ich bräuchte
meinen Dienst nicht antreten, da ich als Bergmann vom
Wehrdienst freigestellt wäre. Ich könnte mich aber freiwillig
melden, da ich als ausgebildeter Bergmann bei der Pioniertruppe hervorragende Berufsaussichten hätte. Außerdem
wäre mein Gesundheitszustand so gut, dass ich alle erdenklichen Tätigkeiten bei der Bundeswehr ausüben könnte. Wegen diesen berauschenden Aussichten meldete ich mich zu
einem Aufnahmetest für Freiwillige bei der Bundeswehr. Die
älteren Bergleute unterstützten mein Vorhaben. „Was wollt
ihr jungen Burschen noch im Bergbau? Bergwerke werden
hier geschlossen, da die Bundesrepublik Kohle aus den USA
kaufen muss. Jetzt seid ihr noch jung und gesund, bei dieser
harten und ungesunden Arbeit werden auch „Löwen zu
Krüppel", waren ihre Worte. Ein Jahr später begann die Berg-
baukrise und unsere Zeche wurde 1961 geschlossen.

Nach diesem Gespräch erhielt ich zwei Wochen später die
Einladung zum Aufnahmetest für Freiwillige nach Düsseldorf. Die körperliche Untersuchung kannte ich bereits. Neu
war für mich der schriftliche Test und interessant die sportliche Prüfung. Wir waren, soweit ich mich noch erinnern kann,
zwanzig Teilnehmer aus verschiedenen Berufsgruppen. Als
Abschluss stand der sportliche Test an. In einer Turnhalle war

eine Hindernisbahn mit Kasten, Barren, Schwebebalken, Sprungtisch, Matten, Pferd, Reck und Ringe aufgebaut, die in einer bestimmten Zeit zu durchlaufen war. Das Ende bildete ein freihängendes Kletterseil. Jede Übung zeigte ein Übungsleiter und dann musste jeder einzeln die Hindernisbahn durchlaufen. Viele Teilnehmer zeigten erschreckend schlechte Leistungen.

Aufgefallen waren mir zwei männliche Zuschauer in Uniform, die den Sporttest interessiert beobachteten und sich auch Notizen machten. Später erfuhr ich, dass bereits hier schon eine Einstellungsauslese stattfand.

Ich wurde für die Fallschirmtruppe ausgesucht. Dies war für mich eine große Überraschung, da ich mich mit dieser Abteilung noch nicht befasst hatte. Von der Pioniertruppe hatte ich eine klare Vorstellung. Sie bewegte Erdmassen um Bunker oder Stellungen zu bauen, baute Brücken um Schluchten oder Flüsse zu überqueren. Es bestand eine Verbindung zur Erde so wie im Bergbau. Fallschirmjäger galten für mich als Elitesoldaten, die sich in einer mir unbekannten Welt bewegten und etwas Besonders leisten mussten. Für mich war mein Vater mein Vorbild und darum wollte ich zu den Pionieren, bei denen mein Vater so aufopfernd gekämpft hatte. Ich hatte nämlich mit meiner Schwester einen Brief, von seinem Kompaniechef geschrieben, gelesen, der über den tragischen Tod unseres Vaters berichtete und seinen heldenhaften Einsatz gegen den russischen Feind beschrieb. Mein Vater wurde schon einige Wochen nach meiner Geburt Soldat und kam sehr selten und auch nur für kurze Zeit nach Hause. Ich kann mich kaum an ihn erinnern. Der Krieg hatte unser Familienleben zerstört. Meine Schwester, die vierzehn Monate später als ich geboren wurde, leidet noch heute unter der Tatsache, dass sie ihren Vater nicht gesehen oder erlebt hatte.

Hier eine Abschrift des Originalbriefes:

Sehr geehrter Herr Ulrich!

Auf Ihren Wunsch, vom Tode Ihres Freundes und unseres Kameraden, Leutnant Meys, genaueres zu erfahren, möchte ich folgendes antworten.
Die Kämpfe um Tscherkassy, einem Brücken kopf der Russen südlich des Dnjepr, waren sehr hart. Lt. Meys, der sich mit seinem Zug vor und in der Stadt beim Aufnehmen von Minen tapfer geschlagen hatte, war auf der Suche nach einem Gefechtsstand einem Infanterie Bataillon, dem er mit seinen Leuten unterstellt wurde.
Es war am dritten Tag nach dem Eindringen in die Stadt. Lt. Meys war niedergeschlagen durch schmerzliche Verluste in seinem Zuge, was ihn von Anfang an immer besonders bedrückte. Schwere feindliche Artillerie schoss in diesen Tagen anhaltend in allen Teilen der Stadt. So hatte Lt. Meys seinen Zug in Deckung geschickt und erkundigte sich alleine nach dem Weg mit einem Kradfahrer. Hierbei schlug eine Granate in nächster Nähe ein, und Lt. Meys wurde von vielen kleinen Split tern an den Beinen und im Rücken verwundet. Der Fahrer blieb unverletzt, ein dabei stehender Unteroffizier wurde auf der Stelle getötet. Kameraden brachten den Schwerverwundeten in ein Haus, wie er es selbst wünschte. Der äußerliche Blutverlust war

nicht groß. Lt. Meys zerfiel doch sehr schnell und wurde bleich und teilnahmslos. Er wurde verbunden, doch er klagte über Schmerzen im Magen und wünschte, hinaus in den Regen getragen zu werden.

Sein Fahrer benässte ihn darauf mit Wasser den Kopf. Lt. Meys äußerte, dass er glaube, sterben zu müssen. Nach einer halben Stunde starb er dann. Die ärztliche Untersuchung ergab innere Verblutung. Die Leiche wurde dann in einem Schulhof im Ostteil Tscherkassy beigesetzt. Die Kameraden bereiteten ihrem Leutnant ein schönes Grab mit schlichtem Birkenkreuz. Das Grab, zu dem sich noch zwei andere gesellten, liegt nicht an der Straße, sondern in einem Schulgarten. Genaue Lage und Auskunft über Umbettung erhalten Sie am besten von der zuständigen Dienststelle der Kriegsgräberfürsorge.

Ich, als sein Kompanie-Chef möchte Ihnen für seine kleinen Kinder noch mitteilen, dass unser Leutnant Meys einer unserer besten und tapfersten Offiziere im Bataillon war. Bei allen Einsätzen hat er seine Person rücksichtslos eingesetzt. Er kannte keine Angst und keine Rücksicht für sich selbst, so dass ich ihn öfters bremsen musste. In der Stalinlinie und im Kampf gegen Panzer hatte er sich besonders tapfer geschlagen. Mehrere Erkundungen hat er bis tief in die feindlichen Linien durchgeführt, einmal bis 5 km Tiefe in den Feind hinein. Ein anders Mal säuberte der Stoßtrupp artig ein Dorf. So könnte ich noch viele Beispiele bringen. Nachträglich wurde ihm das Pionier-

sturmabzeichen verliehen, was seinen Angehörigen zugehen wird. In der Hoffnung, Ihnen
und den Angehörigen des Gefallenen mit diesen Zeilen in Ihrem tiefen Schmerz einen
Dienst erwiesen zu haben, verbleibe ich in auf-
richtigem Mitgefühl.

Ihr .... Oblt.

Dienststelle Feldpostnummer 29 251
Pionier-Bat. 297

Die Grundausbildung in Sigmaringen

Drei Wochen nach dem Test erhielt ich meinen Einberufungs-
bescheid. Am 4. Januar 1960 hatte ich mich in Sigmaringen bei
der Fallschirmjägereinheit zu melden. Ich sollte also aus einem Flugzeug springen und für mich außergewöhnliche Ta-
ten vollbringen.

Sigmaringen war für mich ein unbekannter Ort in Deutschland und ich musste erst einmal im Atlas nachschlagen, um
mich zu orientieren. Sigmaringen liegt in Baden-Württemberg an der Donau. Es ist eine Kleinstadt mit geschichtlichem
Hintergrund. Meine Reise mit einer von der Bundeswehr gestellten Fahrkarte mit der Bundesbahn war eine Reise in einen
neuen Lebensabschnitt und eine Reise in eine andere Welt.
Meine Heimatstadt Aachen sollte ich erst nach sechs Monaten
bei einem Kurzurlaub wiedersehen. Die Fahrtroute führte
über Köln. Dort musste ich umsteigen und dann ging es weiter nach Ulm. Die Weiterfahrt von dort erfolgte mit einem
kleinen Triebwagen. Zugestiegen waren junge Männer in
meinem Alter mit leichtem Gepäck. Nach einer Fahrzeit von
etwa drei Stunden entlang der Donau erreichte ich mein Ziel
Sigmaringen. Es war kalt und dort lag sehr viel Schnee. Nach
dem Aussteigen wurden alle angehenden Soldaten durch
lautes Gebrüll eines Bundeswehrangestellten aufgefordert,
Militärlastwagen zu besteigen, die am Straßenrand parkten.
Da der Aufstieg zur Plattform sehr hoch lag, mussten wir uns
gegenseitig unterstützen. Dem Soldaten ging das zu langsam
und wir mussten wieder absitzen. Dann wieder aufsitzen und
absitzen. Dies wurde solange exerziert, bis wir die für sie richtige Technik und Geschwindigkeit erreicht hatten. Die Planen

wurden geschlossen und es ging in rasanter Fahrt Richtung Kaserne, die wir nach einer Fahrt von ungefähr dreißig Minuten erreichten. Dieser Empfang am Bahnhof beeindruckte mich. In der Kaserne erwarteten uns unsere zukünftigen Ausbilder. Die Ausbilder waren Soldaten, die vor dem Aufbau der Bundeswehr beim Bundesgrenzschutz gedient hatten oder ehemalige Wehrmachtsangehörige, die sich 1956 freiwillig gemeldet hatten. Unter diesen Ausbildern befanden sich auch ehemalige Legionäre aus der französischen Fremdenlegion. Aufgrund ihrer Erfahrung und Herkunft erwartete ich alleine schon deshalb eine gewisse Ausbildungshärte. Und diese Härte lernten wir am ersten Tag kennen. Unsere Fortbewegungsart war ab jetzt der Laufschritt. Sie teilten uns in Gruppen zu jeweils zwölf Soldaten ein. Vier Gruppen bildeten einen Zug und aus vier Zügen bestand dann die Ausbildungskompanie. Jeder Gruppe stand ein verantwortlicher Gruppenführer mit dem Dienstgrad Unteroffizier oder Stabsunteroffizier vor. Ein Hilfsausbilder unterstütze ihn. Sein Dienstgrad war Gefreiter oder auch Obergefreiter. Diesen Hilfsausbildern wurde die Möglichkeit geboten, Erfahrung in der Ausbildung von Soldaten zu sammeln, damit sie später einen Unteroffizierslehrgang besuchen konnten, um selber Unteroffizier zu werden. Die Führung des Zuges übernahm ein Zugführer, dessen Dienstgrad Feldwebel oder Oberfeldwebel sein konnte. Für die organisatorische Verantwortung der Kompanie war der Kompaniefeldwebel mit dem Dienstgrad Hauptfeldwebel zuständig. Dieser wurde auch Spieß genannt und war der Vorgesetzte aller Unteroffiziere in der Kompanie. Der Kompaniechef, der Vorgesetzte aller Soldaten in der Kompanie, hatte den Dienstgrad Oberleutnant oder Hauptmann. Er war für die Leitung und Ausbildung der

45

Kompanie verantwortlich und ein Leutnant unterstützte ihn. Nach der Vorstellung der Ausbilder durch den zackigen Spieß bezogen wir unsere Zimmer, die mit sechs Mann belegt wurden. Eingerichtet waren sie mit Etagenbetten, Kleiderspinde, Stühlen und einem großen Tisch. Anschließend holten wir die militärische Bekleidung und die Ausrüstung ab. Auf die Bekleidungsgröße wurde bei der Ausgabe nicht geachtet. Wir mussten sie untereinander austauschen. Da wir uns unter Druck und Zeitnot befanden, bedeutete dies schon eine starke Belastung. Der Bettenbau, das Einräumen der Spinde, die Sauberkeit der Unterkunft und die körperliche Hygiene wurden in ein Schema gepresst, das eingehalten werden musste. Fehler bestrafte man mit körperlichen Übungen, wie Liegestütze oder anderen sportlichen Tätigkeiten. Ab 22.00 Uhr herrschte Nachtruhe und wir mussten zu dieser Zeit im Bett liegen. Der eingeteilte Stubendienst hatte dann in korrekter Uniform die Stube abzumelden. Dem Unteroffizier vom Dienst (UvD) wurde mitgeteilt, dass sich die Stube in einem ordentlichen Zustand befand. Fehler über Unordnung oder Sauberkeit fand der UvD jedoch fast immer. So konnte sich der Stubendurchgang manchmal bis weit in die Nacht hinziehen. Bei Beanstandungen sprangen wir aus unseren Betten und unterstützten den Stubendienst tatkräftig, die Einsprüche zu beheben, da jeder in den nächsten Tagen ebenfalls vor der gleichen Aufgabe stand. Geweckt wurden wir morgens um 5.00 Uhr mit dem schrillen Pfeifton einer Trillerpfeife und dem lauten Rufen vom UvD „Kompanie aufstehen". Wir sprangen sofort aus unseren Betten und falteten das Bettzeug nach der erlernten Methode wieder zusammen. Wenn der UvD das Zimmer betrat, schrie der Stubenälteste „Achtung" und meldete, dass alle auf und gesund seien und wir standen stramm neben unserem Bett oder Spind. Mit freiem Oberkörper ging es dann zum Waschraum zur Körperpflege. Anschließend mussten die Waschräume, Toiletten, der Flur und die Stuben gereinigt werden und wir gingen nach dieser Arbeit geschlossen zum Frühstück. Das heißt, wir mussten vor dem Kompaniegebäude antreten und dann im Gleichschritt unter Leitung des UvD zu einem anderen Gebäude, in dem sich Großküche und Speisesaal befanden, marschieren. Nach dem Frühstück ging es im Laufschritt zurück zum Kompaniegebäude. Um 8.00 Uhr war Dienstbeginn und wir hatten auf dem Flur vor den Stuben anzutreten. Hier überprüfte uns der Hilfsausbilder. Der schriftlich ausgehängte Wochendienstplan gab genaue Anweisungen über den Dienstablauf und der Art der Ausbildung, wie Zeitbeginn und Ende, den zu tragenden Anzug, die Ausrüstung und an welchem Ort die Ausbildung stattfand. Diesen Wochendienstplan musste der Stubenälteste abschreiben und in der Stube aufhängen, damit es die Stubenbelegung ansehen konnte. Überprüft wurden die Rasur und der Haarschnitt. Einen Bart durfte man sich nicht wachsen lassen. Der Anzug musste gebügelt und sauber sein und die Schuhe glänzen.

Danach verließen wir im Laufschritt das Kompaniegebäude und stellten uns vor dem Gebäude geordnet auf. Hier erfolgte die Meldung an den Kompaniefeldwebel durch einen Zugführer und dieser meldete die angetretene Kompanie an den Kompaniechef. Nach der Befehlsausgabe übernahmen die Zugführer ihre Züge und begannen mit dem militärischen Dienst. Die Ausbilder zeichneten für das Ausbildungsziel der Grundausbildung und für ihre zugeteilte Gruppe verantwortlich. In der ersten Woche waren wir für die Ausbilder

noch Zivilisten, denen man das militärische Laufen erst bei-
bringen musste. Hierfür gab es die Formalausbildung, die in
der alten Wehrmacht als das Exerzieren bekannt war. Für
diese Ausbildung trug man den großen Dienstanzug mit
Stahlhelm und Gewehr. Der Stahlhelm war zu dieser Zeit
zweiteilig und bestand aus einem Kunststoffhelm mit einem
aufgesetzten Stahlhelm. Zum Dienstanzug gehörten ein ge-
bügeltes Hemd mit Krawatte, Dienstjacke und lange Hose.
Das Ganze wurde mit einem schwarzen Ledergürtel mit Kop-
pelschloss zusammengehalten. Als Schuhe wurden die berühmten Knobelbecher getragen. Vor Beginn der Formalausbildung führte der Ausbilder eine Anzugsüberprüfung durch
und konnte sie mit vielen sportlichen Übungen verbinden.
Der Dienstanzug besaß viele Taschen, die mit sauberen
Knöpfen verschlossen sein mussten. Für eine nicht verschlos-
sene Tasche musste man dreißig Liegestützen abdrücken.
Wenn der Knopf nicht blank geputzt war, waren es auch dreißig Liegestützen, wenn der Lederkoppel nicht poliert glänzte
ebenfalls dreißig Liegestütze usw. Der Rekrut musste bei dieser Überprüfung oft über hundert Liegestützen zur Strafe abdrücken. Die sportlichen Übungen in der Ausbildung waren
so ausgerichtet, dass wir in einem kurzen Zeitraum körper-
lich sehr leistungsstark wurden. Weiterhin war es eine Erzie-
hungsmaßnahme, um uns auf unsere Fehler aufmerksam zu
machen, um diese zu beheben. Ich hatte keine großen Probleme. Die Härte der Arbeit hatte ich im Bergbau kennenge-
lernt und ich war mit dieser Ausbildungsmethode einverstanden. Sie stellte eine gute Voraussetzung dar, auf die ich
weiter aufbauen konnte. Viele Rekruten waren in keiner guten körperlichen Verfassung und für einige bedeutete dies ein
Leidensweg. Der Höhepunkt bestand in der Ausbildung im

Gelände, wo uns die Grundbegriffe des Infanteriekampfes beigebracht wurden. Der Übungsplatz für dieses Training lag außerhalb der Kasernenanlage und wir mussten den Hin- und Rückweg mit voller Ausrüstung im Laufschritt zurücklegen. Ein großes Waldgelände, durchzogen mit freien Flächen und Buschwerk, war für das Infanterietraining gut geeignet. Nach der Ankunft begann das Üben für den Infanteriekampf. Das Hinlegen, Aufstehen, Deckungen ausnutzen, Bewegungen als Einzelkämpfer, Bewegungen in der Gruppe, Ausnutzung des Geländes bei Feuerunterstützung durch das Gewehr, Maschinengewehr und dem Mörser wurde dann geübt. In der dreimonatigen Grundausbildung erlernten wir intensiv die notwendigen Grundbegriffe. Sie fand in den Wintermonaten statt und war aufgrund der schlechten Witterungsbedingungen weitaus härter und anstrengender als in den Sommermonaten. Für viele Rekruten waren die Kälte und der hohe Schnee der größte Feind. Jeden Samstag wurden Geländemärsche durchgeführt, die sich von zehn km bis auf fünfzig km steigerten und das mit voller Ausrüstung wie Gewehr, MG, Rückengepäck und ABC- Schutzmaske (Gasmaske), die auch zeitweise aufgesetzt werden musste. Die nukleare Kriegsführung, also der Kampf gegen Atomsprengkörper, gehörte mit zur Ausbildung und so übten wir Märsche und Gefechtsübungen mit ABC-Schutzmaske. Einige hatten mit dieser Maske große Probleme. Wenn man mit der aufgesetzten Maske ins Schwitzen kam, beschlugen die Sichtscheiben und das Sehen wurde eingeschränkt. Bei körperlicher Anstrengung braucht der Körper mehr Sauerstoff, aber der Filter der Maske ließ nur eine begrenzte Menge Sauerstoff durch. Noch dazu kamen die Märsche und Gefechtsübungen in den Nachtstunden. Nach drei

Monaten bemerkte man bei der Mehrzahl der Rekruten einen Ausbildungserfolg. Den Höhepunkt bildete das Schießen mit scharfer Munition und dann die Abnahme des Erlernten durch den Bataillon-Kommandeur.

Ausbildung zum Fallschirmjäger

Unsere Grundausbildung war beendet und wir wurden zu verschiedenen Einheiten im süddeutschen Raum verlegt. Etwa fünfzig Prozent der Soldaten eigneten sich nicht für die Fallschirmjägertruppe und kamen zu Einheiten, die der Luftlandedivision nicht unterstanden. Der erfolgreichere Rest wurde zu den verschiedenen Fallschirmjägereinheiten verlegt. Ich kam mit mehreren ausgesuchten Soldaten zum Divisionsstab und wir wurden in einen Fallschirmjägerzug eingegliedert. Vor der Verlegung mussten wir einen Leistungstest bestehen, um nachzuweisen, für die Ausbildung zum Fallschirmjäger auf der Fallschirmspringerschule geeignet zu sein. Die Schule bedeutete den Prüfstein zum Erfolg. Hier war neben der sportlichen Eignung der Mut zum Sprung mit einem Fallschirm aus einem Flugzeug gefragt. Wer diese Bedingungen nicht erfüllte, musste die Fallschirmtruppe verlassen. Die Ausbildung auf der Fallschirmjägerschule dauerte etwa vier Wochen. Davon fielen drei Wochen auf die Bodenausbildung und eine Woche auf die Sprungbereitschaft. In der letzten Woche wurden die geforderten fünf Absprünge aus einem Flugzeug durchgeführt. Bei der Bodenausbildung trainierten wir die Technik zum richtigen Verhalten im Flugzeug. Dazu zählten die richtigen Kommandos zum Absprung aus der Maschine, die richtige Körperhaltung nach dem Absprung am Fallschirm, die Sicherheitsüberprüfung am Schirm, der Rundumblick, das Orientieren und das Fertigmachen zur Landung. Jede Phase hatte somit seinen Ausbildungsabschnitt, der intensiv eintrainiert werden musste. Für viele Teilnehmer war der Übungssprung vom zwölf Meter hohen Turm eine Überwindung. Auch hier erreichten einige

51

Soldaten, das „Ende der Fahnenstange". Danach war der Sprungdienst angesagt und wir wurden mit Bussen zum Flugplatz gebracht. Wer die Bodenausbildung überstanden hatte, war innerlich so gestärkt, dass eine Sprungverweigerung kaum noch vorkam. Man musste nur noch seinen „Inneren Schweinehund" überwinden. Ich hatte zuerst Magenkrämpfe, wenn ich bereits aus einiger Entfernung die Flugzeuge erkennen konnte. Bei der Ankunft am Flugzeug war aber die Angst oder auch Unsicherheit wie fortgeblasen. Soweit ich später durch Gespräche erfahren konnte, hatte jeder eine unterschiedliche Situation als Angstphase, die es zu überstehen galt. In der damaligen Zeit wurde aus der Transportmaschine „Noratlas" gesprungen und sie konnte dreißig Fallschirmjäger aufnehmen. So wie wir es bei der Bodenausbildung mit Fallschirm Attrappen drillmäßig geübt hatten, war das Anlegen der Fallschirme mittlerweile Routine. Nach der Überprüfung durch den verantwortlichen Absetzer und dem Aufsetzen der Springerhelme wurde die Maschine besetzt. Der geräuschvolle Abflug und der etwa dreißig Minuten dauernde Flug mit der Transportmaschine bis zum Absprung waren für mich ein gewaltiges Erlebnis, da ich vorher noch kein Flugzeug betreten hatte. Der Absprung aus der Maschine selbst bedeutete für mich ein Höhepunkt. Nach dem automatischen Öffnungsvorgang des Fallschirms befand man sich plötzlich in einer anderen Welt. Es herrschte eine ungewöhnliche Stille. Leichte Maschinengeräusche vom weiterfliegenden Flugzeug waren kaum hörbar. Es stellte sich ein Gefühl von unendlicher Freiheit ein. Schnell musste man dieses Gefühl verdrängen und sich dem Erlernten unterwerfen. Die Erde kam mit Riesenschritten näher. Dann hieß es:

„Fertigmachen zur Landung!"

Der Fallschirm hatte eine Fläche von vierundsechzig Quadratmeter und eine Sinkgeschwindigkeit von vier bis sechs Meter pro Sekunde. Bei Windböen kann sich diese noch erhöhen. Man versucht gegen den Wind zu steuern, indem man die Gurte mit den Fangleinen, die zum Fallschirm verlaufen, nach unten zieht. Dies waren Maßnahmen, die man bei der Ausbildung sehr intensiv geübt hatte. Wie bei einem Flugzeug ist auch hier die Landung die schwierigste Situation. Mir gelang ein problemloser vorbildlicher Landefall. Anschließend musste ich schnell den einfallenden Fallschirm umlaufen und aus der Windrichtung bringen, Gurtzeug ablegen, den Schirm bergen, verpacken und dann mit diesem Gepäck im Laufschritt zum Sammelplatz eilen. Danach ging es wieder zurück zum Flugplatz für den nächsten Sprung, wenn das Wetter und/oder die Maschinen mitspielten. In vier Tagen hatte ich meine fünf erforderlichen Absprünge geschafft. Die ersten zwei Sprünge waren Einzelsprünge. Man stand in der Flugzeugtür und wartete auf das Kommando des Absetzers. Da die Flugzeuggeräusche unwahrscheinlich laut waren, war der Abschlag auf die Schulter das Kommando zum Absprung. Dann erfolgen zwei Reihensprünge mit Gewehr und militärischer Ausrüstung. Wir standen dichtgedrängt hintereinander in einer langen Reihe und verließen in dem erlernten Rhythmus das Flugzeug. Auch bei dieser Ausbildung zum Fallschirmjäger gab es Höhepunkte, nämlich unseren Absprung aus dem Flugzeug bei Nacht. Es herrschte eine Stimmung, wie man sie sich vor einem richtigen Einsatz vorstellen konnte. Die Beleuchtung im Flugzeug war auf ein Minimum eingestellt und fast alle Kommandos wurden durch Zeichen und Gesten angesagt. Der dann später folgende Absprung aus dem Flugzeug war ein Sprung in ein finsteres

Loch. Das Sinken mit dem Fallschirm und die Landung waren ein wahres Abenteuer, da man in der Dunkelheit den Zeitpunkt der Landung nicht einschätzen konnte. In meiner weiteren Dienstzeit musste ich meine Sprungeinsätze fast immer in den Nachtstunden absolvieren und ich zog mir in dieser Zeit Gott sei Dank keine Sprungverletzungen zu. Vor jedem Sprungdienst umwickelte man seine Füße an den Sprunggelenken mit einer Bandage. Getragen wurden Fallschirmspringerstiefel, die geschnürt wurden und somit den Füßen festen Halt gaben. Der Springerstiefel war ein sichtbares Erkennungsmerkmal des Fallschirmjägers. Er wurde gepflegt und mit Stolz getragen. Der letzte Höhepunkt in der Ausbildung zum Fallschirmjäger stellte die Verleihung des Fallschirmspringerabzeichens in einer militärischen Zeremonie dar. Wir mussten im Dienstanzug antreten und jeder erhielt vom Bataillons-Kommandeur der Schule das Fallschirmjägerabzeichen, welches von uns auf der Uniform ebenfalls stolz angeheftet wurde. Nach der feierlichen Verleihung lud uns Minister Strauß zu einem großen Bier nach echt bayerischer Art ein. Die Luftlandeschule lag in Schongau-Altenstadt und der Minister hatte dort seinen wichtigsten Wahlkreis. Da die Wahlen anstanden, sollten wir unsere Siegesfeier nicht in die Kleinstadt verlegen, um dadurch Raufereien mit der einheimischen Bevölkerung oder den amerikanischen Soldaten im Vorhinein auszuschließen.

Der Lehrgang war von uns allen erfolgreich abgeschlossen worden und am nächsten Tag ging es im motorisierten Marsch auf Unimog – Lkw zur neuen Einheit in Esslingen. Der Empfang in dieser Kaserne verlief nicht so extrem wie vor Beginn der Grundausbildung in Sigmaringen. Nach unserer Auffassung waren wir zudem jetzt Fallschirmjäger und Härte unser Alltag, aber von der Leistungsstärke eines voll ausgebildeten Fallschirmjägers waren wir noch weit entfernt. Nun begann für uns die Vollausbildung, die eine andere Qualität besaß. Wir wurden im Fallschirmjägerzug in vier Gruppen eingeteilt. Mein neuer Gruppenführer war ein erfahrener Stabsunteroffizier mit über fünfzig Fallschirmabsprüngen und ein ausgebildeter Einzelkämpfer (Ranger). Er war noch nicht verheiratet und hatte viel Zeit für Sonderaufgaben. Das Wochenende war samstags ab den Mittagsstunden frei, hatte aber andere versteckte Tücken für Sonderdienste. Nach dem intensiven Sport in den Morgenstunden erfolgte das Revierreinigen mit anschließendem Stubendurchgang. Gab es keine Beanstandungen, konnten wir den Urlaubsschein für das Wochenende beantragen, um nach Hause zu fahren oder wir erhielten Ausgang bis 24.00 Uhr. Die Fahrt nach Hause war für viele in der kurzen Zeit nicht möglich, da unsere Heimatorte entweder in Norddeutschland oder in Süddeutschland lagen und niemand von uns ein Motorrad oder Auto hatte. Die lange Fahrt mit der Bahn konnte man vergessen. Deshalb war es besser, kleine Sonderdienste unter Aufsicht des Gruppenführers zu verrichten. Unser Zugführer, ein unauffälliger Oberfeldwebel, wurde aber von uns allen zuerst unterschätzt. Seine polizeiliche und militärische Ausbildung hatte er bei der damaligen Bereitschaftspolizei erhalten. Dieser Oberfeldwebel stellte sich als ein Energiebündel in sportlicher und militärischer Hinsicht heraus. Ich bin heute noch sehr dankbar, dass ich unter seiner Leitung so gut ausgebildet wurde. Jede Woche wurde auf dem Schießstand mit allen Handfeuerwaffen wie der Pistole, der Maschinenpistole, dem Maschinengewehr und dem neuen G 3 Gewehr geschossen. Und dieses unter körperlicher Belastung, das heißt, nach einem Geländelauf oder dem Überwinden einer Hindernisbahn mit voller militärischer Ausrüstung. Im Gelände bestand der Schwerpunkt aus der Körpertarnung, der Beobachtung, dem blitzschnellen Überfall und dem Absetzen vom Feind. Unsere Aufgabe bestand darin, den Feind durch diese Überfälle zu stören und mit so wenig Krafteinsatz wie möglich, möglichst großen Schaden zu verursachen. Dafür wurden wir mit der Handhabung von Sprengmittel und dem fachgerechten Anbringen an Objekten ausgebildet. Weiterhin erlernten wir das gezielte Werfen von scharfen Handgranaten und das Schießen mit panzerbrechenden Waffen. Um unsere Verbindung untereinander und mit anderen Einheiten aufrecht zu erhalten und Befehle oder Aufträge weiter zu geben, wurden wir ebenfalls an allen verfügbaren Fernmeldegeräten ausgebildet. Jeden Morgen gab es Geländeläufe, um unsere Kondition zu verbessern und noch zu steigern. Für unsere Geschicklichkeit und körperliche Wendigkeit war die Judo- und Karateausbildung zuständig. Die Stabilität und Körperbeherrschung wurde durch Turnübungen und Trampolinspringen aufgebaut. Hohen Stellenwert hatte die Schwimmausbildung, da wir bei Einsätzen Wasserläufe und Seen mit Waffen und Gepäck in allen erdenklichen Jahreszeiten zu überwinden hatten. Das militärische Erscheinungsbild des Fallschirmjägerzuges wurde durch das Exerzieren (entspricht der heutigen Formalausbildung) geformt. Eine Aufgabe lautete, den Divisionsstab so abzusichern, dass dieser durch unseren Schutz seinen Auftrag erfüllen konnte. Wir waren dem General der Luftlandetruppe direkt unterstellt und für seine Sicherheit verantwortlich. Einmal im Monat erhielten wir die Aufgabe, den Wachdienst zu übernehmen. Nun waren wir das Aushängeschild der Division. Unser Wachdienst wurde auch dann angesetzt, wenn internationaler militärischer Besuch anstand. Das amerikanische Militär versuchte durch forsches Auftreten oder mit falschen Ausweispapieren Zutritt zur Kaserne zu bekommen. Unser Zugführer kannte deren Tricks und hatte uns auf alle Gemeinheiten vorbereitet. Wenn die Anordnungen nicht befolgt wurden, machten wir zum Entsetzen dieser „Schauspieler" von der Festnahme Gebrauch.

Das französische Militär war damals entsetzt darüber, dass wir bei unserem Wachdienst den alten deutschen Fallschirmspringerhelm trugen. Die bestehende alte Feindschaft aus Kriegszeiten zwischen den Deutschen und Franzosen war zu dieser Zeit noch nicht überwunden. Heute ist die Form des deutschen Stahlhelms in der NATO eine Selbstverständlichkeit und wird auch in anderen Ländern getragen. Auch in der deutschen Bevölkerung wurde die neue Bundeswehr mit großem Vorbehalt betrachtet. Um zur Bevölkerung ein besseres Verhältnis aufzubauen, lud man sie zu Veranstaltungen in die Kaserne ein. Dies wurde ein voller Erfolg, da wir den militärischen Tagesablauf zeigten. Unsere Judo- und Karatevorführungen und das noch nicht so bekannte Trampolinspringen fanden große Beachtung. Den Abschluss in den Abendstunden bildete ein Tanzabend in der Stadthalle, der für einige unvergesslich bleiben sollte. Sehr begeistert zeigte sich die Bevölkerung von unseren Absprüngen mit dem Fallschirm aus Transportmaschinen und Hubschraubern, die sich dann später zu den bekannten Flugtagen entwickelten. Der militärische Ablauf wurde für uns mit der Zeit immer überschaubarer und langsam zur Routine. Diese Routine frischte ein Oberleutnant auf, der für eine bestimmte Zeit die Leitung des Fallschirmjägerzuges übernahm. Unser Zugführer war nämlich für drei Monate zu einem Lehrgang abkommandiert.

Der Vertreter, ein sehr aktiver Soldat, wurde später als Kompaniechef in Deutschland und im Ausland noch sehr bekannt. Unsere Fallschirmjägerdivision war mit ihren Kampfbataillonen im süddeutschen Raum stationiert und nur ein Fallschirmbataillon befand sich nicht weit entfernt von der Zonengrenze. Sein Standort Clausthal-Zellerfeld im Harz war für uns die Einheit, die die Speerspitze gegen unseren Feind im Osten bildete. Ich war mittlerweile ein gut ausgebildeter Fallschirmjäger und wollte auch dort meinen Dienst verrichten. Soweit ich erfahren konnte, gab es eine Ausbildungskompanie, die einen Hilfsausbilder suchte. Somit stellte ich einen Antrag auf Versetzung zu dieser Einheit. Mein Zugführer, der in der Zwischenzeit seinen Lehrgang erfolgreich abgeschlossen hatte, war mit meinem Vorhaben zuerst nicht einverstanden. Ich konnte ihn jedoch von meinen Vorstellungen überzeugen und er unterstützte dann mein Anliegen. Eine Woche später war ich mit meinem militärischen und persönlichen Gepäck mit der Bahn in Richtung neuer Einheit unterwegs. Der erste Eindruck von der Kaserne in Clausthal-Zellerfeld ernüchterte mich allerdings etwas. Außer dem Stabsgebäude bestanden die Unterkünfte aus Holzbaracken. Geduscht wurde mit kaltem Wasser oder man musste einen Holzofen anheizen, um warmes Wasser zu bekommen. Aufgrund dieser einfachen Begebenheiten herrschte auch ein etwas rauer und für mich gewöhnungsbedürftiger Umgangston. Ich wurde als Hilfsausbilder einem Stabsunteroffizier, der gleichzeitig stellvertretender Zugführer war, zugeteilt. Die Rekrutengruppe bestand aus zwölf Soldaten, die schon einen Monat in der Ausbildung standen. Jetzt konnte ich das umsetzten, was ich in harter Ausbildung erlernt hatte. Die Umstellung vom Befehlsempfänger zum Vorgesetzten junger

Männer in meinem Alter setzte ich schnell und ohne Probleme um. Ausbildungsmethoden erlernte ich von meinem Gruppenführer und ich beobachtete außerdem die anderen Ausbilder bei ihrer Tätigkeit. Durch diesen Lernprozess baute ich mich zu einem erfolgreichen und auch harten Ausbilder auf. Ich duldete keine Ausbildungsphase, die ich nicht beherrschte oder selber vorführen konnte. Härte ja, aber kein sinnloses Ausbilden.

Clausthal-Zellerfeld ist eine sehr alte Bergbaustadt mit einer berühmten Bergakademie und liegt im bewaldeten Oberharz. Der Brocken ist mit eintausendzweihundert Meter dort der höchste Berg. Leider lag dieser Berg in der damaligen DDR und an der westlichen Seite des Berges verlief die Zonengrenze. Der Grenzort Braunlage vor dem Berg zählte jedoch zur BRD. Die Entfernung von Clausthal-Zellerfeld nach Braunlage beträgt nur fünfzehn km. In Braunlage gab es zur Entspannung diverse Bars und ein Bordell, welches in einer Baracke untergebracht war. Diese Ortschaft war aufgrund seiner unmittelbaren Lage zur Zonengrenze für manche Organisationen sehr interessant. Es bestand das Gerücht, dass hier ein kleiner Grenzverkehr herrschte, der durch den Bundesgrenzschutz aufgebaut worden war. Es war ein offenes Geheimnis, dass eine kleine Gruppe von Unteroffizieren in verschiedenen Nächten die Zonengrenze wechselten und mit russischen Kalaschnikow-Gewehren und anderen russischen Waffen zurückkamen. Sie verrichteten später ihren Dienst bei einer Sondereinheit des Bundesnachrichtendienstes (BND). Die Russen unterhielten auf der Bergspitze des Brockens die modernste Peilanlage und konnten damit die nördliche Tiefebene der Bundesrepublik Deutschland einsehen.

Eines nachts weckte mich mein Stabsunteroffizier. Er berichtete von Zuhältern aus Braunlage, die mit Gewalt sein Geld genommen hätten, da er für den Beischlaf mit einer Dame nicht gezahlt haben sollte. Diesen Burschen wollte er nur eine kleine Lektion erteilen und dafür brauchte er meine Unterstützung. Da er etwas getrunken hatte, sollte ich sein Auto fahren. Der Tatort war das Bordell in Braunlage. In einem kleinen Waldstück, nicht weit entfernt von der Bordellbaracke, stellten wir das Auto ab und erkundeten die Umgebung. Seitlich der Baracke stand ein Telegrafenmast aus Holz. Der Stabsunteroffizier entnahm aus seinem Auto Sprengstoff, umwickelte den Mast in Brusthöhe mit mehreren Lagen Sprengschnur und leitete mit einer kurzen Zündschnur die Ladung. Wir entfernten uns in Richtung Auto und nach etwa zehn Sekunden gab es einen Blitz mit einem lauten Knall und der Telegrafenmast schlug auf die Baracke. Auf Umwegen fuhren wir zurück nach Clausthal-Zellerfeld. Erst am nächsten Morgen kam mir zu Bewusstsein, welche Mithilfe ich geleistet hatte. Da in den nächsten Tagen kein Bericht über diesen Vorfall in der Tageszeitung stand und keine Polizei auftauchte, war für mich dann diese Sache abgeschlossen.

Ein weiterer Höhepunkt in meiner Militärzeit startete am 2. August 1961, als Berlin von einer Mauer geteilt wurde. Es war an einem Sonntagmorgen und ich saß mit einigen Freunden in einem Café. Plötzlich wurden durch eine Lautsprecherdurchsage aus einem Polizeifahrzeug alle Bundeswehrangehörigen aufgefordert, sich umgehend in der Kaserne zu melden. Als wir in der Kaserne ankamen, informierte uns der Offizier vom Dienst (OvD) vom Bau der Mauer und teilte mit, dass die Bundeswehr ab sofort in Alarmbereitschaft stände und in voller Ausrüstung ihre Bereitschaftsräume beziehen müsste. Wir empfingen unsere Gewehre in der Waffenkammer, machten uns kampfmäßig fertig und warteten auf weitere Befehle. Da die höchste Alarmstufe galt, erhielten wir auch scharfe Munition für unsere Waffen und luden diese. An diesem Sonntag fehlten viele verheiratete Offiziere und Unteroffiziere in der Kaserne, die das lange Wochenende bei ihren Familien im süddeutschen Raum verbrachten. Die Befehlskette war dadurch beeinträchtigt und der Alarmablauf in den einzelnen Kompanien verzögerte sich. Außerdem waren noch einige Soldaten in Partystimmung und so auch angetrunken. Unsere Ausbildungskompanie hatte allerdings die Situation schnell im Griff. Die Stimmung war unterschiedlich angespannt. Viele waren neugierig, andere begeistert und einige bedrückt. Es war ein schöner sonniger Tag und der Brocken war klar zu erkennen. Aus dieser Richtung wurde der Feind erwartet. Plötzlich hörten wir einen Signalton aus einer Trillerpfeife und danach den lauten Ruf, „Flugzeug aus drei!" Wir hatten gelernt, dass Zielangaben mit Kompass und Uhr übereinstimmten, um im Kampf das Ziel schnell und genau zu erkennen. Ein tieffliegendes Flugzeug kam direkt aus Osten, mit dem Berg im Hintergrund, auf unsere Kaserne zugeflogen. Nun mussten wir uns so verhalten, wie wir es gelernt hatten: Blitzschnell verteilen und in Deckung gehen, um dem Gegner kein Ziel zu bieten und die Waffen in Anschlag bringen. Es war ein Zustand eingetreten, den bisher kaum einer erlebt hatte. Ich war MG-Schütze. Um der Waffe Stabilität für ein Ziel aus dem Luftraum zu geben, legte ich die Waffe auf die Schulter des MG-Schützen II. Dieser hielt sich mit seinen Händen an den Zweibeinen fest, um ihr einen festen Halt zu geben. Ich stand schussbereit hinter dem ausgerichteten Maschinengewehr und fasste das Ziel ins

Auge. Eine russische Aufklärungsmaschine, vergleichbar mit dem alten Fieseler Storch, mit „Roten Sternen" an den Tragflügeln, flog jetzt enge Kreise ziehend über unsere Kaserne. Der Offizier vom Dienst (OvD) hatte zwar den Kriegszustand erklärt, aber es erfolgten keine weiteren Anweisungen zu Abwehrmaßnahmen gegen den plötzlich aufgetauchten feindlichen Flugkörper, der unseren Luftraum verletzte und über unserer Kaserne kreiste. Zwei Personen waren im Flugzeug klar zu erkennen. „Diese arroganten Schweine!" Ich handelte, zog mit meinem Zeigefinger den Abzug durch und gab einen Feuerstoß auf die Maschine ab. Das Flugzeug drehte blitzschnell ab. Es kam schwarzer Rauch aus dem Flugzeugrumpf und es flog dann schrägliegend Richtung Brocken davon. Dieser kurze Feuerstoß aus meinem MG war für einige Soldaten ein „Feuer frei" Signal und man hörte dann vereinzelte Gewehrschüsse. Bei einer späteren Befragung zu diesem Ereignis gab ich an, dass der Kriegszustand durch den OvD befohlen war und ich deshalb Warnschüsse abgegeben hatte. Zwei Stunden nach diesem Vorfall verließen wir die Kaserne und bezogen den Bereitschaftsraum in einem Wald. Am nächsten Tag wurde der Kriegszustand beendet und wir kehrten in die Kaserne zurück.

Eine Woche lang herrschte danach ein reger Besuch von Personen der Regierung aus Bonn und hohe Militärfunktionäre in dunklen Anzügen im Stabsgebäude. Vierzehn Tage später erhielten wir den Befehl, die Kaserne zu räumen und fuhren im motorisierten Marsch Richtung Süddeutschland. Uns wurde erklärt, dass die Verlegung des Bataillons schon ein Jahr lang in der Planung war. Unser neuer Standort war jetzt der Ort Nagold in Baden- Württemberg.

Nagold ist ein Kurort mit sechzehntausend Einwohnern und

liegt an dem kleinen Fluss Nagold im Nordschwarzwald. Wir bezogen eine nicht fertig gestellte Kasernenanlage, in der die Bauarbeiten noch andauerten. Die Bauarbeiter, billige Arbeitskräfte aus dem Ausland, wohnten in Baracken auf dem Kasernengelände. Der Sicherheitszaun, der das Kasernengelände umschließen sollte, war an vielen Stellen noch nicht fertig und hier begannen die Probleme. Jede Kompanie musste im Wechsel Soldaten zum Wachdienst abstellen, die dann für die Sicherheit der Kaserne verantwortlich zeichneten. Wichtig war vor allem der Fahrzeug- und Personenverkehr, da kein Unbefugter die Kaserne betreten durfte. Die Zufahrtstraße zum Kasernenbereich bildete mit der Schranke und dem Wachlokal den Schwerpunkt der Kontrolle und hier war die Sicherheit vorhanden. Die noch nicht geschlossenen Zaunabschnitte um die Kaserne waren jedoch ein großes Sicherheitsproblem und mussten gezielt überwacht werden. Da eine Wachverstärkung nicht genehmigt wurde, musste es intern geregelt werden. Wir ergriffen, nach Absprache untereinander, die Maßnahme, in den Nachtstunden einige unserer Streifenposten zu überfallen, zu fesseln und so abzulegen, dass sie bei einer Suche der Polizei schnell gefunden wurden. Die Streifenposten waren ebenfalls vorher eingeweiht und spielten mit. Diese interne Regelung hatten einige Feldwebel und Unteroffiziere angeordnet, die mit dem geringen Sicherheitszustand der Kasernenanlage nicht zufrieden waren und sich einen besseren Schutz davon versprachen. Die eingewiesenen Streifenposten gaben eine überzeugende Darstellung und Aussage gegenüber der Polizei. In nur zwei Tagen wurde anschließend der Sicherheitszaun um die Kaserne fertiggestellt und auch kein Außenstehender befand sich mehr auf dem Kasernengelände. Die Wohnbaracken der Bauarbeiter waren im Kasernenbereich abgebaut und außerhalb der Kasernenanlage wiedererrichtet und die allgemeine Sicherheit war erreicht. Die polizeilichen Ermittlungen, wer für die Überfälle auf die Streifenposten verantwortlich war, verliefen ergebnislos und wurden eingestellt.

Einmal erlitt ein Bauarbeiter bei einer körperlichen Auseinandersetzung mit einem Soldaten schwere Verletzungen. Im Krankenhaus berichtete der Verletzte bei seiner Vernehmung durch die Polizei, er habe nur die Tätowierung am rechten Unterarm des Gegners erkannt. Da der Tatort in unserem Kompaniebereich lag, ließ der Spieß am nächsten Tag die Kompanie antreten und kontrollierte mit der Polizei die Unterarme aller Soldaten nach dieser Tätowierung. Von einhundertundzwanzig Soldaten trugen dabei zwanzig Soldaten die gleiche Tätowierung am Unterarm. Vorsorglich hatten einige nach einer bekannten Gefängnismethode das gleiche Tattoo aufgetragen. Auch hier verzeichnete die Polizei keinen Ermittlungserfolg.

Die Bundeswehr befand sich in der Aufbauphase und benötigte gute und zuverlässige Führungskräfte. Offiziere und Unteroffiziere sollten diese Eigenschaften besitzen, um eine stabile Verteidigungsarmee aufzubauen. Es wurde gerne gesehen, wenn sie den ausgleichenden Halt in einer Ehe fanden. Ein verheirateter Soldat war nach Vorstellung der Bundeswehrführung eine stabile und einschätzbare Kraft. Der Missbrauch von Alkohol und ausschreitende Liebesaffären in der Freizeit würden dadurch eingeschränkt. Ich erhielt einen zweiwöchigen Urlaub und konnte mein Versprechen einhalten und meine Freundin in unserer Heimatstadt heiraten. Die Hochzeit war eine von uns gewünschte und bescheidene Zeremonie, da wir Geld sparen wollten um in Nagold eine kleine Wohnung zu beziehen. Meine Frau fand ohne Schwierigkeiten eine Anstellung in einer Bücherei. Das Geld, das sie nun verdiente, war unbedingt erforderlich um einen Haushalt aufzubauen. Einige Monate später wurde uns eine Bundeswehrwohnung zugewiesen. In unserer Ehe bekamen wir zwei Töchter, die in den Jahren 1962 und 1963 geboren wurden. Es war für mich und meine Ehefrau nicht einfach, eine normale Ehe zu führen, da ich um 6.00 Uhr die Wohnung verließ und zu unterschiedlichen Zeiten, erst in den oft späten Abendstunden, nach Hause kam. Ich war Soldat und musste mir erst in dieser Welt eine Zukunft aufbauen. Die Kaserne lag auf einer Hochfläche außerhalb der Ortschaft Nagold. Mit dem Auto bis zur Ortschaft waren es sechs km Fahrweg. Es gab aber eine steile Abkürzung von nur zwei km, die direkt in den Ort führte, den wir Soldaten als Fußweg benutzen. Der Rückweg hatte den Vor- oder auch Nachteil, dass der angetrunkene Alkoholspiegel durch den steilen Anstieg sank und unser teuer finanzierter Rausch leider damit verschwand. Jetzt war ich verheiratet und diese Art von Vergnügen war für mich nicht mehr so notwendig.

Aufgrund guter dienstlicher Leistungen wurde ich mit einigen Kameraden aus dem Bataillon zum Unteroffizierslehrgang nach Sigmaringen abkommandiert. Es war Winterzeit und wir verbrachten den größten Teil unserer Ausbildung auf dem Truppenübungsplatz Munster Lager in der Schwäbischen Alb und waren dort in Zelten untergebracht. Unser Lehrgang bestand nur aus Teilnehmern der Luftlandedivision. Von den einhundert Lehrgangsteilnehmern bestanden nur sechzig Fallschirmjäger den Lehrgang. Die Ausbildungsmethoden wurden zwar später entschärft, aber es waren die härtesten drei Monate in meiner Bundeswehrzeit. Auch hier konnte ich eine Spitzenposition erreichen. Jetzt war ich Gefreiter UA (Unteroffiziersanwärter) und nach vier Monaten wurde ich zum Unteroffizier befördert. Zur Aufnahme in das Unteroffizierscorps musste man eine harte Trinkprüfung bestehen. In einem ein Liter Krug wurden verschiedene Alkoholsorten mit anderen ungewöhnlichen Säften gemixt und diese Mixtur musste in einem Zug ausgetrunken werden. Es war eine tierische Feier.

Ich wurde als Unteroffizier zu verschiedenen Lehrgängen abkommandiert, um somit eine größere Verwendungsbreite zu erreichen. Als erstes kam ich zur Luftlandeschule, um das Absetzen von Personen und Lasten aus den Transportmaschinen und den Hubschraubern zu erlernen. Erst mit dem Dienstgrad eines Unteroffiziers konnte man Absetzer werden und war in dieser Funktion weisungsbefugt gegenüber allen Fallschirmjägern, die am Sprungdienst teilnahmen. Der Dienstgrad eines Soldaten war dann untergeordnet. Jeder Fallschirmjäger, der das Fallschirmspringerabzeichen tragen durfte, erhielt monatlich eine Leistungsprämie von DM einhundertfünfzig. Damit die Zahlungen nicht eingestellt wurden, musste man jährlich fünf Absprünge nachweisen, die im Fallschirmsprungbuch eingetragen wurden. Nach einem erfolgreichen Lehrgang wurde ich ein Absetzer und für das Absetzen der Fallschirmspringer und den Lasten aus Transportmaschinen und Hubschraubern verantwortlich. Das oberste Gebot war die Sicherheit und dafür war ich nun als Absetzer verantwortlich. Dann folgte erst der technische Ablauf, der den Fallschirmabsprung ermöglicht.

Eine spezielle Kompanie war dafür zuständig, dass benutzte Fallschirme wieder fachgerecht gepackt wurden und für den nächsten Einsatz bereitlagen. Die empfangenen Fallschirme wurden in drei Reihen nebeneinander abgelegt und dann unter der Aufsicht des Absetzers angelegt. Vor dem Besetzten der Maschine erfolgte eine nochmalige Überprüfung. Die Fallschirmspringer nahmen auf beiden Seiten in der Maschine, nebeneinander mit dem Rücken zur Bordwand auf einer langen, abklappbaren Bank, ihren Sitzplatz ein. Es gab zwei Absetzer für eine Transportmaschine und jeder war für eine Sprungreihe verantwortlich. Gesprungen wurde aus zwei gegenüberliegenden Türen. Einer der Absetzer galt als der Chef im Ring. Die beiden Türen der Maschine wurden ausgehangen und im Heck abgelegt. Etwa zehn Minuten vor dem Absprung gab der Absetzer seine Sprungkommandos. Sie waren eine wichtige Maßnahme, um bei einer längeren Anflugzeit den Fallschirmspringer in den militärischen Drill zurückzuholen, um alle Unsicherheitsgefühle dadurch zu verdrängen. Die innere Anspannung des Fallschirmspringers vor dem Absprung konnte dadurch genommen werden. Es wurden folgende Kommandos gegeben:

AUFSTEHEN

Der Springer hatte sich von seinem Sitz zu erheben und seinen Körper so zu drehen, dass er in die Richtung Heck schaute, also nicht in Flugrichtung.

EINHAKEN

Vom Heck bis zur Tür der Pilotenkanzel war über den Köpfen der Springer ein Drahtseil gespannt und hier musste man den Karabinerhaken einhaken. Dieser war mit der Aufziehleine verbunden, die den Fallschirm nach dem Absprung aus dem Flugzeug herauszog und dann konnte er sich öffnen.

ÜBERPRÜFEN

Hier überprüfte in der Sprungreihe der Hintermann den

Vordermann über dessen richtigen Verlauf der Aufziehleine und der Absetzer ging dann nochmals die Reihe der Springer durch und überprüfte den Verschluss der Karabinerhaken, den richtigen Verlauf der Aufziehleine und den Reservefallschirm, der vor der Brust der Springer eingehakt war.

VORRÜCKEN

Die Springer rückten als geschlossene Reihe bis zur Tür vor.

FERTIG ZUM SPRUNG

Der erste Springer schob den Karabinerhaken, der im Seil eingehakt war, mit der verbundenen Aufziehleine vor, machte dann eine Drehung von neunzig Grad und stand somit in der Tür und wartete auf den Abschlag des Absetzers zum Absprung aus dem Flugzeug.

Dieses Eintreten in die Tür durch den Springer unterlag einem eintrainierten Rhythmus, der durch den Absetzer, der seitlich neben der Tür mit seinem Gesicht und Körper in Flugrichtung stand, kontrolliert wurde. Wenn der Pilot, in der Absetzphase die Geschwindigkeit des Flugzeugs drosselte, leuchtete im Türrahmen ein grünes Licht auf und gleichzeitig erklang ein greller Signalton. Nach dem Absprung aus der Maschine überzeugte sich der Absetzer, dass sich bei allen der Schirm geöffnet hatte und zog dann die Aufziehleinen zurück in die Maschine. Wenn der Hauptschirm nicht geöffnet war, aktivierte der Fallschirmspringer seinen Reserveschirm, um so sicher zu landen. Gesprungen wurde aus einer Sicherheitshöhe von über vierhundert Meter, die im Kriegsfall auf einhundert Meter begrenzt würde. Der Reserveschirm fiele dann weg, da der Öffnungsvorgang zeitlich nicht mehr ausreichen würde. Der Fallschirmjäger war am Fallschirm für den Feind ein gut sichtbares Ziel. Um diese Lücke auszugleichen, musste er blitzschnell den Boden erreichen. Darum war der Absprung bei Nacht die beste Möglichkeit den Erdboden ungesehen zu erreichen. Der Absetzer war für verschiedene Phasen zum Absetzen von Personen ausgebildet worden. Sie richteten sich immer nach dem Auftrag und dem Ereignis. Wir unterschieden den normalen Übungssprung, so wie zuerst beschrieben und dann den Einsatzsprung bei Manövern oder im Ernstfall. Im letzteren konnte der Absetzer nach dem Überprüfen der Springer zuerst abspringen. Er stellte sich in die Tür und wartete auf das Licht- und Hupsignal des Piloten oder er wurde durch Rauchsignale vom Boden zum Absprung aufgefordert und verließ dann die Maschine, gefolgt von den zum Sprung bereiten Fallschirmspringern. Weiterhin wurden Türlasten, wie verpackte Waffen, Munition, Verpflegung und benötigtes Material, das mit Fallschirmen verbunden war, aus Transportmaschinen oder Hubschraubern an vorher festgelegte Geländeabschnitte abgeworfen. Auch hierfür war der Absetzer verantwortlich und ausgebildet.

Ausbildung zum Panzerfahrer

Um eine Ausbildungsbreite in unserem Beruf als Soldat zu erreichen, machte ich auch den Panzerführerschein. Sehr beeindruckend empfand ich die Fahrpraxis mit dem amerikanischen M 41 Panzer. Er besaß fünfhundert PS Motorleistung und konnte auf gerader Fläche eine Geschwindigkeit von siebzig km/h erreichen. Bei der Bundeswehr wurde er als Spähpanzer eingesetzt. Auf dem Übungsplatz in Nagold übten wir. Dort gab es eine Panzerstraße mit starken Bodenwellen und Wasserlöchern, die als Trainingsstraße für eine Panzerkompanie benutzt wurde. Der Panzerfahrer saß vorne vor dem Turm und etwas seitlich des Kanonenrohrs. Hier befand sich auch der schnelle Einstieg oder man benutzte den etwas unbequemen Weg durch den Turm. Wenn der Fahrer den Panzer bewegte, konnte er bei geöffnetem Panzerdeckel den Kopf so weit herausstrecken, dass er nach vorne und zu den Seiten einen guten Überblick auf die Fahrstrecke hatte. War der Panzerdeckel geschlossen, hatte man nur eine sehr begrenzte Aussicht auf die Fahrstrecke. Man schaute durch schmale Sehschlitze. Diese Schlitze sollten bei feindlichem Beschuss oder vor Geschosssplitter einen Schutz bieten. Mit dem Panzerkommandanten als Fahrlehrer war man mit Kopfhörern verbunden, der die Fahrrichtung aus seinem erhöhten Turm angab. Gesteuert wurde dieser Panzer mit einem sogenannten „Stick", der mit der linken Hand betätigt wurde. Es war kein Drehen wie beim Lenkrad, sondern man drückte den Stick in die Richtung, in die man fahren wollte. Es war ganz einfach. Die rechte Hand bediente den Gashebel, um nach vorne und rückwärts zu fahren, mit den Füßen wurde das Bremspedal betätigt. Bei der Fahrt mit diesem Panzer hatte ich einfach das Gefühl, etwas Außergewöhnliches zu bewegen und unantastbar zu sein. Nun hatte ich auch Verständnis für die großen Erfolge der Panzerwaffe und den Stolz der Panzersoldaten auf ihre Waffengattung.

Pionierlehrgang

Hochinteressant gestaltete sich für mich der Pionierlehrgang. Als Bergmann hatte ich mich für diese Waffengattung beworben, aber mein militärischer Werdegang hatte einen anderen Weg eingeschlagen. Die Pioniereinheit lag bei Speyer direkt am Rhein. Dort traf ich einen Kumpel aus meiner Bergbauzeit. Er hatte vor meiner Zeit die Pioniertruppe gewählt und war ebenfalls ausgebildeter Fallschirmjäger. Der Unterschied bestand darin, dass seine Einheit aus der Luftlandedivision ausgegliedert wurde. Da die Pionierkaserne direkt am Wasser lag, erlernten wir das schnelle Überqueren von Gewässern mit Schlauch- und Sturmbooten und das Durchfahren des Rheins mit einem Panzer, wobei die Sauerstoffversorgung durch aufgesetzte Rohre sichergestellt wurde. Der Rhein und andere große Flüsse hatten an wichtigen strategischen Punkten zur Durchquerung fest angelegte Straßenteile unter Wasser. Ich erlernte das Einfahren von Brückenteilen zum Bau einer Behelfsbrücke über einen Fluss und den Bau einer Holzbrücke über eine Schlucht. Vor dem Bau wurde ein Bauplan erstellt und wir fällten alle gekennzeichneten Bäume, die zum Bau verwendet wurden. Mein Höhepunkt bildete die Sprengausbildung, die mich schon im Bergbau faszinierte. Hier erlernte ich den fachgerechten Umgang mit Sprengmunition und wie man mit kleinen Mengen einen großen Erfolg erzielen konnte. Diese Erfahrung konnte ich ja auch schon mit dem Stabsunteroffizier bei seiner Sprengung in Braunlage an der Zonengrenze beobachten. Leider wird heute von menschenverachtenden Fanatikern Sprengstoff zur Durchsetzung ihrer Ziele verwendet. Im militärischen Bereich wurde der

Einsatz von Sprengstoffen nur bei einer kriegerischen Handlung verwendet. Im Kampf versuchte man Hindernisse zu sprengen, um zum Beispiel Brücken oder Geländeteile mit Minen zu sperren. Der Einbau von Minenfallen war auch eine Taktik der Kriegsführung. Wir erlernten diese Fallen rechtzeitig zu erkennen und zu vernichten. Nach dem erfolgreichen Abschluss dieser Ausbildung waren wir berechtigt, Soldaten mit der Sprengmunition auszubilden und eigene Sprengungen durchzuführen. Für diese Tätigkeit erhielten wir den amtlichen Sprengschein.

Militärische Übungen mit unseren Verbündeten

Für uns bedeutete die Rote Armee aus dem Osten der Feind und wir hatten ein klares Feindbild. Die Amerikaner, Engländer und Franzosen waren nicht mehr nur die Besatzungsmacht, sondern unsere Verbündeten. Mit ihnen ergaben sich zwar noch viele Probleme und wir konnten uns eine Zusammenarbeit mit diesen Soldaten kaum vorstellen. Die Truppenübungsplätze in Deutschland besetzten und verwalteten die Besatzungsmächte. Bei Trainingsvorhaben und Manövern galten wir als die Bittsteller im eigenen Land und mussten Anträge stellen, um eine Zulassung für einen Truppenübungsplatz zu erhalten. Um diese Spannungen zwischen den Alliierten und der neuen Bundeswehr abzubauen, wurden gemeinsame militärische Übungen angeordnet. Der erste negative Vorfall, der mir noch bekannt ist, fand bei einer gemeinsamen Übung auf dem unter englischer Verwaltung stehenden Übungsplatz „Sennelager" statt. Wir sollten gegen eine englische Panzereinheit antreten. Auf dem Übungsplatz hatten wir eine Granate für die Panzerabwehrwaffe Bazooka entdeckt oder auch zufällig gefunden. Beim Manöver wollte man die Überlegenheit eines englischen Panzerangriffes klar hervorheben und uns als Feind als bedeutungslos darstellen. Deshalb setzten wir die Granate ein und ein Panzer wurde beschädigt. Die im Panzer befindliche Besatzung blieb zum Glück unverletzt und kam mit dem Schrecken davon, da wir auf den vorderen Teil der Laufkette gezielt hatten. Dies war eine unverantwortliche Tat, aber man konnte uns als Täter glücklicherweise nicht ermitteln. Uns bescherte dieser Einsatz allerdings ein Gefühl der Überlegenheit in dieser verzwickten Zeit.

Baden-Württemberg stand nach dem Krieg unter französischer Besatzungsmacht und die Vorurteile gegen die Franzosen waren noch sehr stark vorhanden. Bei gemeinsamen Übungen mit französischen Soldaten konnten wir mit der Unterstützung der heimischen Bevölkerung rechnen, da die Franzosen hier nicht beliebt waren. Bei einem Manöver oder auch einer gefechtsmäßigen Truppenübung standen sich zwei feindliche Parteien gegenüber. Die rote Partei war der Feind und hatte im Übungsablauf zu verlieren. Die blaue war der Gewinner. Wir stellten bei diesen internationalen Manövern grundsätzlich die rote Partei und hatten zu verlieren. Mit diesem für uns ungerechten Zustand waren wir nicht einverstanden und entwickelten Maßnahmen, um dadurch unseren Stolz zu erhalten. Während eines Manövers gegen ein französisches Aufklärungsbataillon sollten wir nach dem Übungsverlauf vernichtend geschlagen werden. Die Franzosen waren mit Aufklärungspanzern in Reutlingen stationiert. Es liegt ca. achtzig km südöstlich von Nagold entfernt. Der Übungsraum befand sich im Hochschwarzwald in der Gegend von Freudenstadt. Die übenden Parteien wurden Schiedsrichtern zugeteilt. Deren Aufgabe bestand darin, das richtige militärische Verhalten der Soldaten zu überwachen und bei Fehlverhalten Maßnahmen zu ergreifen. Soldaten wurden für verletzt oder für tot erklärt. Panzer, Fahrzeuge oder Geschütze wurden als vernichtet gekennzeichnet und dann aus dem Übungsverlauf herausgezogen oder in einer anderen Phase wiedereingesetzt. Wichtig war hier, dass der vorgesehene Übungsablauf eingehalten wurde. Die Schiedsrichter trugen eine gelbe Armbinde und sollten erfahrene Offiziere oder auch Feldwebel aus beiden Übungsparteien sein.

Zwei Tage vor Beginn der Übung fuhr ich mit meinem Zugführer in seinem Privatauto nach Reutlingen und wir erkundeten die Lage der Kaserne und die abgetrennt liegende Siedlung der verheirateten Soldaten. Die Wohnsiedlung lag etwa
drei km von der Kaserne entfernt. Dazwischen befand sich
ein Park mit einem Fußweg, der von den verheirateten Soldaten benutzt wurde, um die französische Kaserne zu erreichen.
Unser Manöver begann an einem wunderschönen Sonntagmorgen gegen 6.00 Uhr. Um 4.00 Uhr hatten wir unser Militärfahrzeug in diesem Park gut getarnt untergebracht und
waren bereit, die Fahrer der Panzerfahrzeuge oder die Panzerkommandanten zu entführen. Mit dieser Maßnahme wollten wir große Verwirrung in der französischen Einheit anrich-
ten. Wir konnten dabei sechs Soldaten festnehmen und dazu
zählten drei Panzerkommandanten und der Rest waren Panzerfahrer. Die Gefangenen wurden mit unserem Militärfahrzeug zu einer Sanitätsstaffel gebracht. Dort gipste man ihre
Beine ein und lieferte sie in einem vorbereiteten Gefangenenlager als Verletzte ab. Das Gipsbein sollte ihre Flucht verhindern. Keiner der festgenommenen französischen Soldaten beherrschte die deutsche Sprache und konnte einen
Widerspruch einlegen. Über einheimische Landwirte hatten
wir die Positionen der verschiedenen Stellungen der Franzosen erfahren, die Soldaten überwältigt und ins
Gefangenenlager gebracht. Unsere Nebentätigkeit fiel den
Schiedsrichtern nicht auf, wir veränderten einfach dadurch
den Übungsverlauf. Eine weitere Übung mit den Franzosen
aus Reutlingen gab es nicht mehr.

Unsere Zusammenarbeit mit den amerikanischen Soldaten
hatte auch ihre Besonderheiten. Für einen amerikanischen
Soldaten bedeutete seine militärische Aufgabe einfach ein

Job. Wir hatten eine andere Vorstellung und betrachteten diese Aufgabe als eine Tätigkeit, in der wir das Erlernte einsetzen mussten, um einen Erfolg zu erzielen. Erfolgreich sein, das war unser Ziel. Bei einer gemeinsamen Übung mit oder auch gegen amerikanische Soldaten sollten wir ein Haus einnehmen und den Feind vernichten. Die Amerikaner erhielten den gleichen Auftrag. Wir nahmen das Haus ein und setzten dabei dem flüchtenden Feind nach und vernichteten ihn. Die Amerikaner hatten ebenfalls das Haus eingenommen, aber dem flüchtenden Feind nicht nachgesetzt. Sie hatten nur den Auftrag, das Haus einzunehmen und dachten selbst nicht weiter. Hierin lag der große Unterschied in der Taktik. Der amerikanische Offizier oder auch der Unteroffizier handelte nach der Befehlstaktik. Er arbeitete in einem begrenzten Bereich und konnte somit nicht weiter entscheiden. Wir arbeiteten mit der Auftragstaktik und konnten eigene Entscheidungen treffen, wenn dadurch mehr Erfolg zu erreichen war. In diesem Fall war es der flüchtende Feind, den wir noch vernichten konnten. Meines Erachtens war die Verwendungsbreite bei den amerikanischen Soldaten zu sehr eingeschränkt. Sie bildete man zum Spezialisten aus, um das moderne Kriegsmaterial zu bedienen und sie verrichteten ihren Job, was aber für eine erfolgsreiche Kriegsführung nicht ausreichte, siehe Korea und Vietnam. Mit solchen Soldaten erschien uns ein Militärtraining ein erfolgloses Unternehmen. Im Gegensatz zu den Amerikanern erlaubte uns die Auftragstaktik, je nach Sachlage, sinnvoll eine Operation zum Ende zu bringen.

Einzelkämpferlehrgang

Als nächstes wurde ich zum Einzelkämpferlehrgang abkommandiert und auch sechs Teilnehmer aus der amerikanischen Armee nahmen an diesem Lehrgang teil. Sie gehörten zur „10. Special Forces Group Airborne" und diese war in Bad Tölz stationiert. Diese Soldaten zählten zu den besten Einzelkämpfern der amerikanischen Armee. Nur drei der amerikanischen Soldaten bestanden jedoch den deutschen Einzelkämpferlehrgang. Später fanden wir heraus, dass die Amerikaner sogar schon ausgebildete Einzelkämpfer waren. Die Eltern der drei Erfolgreichen waren Immigranten aus Deutschland und Ungarn. Dieser Einzelkämpferlehrgang mit insgesamt dreißig Teilnehmern fand bei der Luftlandeschule in Schongau-Altenstadt statt. Die Einzelkämpferausbildung (Ranger) in der amerikanischen Armee sollte führend im Rahmen der NATO sein. Unsere Ausbildung richtete sich noch nach den Ausbildungsrichtlinien der „Brandenburger", eine Elite-Einheit aus der alten Wehrmacht. Es folgte eine sehr harte Trainingswoche mit Geländeläufen, Geräteturnen, Schwimmen und dem Überwinden einer Hindernisbahn. Anschließend verlegte man uns in die „Trauchgauer Berge". Dort befand sich das Ausbildungszentrum für Einzelkämpfer. In diesen Bergen, fernab von jeder Zivilisation, lag ein alter und nicht mehr bewirtschafteter Bauernhof mit einer großen Scheune und einem Brunnen. Jeweils zwei Personen bildeten eine Kampfgemeinschaft und jeder war für den anderen verantwortlich. Unsere erste Aufgabe bestand darin, aus ausgesonderten Fallschirmen Unterkünfte zu bauen. Als Ausrüstung hatten wir einen leichten Kampfanzug, Springerstiefel, ein Paar Socken, einen Ledergürtel, ein Halstuch, ein

Handtuch, Zahnbürste und Rasiermesser. Als Zahncreme wurde Salz verwendet, Seife und Rasierwasser waren nicht erlaubt. Eine Unterhose und ein Hemd stellten unsere Ersatzkleidung. Weiterhin gehörte zur Ausrüstung das alte deutsche Gewehr K98, ein Buschmesser, Feldflasche, Karabinerhaken, eine Zeltbahn und ein fünf Meter langes Seil, das aufgeschlossen mit dem Karabinerhaken am Ledergürtel hing. Immer dabei hatte man das Gewehr, das Buschmesser und die Feldflasche. Zur kleinen Ausrüstung gehörte eine Rasierklinge in einem wasserdichten Päckchen, Streichhölzer, Sicherheitsnadel und eine dünne Plastikschnur. Dieses kleine Päckchen befand sich in der Brusttasche des leichten Kampfanzugs. Zur Übernachtung reichte ein dünner Schlafsack, der nur in unserer Fallschirmunterkunft benutzt werden durfte. Dies galt auch für unsere umfangreiche Ausrüstung, wenn sie nicht gebraucht wurde. Der Ausbildungstag begann mit einem zehn km langen Geländelauf im leichten Kampfanzug mit Waffe. Zur anschließenden Körperpflege benutzten wir Scheuersand. Nur das Rasieren blieb eine besondere Herausforderung unter diesen Bedingungen. Unser Leben war weit weg von der gewohnten Zivilisation, nur unser Essen wurde zeitweise aus der Kaserne in Behältern angeliefert. In einer alten Scheune trainierten wir intensiv Karate und andere Kampfarten für unsere Nahkampfausbildung. Das Überleben in der Natur, mit all seinen Möglichkeiten, wurde theoretisch und praktisch über tagelange Zeiträume geübt. Während der Einsätze ernährten wir uns aus der Natur. Nach langen und schwierigen Operationen gab es zur Belohnung pro Kampfgemeinschaft einen lebenden Hasen und ein Huhn, die wir schlachteten und zum Verzehr zubereiteten. Oft waren wir nach einer Woche harten Einsatz so ausgehungert, dass wir das Fleisch teilweise roh aßen, da uns die Zubereitung zu lange dauerte. Um Hindernisse zu überwinden lehrte man uns das fachgerechte Klettern an Bäumen und Felsen. Zur Unterstützung und zur Sicherheit verwendeten wir Kletterseile. Um damit richtig umzugehen, erlernten wir verschiedene Knoten um Verbindungen herzustellen. Die Seilarbeit stellte einen Schwerpunkt in der Ausbildung dar und wir erreichten durch das ständige Üben eine gewisse Routine. Mussten wir eine Schlucht überqueren, wurde je nach Auftrag ein einfacher oder ein doppelter Seilsteg gebaut. Das Überqueren selbst verlangte dann körperliche Geschicklichkeit. Eine weitere Möglichkeit bestand, wenn der Auftrag es verlangte, in dem Bau einer Dschungelbrücke und die Schlucht mit schwerem Gepäck zu überqueren. Die nächste Herausforderung stellte eine senkrechte und hohe Felswand dar. Deshalb übten wir verschiedene Arten der Abseilmöglichkeiten. Vertrauen und Überwindung waren hier gefragt: das Vertrauen in die Seilarbeit und die Überwindung, von der Bruchkante aus ins Senkrechte zu gehen. Wir lernten mit unserem immer mitgeführten kurzem Seil, einen Haltesitz am Körper anzulegen und diesen über dem Karabinerhaken mit dem Hauptseil zu verbinden, um so einen sicheren Halt beim Abseilen zu haben. Das Abseilen war ein tolles Erlebnis und ich hatte das Gefühl, in der Luft zu schweben. Um ein Gewässer zu überwinden, wurde eine Zeltbahn ausgelegt, die Kleidung und das persönliche Gepäck auf die Plane gelegt und so verpackt, dass möglichst kein Wasser eindringen konnte. Mit der kurzen Leine umwickelten wir das Paket um eine gewisse Stabilität herzustellen. Auf das Paket legte man das Gewehr und durchschwamm damit das Gewässer. Unsere Aufgabe bestand wieder darin, dem Feind großen Schaden mit so wenig Materialaufwand wie möglich zuzufügen, wie zum Beispiel eine für den Feind wichtige Brücke nachhaltig zu sprengen. Nachhaltig bedeutete in diesem Fall, ein Wiederaufbau war nicht mehr möglich oder nur unter großem Zeitaufwand zu bewältigen. Für eine Sprengung erkundete man die Gegend oder wertete Luftaufnahmen aus. Die Brücken, wenn sie wichtige Verkehrsverbindungen darstellten, wurden fast immer militärisch abgesichert. Ein Einsatzplan musste erstellt werden, der über die Art der Bewachung und deren Bewaffnung und vieles mehr Auskunft geben konnte. Nach einem Einsatz, der erfolgreich abgeschlossen werden konnte oder auch nicht, musste man wieder die eigene Truppe erreichen. Der Rückweg bildete oft den schwierigsten Teil bei solch einem Unternehmen. Das Kommando konnte durch den Feind erkannt werden oder es gab Verletzte, die nicht zurückgelassen wurden. Man fragte sich, ob ein Transport dieser Verletzten möglich war oder ob es besser wäre, ein Versteck zu beziehen. Alle diese Ereignisse mussten eingeübt werden. Unser erster „Einsatz" fand im feindlichen Hinterland statt. Eine Brücke sollte nach der Erkundung gesprengt werden. Der Einsatzplan war ausgearbeitet und zeitlich begrenzt. Unser Kommando bestand aus sechs Einzelkämpfern. Davon waren zwei Amerikaner. Die restlichen Lehrgangsteilnehmer unternahmen als Ausgleich eine extreme Orientierungsübung. Ich war Teilnehmer beim ersten Kommandoeinsatz. Der Ablauf war wie folgt geplant:

- Absprung mit dem Fallschirm aus einer Transportmaschine um 23.00 Uhr in unmittelbarer Nähe der Brücke
- Anbringen der Sprengladungen an die Brücke und

deren Zündung

-   Absetzen zum Sammelpunkt und dort Aufnahme durch einen Hubschrauber. Die Brücke wurde nicht vom Feind gesichert.

Diese Übung und der Ablauf sollten wirklichkeitsnah sein, um in einem Ernstfall Erfolg zu haben. In der Vorbereitung übten wir intensiv einen Tag vor dem Einsatz diesen Ablauf zur Sprengung der Brücke und das Absetzen zum Sammelpunkt an einem Sandkasten. Der Sandkasten stellte das zu erwartende Gelände mit der Brücke dar, im kleinen Maßstab fachgerecht aufgebaut. Mit dem Militärfahrzeug brachte man uns am folgenden Tag inclusive der Ausrüstung zum Flugplatz. Fallschirme und Zubehör erhielten wir vorher in der Kaserne. Genau um 23.00 Uhr sprangen wir ab und konnten unseren Zeitplan einhalten und die Brücke sprengen. Nach der Landung mit dem Fallschirm erwartete uns unser Ausbilder, der unsere Tätigkeiten beobachtet hatte. Das richtige Anbringen der Sprengladungen war die wichtigste Voraussetzung für einen Sprengerfolg. Unsere Arbeit wurde nicht von ihm beanstandet. Wir lagen im Zeitplan und bereiteten uns für den Rückweg zum Sammelpunkt vor. Der Ausbilder hatte jedoch im Übungsablauf einen Unfall eingebaut. Ein Kommandoteilnehmer stürzte auf dem schwierigen Rückweg ab und brach sich das Bein. In der Bergung und Behandlung von Verletzten waren wir gut ausgebildet und es galt das ungeschriebene Gesetz, dass kein Verletzter zurückbleibt. Nach dem Bau einer Tragbahre aus Ästen und unseren Jacken setzten wir den Rückweg weiter fort. Der Transport des Verletzten bedeutete für uns eine große körperliche Anstrengung, da nur fünf Personen zum Tragen zur Verfügung standen. Der fünfte Mann war der Ersatzmann, der beim Tragen des Verletzten immer wieder ausgewechselt werden konnte, um die Trägerkolonne zu entlasten. Fünf Soldaten, zuständig für einen Verletzten in einem unwegsamen Gelände und ein Mann für die Wegeerkundung und die Sicherung des Trupps machten sich auf den Weg. Unser Aufnahmeplatz beim Hubschrauber war etwa zehn km entfernt und die Entfernung und die Zeit galten als unser Problem. Da die gesprengte Brücke für den Feind eine wichtige Verbindung zu deren Front darstellte und wir uns im feindlichen Hinterland befanden, mussten wir jederzeit mit feindlichen Suchtrupps rechnen. Wir erreichten den Aufnahmeplatz in der vorgeschriebenen Zeit nicht und so mussten wir in den Morgenstunden unterziehen. „Unterziehen" bedeutete, dass wir uns dem Gelände anpassten. Es wurden flache Mulden ausgehoben, sodass wir uns dort gestreckt hineinlegen konnten. Mit Ästen, Laub, Gras und Erde deckten wir sie dem Gelände entsprechend ab. Jeder hatte seine eigene Mulde und wir konnten das Gelände beobachten und uns miteinander verständigen. Die eingesetzten Suchtrupps zogen nur wenige Meter an unseren Mulden vorbei, fanden uns aber nicht. Wir erreichten den Sammelpunkt und der Hubschrauber nahm uns auf.

Die Nachtorientierungsübung der anderen Lehrgangsteilnehmer erstreckte sich ebenfalls über zwei Nächte. Jede Kampfgemeinschaft von zwei Soldaten erhielt die Aufgabe, an den angegebenen Zielpunkten ein Versteck mit einem neuen Auftrag zu finden. Zum Nachweis lag dort ein münzgroßes Holzplättchen, für jede Gruppe in einer anderen Farbe, das als Beweis mitgenommen werden musste. Die Orientierungspunkte lagen etwa zwei bis vier km auseinander in einem unbewohnten und gebirgigen Gelände und es mussten insgesamt acht Punkte angelaufen werden. Zwischen den Punkten befanden sich oft tiefe Schluchten, Steilhänge, Bäche oder der Punkt lag auf einer Bergspitze. Die Zielpunkte waren umschrieben und erreichbar nach Kompasszahl, Wegbeschreibung, auch mit Kartenausschnitt oder Luftaufnahme. Die Entfernung von Punkt zu Punkt konnte immer einer Geländekarte entnommen werden. Nur zwei Trupps schafften es in einer Nacht, drei Trupps erreichten in der folgenden Nacht das Ziel. Sie mussten allerdings während des Tages unterziehen, da Suchtrupps unterwegs waren. Zwei Trupps schafften die Aufgabe gar nicht. Bei der späteren Nachtorientierungsübung erreichte unsere Kampfgemeinschaft das gesteckte Ziel. Es folgten noch weitere Einsätze, wie zum Beispiel der Überfall auf Versorgungspunkte, Kraftfahrzeugkolonnen oder Munitionsdepots. Bei diesen unterschiedlichen Übungen hatten wir als Verpflegung eine Tube Kraftnahrung und zwei Feldflaschen Wasser dabei. Die Tubennahrung befand sich in der Erprobung und hatte die Größe einer Zahnpastatube. Der Inhalt, eine cremige Masse, schmeckte nach Fisch. Der Körper sollte für vierundzwanzig Stunden durch diese Nahrung alle erforderlichen Mineralien erhalten, die bei körperlichen Anstrengungen erforderlich waren. Nach allen Einsätzen, mit oder ohne Kraftnahrung, verausgabten wir uns in den ersten Wochen total. Erst im letzten Drittel der Ausbildung erreichten wir die erforderliche Leistungsstärke. Am Ende bestand unser Lehrgang allerdings nur noch aus achtzehn Teilnehmern.

Die Abschlussübung sollte alle Ausbildungsschwerpunkte beinhalten. Unser Auftrag bestand dabei darin, durch einen gut gesicherten Bereich einen Weg zur eigenen Truppe zu finden und wir mussten uns von dem Ernähren, was die Natur uns bot. Diese Übung erstreckte sich über sieben Tage. Mit einem Hubschrauber setzte man uns in den Nachtstunden ab. Der Rückweg wurde Richtung Osten angegeben. Wir hatten keine Orientierungshilfsmittel wie Kompass, Karte oder Uhr. Die Entfernung zur eigenen Truppe sollte ca. siebzig km betragen. Unsere Flugdauer mit dem Hubschrauber bis zum Absetzplatz dauerte geschätzt etwa eine Stunde. Nach dem Absetzen zogen wir zunächst unter, um Hilfsmittel zur Orientierung zu finden. Der Himmel war wolkenlos und so konnten wir mit Hilfe der Sterne unsere Marschrichtung festlegen. Auf dem Weg zur eigenen Truppe mussten wir Schluchten, Steilhänge und Gewässer überqueren und gesicherte Straßensperren beseitigen. Alle Phasen der Ausbildung kamen bei diesem Rückmarsch zum Tragen.

„Was erlebt ein Kriegsgefangener in einem Lager an körperlicher und seelischer Gewalt?" Über diese Frage dachten alle Soldaten immer wieder nach. Da ich bei der Abschlussübung mit meinen Kameraden in keiner Situation einer Festnahme ausgesetzt war, kann ich nur über Dritte berichten, die diese Erfahrung in einem Lager für Kriegsgefangene machten. Kriegsgefangene mussten zum Beispiel sinnlose und schwere Arbeit verrichten, wie das Aufstapeln von schweren Baumstämmen in der Sommerhitze, dann den Abbau dieser Holzstapel und den erneuten Aufbau an einer anderen Stelle und dieses in wechselnder Folge ohne Ruhepause. Bei Übungsbeginn erhielten wir ein Kennwort, das wir uns unbedingt merken mussten und bei einer Vernehmung auf keinen Fall preisgeben durften. Während der Befragung schrie und drohte der Vernehmende laut und presste dabei eine Waffe gegen den

Kopf des Gefangenen. Den Höhepunkt in diesen entsetzlichen Schilderungen bildete das Beispiel einer Vernehmung in einem fliegenden Hubschrauber. Man wurde gefesselt in die Tür des Hubschraubers gesetzt. Hatte der Hubschrauber eine Höhe von etwa zweihundert Meter erreicht, wurden dem Gefangenen die Augen verbunden, so dass er dadurch jede Orientierung verlor. Der Hubschrauber ging auf Sinkflug, bis er lediglich auf einer Höhe von etwa einem Meter schwebte. „Du Schwein, welchen Auftrag hast du? Nenne uns dein Kennwort oder wir schmeißen dich aus dem Hubschrauber." Wenn der Gefangene nach mehrmaliger Aufforderung dieser Forderung nicht nachkam, stieß man ihn einfach aus dem Hubschrauber. Er fiel dann etwa einen Meter tief auf eine Sportmatte. Die Entfernung vom Boden konnte man mit verbundenen Augen nicht abschätzen. Außerdem herrschte bei geöffneter Tür ein starker Motorlärm und man war einfach nur orientierungslos. Bei solch einer Vernehmungsart und dem Stoß aus dem Flugkörper können die Schließmuskeln versagen und es kann sich sogar ein Schock einstellen. Diese Methode hatte kaum noch Grenzen und wurde später nur noch theoretisch gelehrt.

Die verschiedenen Arten der Vernehmung und die Behandlung von Kriegsgefangenen waren den amerikanischen Lehrgangsteilnehmern bereits bestens bekannt. Eine Foltertechnik stellte das Waterboarding oder auch Wasserfolter genannt, dar. Dabei wurde der Vernehmende festgehalten oder gefesselt und dann schüttete man im Liegen über seinen Kopf Wasser, bis derjenige annahm, er müsste ertrinken. Das Opfer lag nach unten auf einer schiefen Ebene, so dass der Kopf immer tiefer als die Lunge liegt und somit kein Wasser in die Lunge fließt. Man sollte nur das Gefühl haben, man müsste ersticken. Um den Effekt noch zu verstärken, steckte man dem Vernehmenden einen nassen Lappen in den Mund oder bedeckte das Gesicht mit einem nassen Lappen.

Das Gefühl zu Ertrinken ist eine Folter, der man nicht widerstehen kann.

Versetzung zur Ausbildungskompanie 6/9

Als ich zurück nach Nagold kam, traf ich den Offizier wieder, der den Fallschirmjägerzug in Esslingen für eine kurze Zeit führte. Er war jetzt Oberleutnant und sollte hier eine Ausbildungskompanie aufbauen. Einen Monat später trafen die neuen Rekruten ein und ich wurde zur neuen Ausbildungskompanie 6/9 versetzt. Der Oberleutnant aus meiner Esslinger Zeit war nun mein Kompaniechef. Er war nicht verheiratet und hatte somit viel Zeit sich mit der neuen Kompanie zu befassen und diese nach seinen Vorstellungen zu formen. Seine Ausbildungskompanie sollte ein Aushängeschild für die Fallschirmtruppe werden.

Leider verpflichtete man auch solche Rekruten nach Nagold zur Grundausbildung, die nicht die gesundheitlichen Voraussetzungen zum Fallschirmjäger besaßen. Über den Zustand einiger Rekruten unterrichtete man jedoch die Ausbildungskompanie 6/9 nicht. Unsere Aufgabe bestand darin, aus Männern Fallschirmjäger zu formen. Diese hohen körperlichen Anforderungen waren für junge gesunde Männer eine Herausforderung, die man bestehen konnte, aber eigentlich nicht möglich für einige der neuen Rekruten, die uns zugeteilt wurden. Bei einem Übungsmarsch verstarb ein Rekrut an einer Herzschwäche. Die Staatsanwaltschaft ordnete Ermittlungen an und bei der Obduktion wurde festgestellt, dass dieser Rekrut einen angeborenen Herzfehler hatte und nicht zur Bundeswehr hätte eingezogen werden dürfen. Das war für die Presse ein gefundener Anlass, dieses in den Zeitungen groß darzustellen und aufzubauschen, um ihre Auflagen zu erhöhen. Der verstorbene Rekrut wurde mit allen militäri-

schen Ehren, in Anwesenheit eines Ehrenzugs des Wachba-
taillons, Vertreter des Führungsstabes der Bundeswehr und
vier Ausbildern der Fallschirmjäger Ausbildungskompanie
6/9 beigesetzt. Deshalb beauftragte mich mein Kompaniechef,
drei Ausbilder auszusuchen, die einer Herausforderung gerecht werden konnten. Um der Sache einen Namen zu geben:
Wir waren als Personenschutz für den Führungsstab der Bundeswehr während der Bestattung bestimmt und ich war für
den Einsatz verantwortlich. Der Verstorbene kam aus Köln
und somit fand auch dort die Beerdigung statt. Es hatte sich
auf dem Friedhof eine beträchtliche Menschenmenge eingefunden und die Stimmung der Trauernden und der Zuschauer war sehr aufgebracht. Wir wurden als „Schweine"
betitelt und mit folgenden Worten im Kölner Dialekt lauthals
zur Beerdigung empfangen: „Da kommen die Schweine, ka-
putt müsste man sie schlagen." Der militärische Teil durch
den Wachzug der Bundeswehr war schnell beendet und der
Geistliche konnte die Beerdigung würdevoll gestalten. Die
uns anvertrauten militärischen Führungskräfte erreichten unbeschädigt die bereitstehenden Personenfahrzeuge und verschwanden, ohne sich bei uns zu bedanken, in Richtung
Bonn. Wir, als abgestellter Personenschutz, fuhren mit der
Bundesbahn zurück nach Nagold.

Der weitere Dienstablauf in der Ausbildungskompanie 6/9
ging seinen gewohnten Gang, bis nach einigen Wochen plötzlich die Kriminalpolizei gegen die Ausbilder Ermittlungen
aufnahm. Es war eine raffinierte und übergeordnete Ermittlung mit einem politischen Hintergrund. Bei den Rekruten
war ein Anstieg der Krankmeldungen zu erkennen. Die
Krankgemeldeten führte ein Hilfsausbilder, so wie vorge-
schrieben, geschlossen zum Sanitätsbereich und sie konnten

sich nach der Behandlung bei der Ausbildungskompanie selbständig zurückmelden. Auffallend war jedoch bei einigen Rekruten die etwas längere Abwesenheit. Es stellte sich heraus, dass im Sanitätsbereich Kriminalbeamte anwesend waren, bei denen sich Rekruten über die Ausbildungsmethoden der Ausbilder beschweren konnten. Das Sanitätspersonal hatte man über die Anwesenheit der Polizei zur Verschwiegenheit verpflichtet. Die Aussagen der Rekruten bewertete die Kripo nach dem Strafgesetzbuch und bei einem Verstoß musste durch die Staatsanwaltschaft Ermittlungen gegen die Ausbilder eingeleitet werden. Im Weiteren wurden bei der Bundeswehr neue Ausbildungsrichtlinien erlassen, da die Soldaten noch zum Teil nach den Ausbildungsrichtlinien der alten Wehrmacht ausgebildet wurden. Die Führung der Bundeswehr sicherte sich dadurch ab und führte die Grundlagen der „Inneren Führung" ein. Der Soldat bei der Bundeswehr hatte nun den Status eines Bürgers in Uniform und musste auch so behandelt werden. Ein Haarschnitterlass regelte, dass die Haare des Soldaten der Mode entsprechend und auch schulterlang getragen werden durfte. Um Unfälle zu vermeiden, musste im Dienst ein Haarnetz getragen werden. Diese Haarnetze erhielten die Einheiten aber mit großer Verspätung. Einen Soldaten, der den ersten Mannschaftsdienstgrad erhalten hatte, hatte man nun mit „Herr Gefreiter" anzusprechen. Dies sind nur einige der Kuriositäten bei der damals neuen Bundeswehr. Für uns bedeutete die Bundeswehr ab jetzt eine Armee, die den Feind versucht aufzuhalten, bis sie von richtigen Soldaten ersetzt werden konnten. Wir waren dabei in ein tiefes Loch abzugleiten, aber es kam für uns noch schlimmer. Plötzlich erhielten ein paar Ausbilder über die Post Vorladungen von der Polizei zur Vernehmung wegen Misshandlungen von Untergebenen. Ich war auch betroffen. Im Stabsgebäude des Bataillons befand sich ein Vernehmungszimmer für die Kripo. Für den ermittelnden Beamten war es einfach, einen Gesetzesverstoß zu ermitteln. Wenn ein Ausbilder einen Rekruten nur berührt hatte, konnte es als tätlicher Angriff ausgelegt werden. Nach der neuen Verordnung hatten wir Ausbilder den Rekruten oder Soldaten unter Zeugen zu fragen, ob wir ihn anfassen durften. Eine Berührung des Rekruten war jedoch meistens bei der Ausbildung unvermeidbar und die neue Verordnung bereitete somit Vorteile für die bereits angelaufene Ermittlungsarbeit der Kriminalbeamten. Wir fühlten uns nun der neuen Bundeswehrverordnung ausgeliefert. Vor und nach den Vernehmungen waren sehr viele Ausbilder verwirrt und überfordert. Wir waren Soldaten und man behandelte uns wie Kriminelle. Ohne eine richtige Belehrung über die Rechte des Beschuldigten stellte der Beamte Fragen über den jeweiligen Vorfall und diktierte die Aussage des Beschuldigten mit seinem Wortlaut einer Sekretärin, die es mit einer Schreibmaschine tippte. Den aufgeschriebenen Sachverhalt konnte der Beschuldigte durchlesen und sollte unterschreiben. Einwände des Beschuldigten wurden mit den Worten abgetan: „So haben Sie mir und der Sekretärin den Vorfall geschildert und Sie sind dafür verantwortlich." Während der Vernehmung musste der Beschuldigte auf einem Stuhl aufrecht sitzen und seine Hände lagen ausgestreckt auf den Oberschenkeln.

Wenn diese Vernehmungen tatsächlich auf diese Art und Weise ablaufen sollten, musste ich mir unbedingt Informationen über meine Rechte einholen, um nicht überrannt zu werden, dachte ich mir. Dies tat ich dann auch. Um 8.00 Uhr morgens hatte man mich in einen gesonderten Raum im

Stabsgebäude des Bataillions vorgeladen. Es war der Bespre-
chungsraum des Kommandeurs, ein länglicher Raum mit einem großen Tisch und etwa fünfzehn Stühlen. Im Raum saß
eine unscheinbare Frau an einer Schreibmaschine. Ein älterer
unsportlich aussehender Typ stellte sich als vernehmender
Kriminalbeamte und auch seine Schreibkraft vor. Ich trug
meine Uniform, war gut rasiert und hatte einen frischge-
schnittenen Haarschnitt. Diese beiden Zivilisten waren mir
auf Anhieb unsympathisch. Da beide auch noch rauchten, öffnete ich ein Fenster um damit zu zeigen: „Hier ist mein Revier, hier bin ich zu Hause." Ich sollte mich auf einen Platz an
den langen Tisch hinsetzen, so dass mir die Sonne direkt ins
Gesicht schien, setzte mich aber so, dass ich die Sonne im Rücken hatte. Mir fielen die Vernehmungsmethoden ein, die ich
auf dem Einzelkämpferlehrgang gehört hatte und baute damit meine Strategie auf. Für mich galt der Vernehmende als
der Feind und es war eine Existenzfrage, den Raum unschul-
dig zu verlassen. Was sich hier darstellte, war keine militärische Übung, sondern die harte Wirklichkeit. Der Kriminalbeamte stand am Kopfende der Tischreihe und seine
Schreibkraft saß unmittelbar daneben. Ich wurde nach meiner
Vorladung zur Vernehmung gefragt und sollte auch meinen
Ausweis vorlegen, damit meine persönlichen Daten ins Vernehmungsprotokoll eingetragen werden konnten. Meinen
Militärausweis hielt ich so, dass meine Daten gut erkennbar
waren. Diesen Ausweis gab ich nicht aus der Hand, so war es
mir beigebracht worden. Ich konnte am Gesichtsausdruck des
Beamten erkennen, dass er seine Vernehmungsstrategie ändern wollte und er schwenkte auf die kameradschaftliche
wohlwollende Masche um. Mein „Vergehen" wäre nicht
schwerwiegend und er hoffte auf eine gute Zusammenarbeit.

Mir wurde vorgeworfen, bei einem Nachtmarsch einen Soldaten so gestoßen zu haben, dass er dadurch hingefallen wäre und sich verletzt hätte. Ich gab zu Protokoll, dass der Rekrut Angehöriger meiner Gruppe war und bei diesem Nachtmarsch war ich für jeden Teilnehmer in der Gruppe verantwortlich. Die Rekruten marschierten hintereinander in einer Reihe mit geringen Abständen und durften dabei nicht den Anschluss verlieren. Den Soldaten selbst hätte ich nicht berührt. Diesen Teil meiner Aussage diktierte er der Sekretärin und fügte noch hinzu, dass durch meinen Einsatz auch ein unkontrolliertes Schieben durch die Rekruten möglich gewesen wäre. Das Vernehmungsprotokoll sollte ich durchlesen und unterschreiben. Zum Erstaunen der Beiden zerriss ich es nach dem Lesen. Dieses Protokoll musste die Sekretärin nochmals schreiben, ich las es wieder durch und erneut zerriss ich es. Die Sekretärin begann zu weinen und der Beamte verließ fluchtartig den Raum und kehrte nach einiger Zeit mit meinem Kommandeur zurück. Dem Kommandeur erklärte ich, dass der Wortlaut im Protokoll nicht meiner Aussage entspräche und der Kriminalbeamte dieses nicht verstehen wollte. Und deshalb hätte ich es zerrissen. Der Kommandeur verließ mit folgenden Worten den Raum: „Bin ich hier der vernehmende Kriminalbeamte?" Unterschrieben habe ich ein neues Protokoll, das nur meine Personalien beinhaltete und somit war meine Vernehmung beendet.

Der Nagoldprozess

Der Nagoldprozess oder auch von der Presse als „Schleifer Prozess" bezeichnet, begann mit seinen Gerichtsverfahren Anfang Dezember in der kleinen Kreisstadt Calw nördlich von Nagold. Der Zulauf von Fernsehsendern, Presse und Zuschauern war so groß, dass die Verfahren in eine Turnhalle verlegt wurden, da das Amtsgericht keine geeigneten Räume besaß, die den Andrang der Neugierigen aufnehmen konnten. Wir waren fünfzehn Angeklagte und unsere militärischen Verfehlungen stellte die Presse so dar, als seien wir Sadisten und Psychopathen und es wurde eine harte Bestrafung gefordert. Im Dezember begannen die ersten Verhandlungen und diese endeten fast alle mit einer Bestrafung.

Meine Vorladung zum „Schauprozess" fand einige Tage vor Weihnachten statt. Die Betreuung der Angeklagten vor und nach den Gerichtsverhandlungen übernahm der evangelische Militärpfarrer. Er war ein ausgebildeter Fallschirmjäger und hatte die schwere Aufgabe uns moralisch zu unterstützen gut organisiert. Ich hatte mir in Gedanken meine eigene Welt aufgebaut. Bei einer Verurteilung müsste ich die Bundeswehr verlassen. Zurück in den Bergbau zu gehen, schloss ich aus. Eher wollte ich einen neuen Beruf erlernen. Die Bundeswehr war laut Vertrag verpflichtet, dies beim Ausscheiden zu unterstützen. Bei einem Freispruch würde ich als Bürger in Uniform alle Möglichkeiten ausnutzen, um die Grundlagen für einen Beruf zu finden. Dies wäre unbedingt notwendig, da ich als Familienvater meine Familie zu versorgen hatte. Nach diesen Überlegungen bedrückte mich meine Zukunft und Umwelt nicht mehr, sondern weckte, mein Augenmerk auf die Zukunft zu richten. Ich hatte meine Aussichten für mich klar aufgestellt und begrüßte meinen Kommandeur und Kompaniechef vor der vollbesetzten Turnhalle. Nach dem Blitzlichthagel der Presse ging ich in die Halle und ein Justizbeamter führte mich zur Anklagebank. Nach etwa zwanzig Minuten betrat der Richter mit seinen Beisitzenden den Saal und die Verhandlung nahm ihren Gang. Der Richter stellte einige Fragen an den Geschädigten zur Sache und ich berichtete über den Ablauf des Nachtmarsches. Überraschend äußerte der Richter an den Geschädigten die Frage: „Herr M. es war Nacht und sehr dunkel. Wie konnten sie den Unteroffizier erkennen?" Nach einer etwas längeren Pause kam die Antwort: „An seiner Stimme, Herr Vorsitzender." An der Stimme des Unteroffiziers waren aber keine Ungewöhnlichkeiten heraus zu hören, die ein eindeutiges Merkmal waren. Der Richter zog sich mit seinen Beisitzenden zur Beratung zurück. Nach etwa fünfzehn Minuten kehrte er mit Anhang zurück und verkündete das Urteil. Wegen Mangel an Beweisen wurde ich freigesprochen. Viele vermuten bestimmt, nach dem Freispruch sei mir ein Stein vom Herz gefallen. Ich war erleichtert, aber ein Stein hatte mein Herz nicht belastet.

Diesen Nagoldprozess schilderte die Presse in ihren Kommentaren meiner Ansicht nach sehr einseitig und wir Angeklagten wurden bereits im Vorfeld als Kriminelle bezeichnet. Uns mit den Kriminellen gleichzustellen, empfand ich schon als eine Unverschämtheit der Medien. Der Kriminalbeamte, der mich vernommen hatte, war als Zeuge vorgeladen und beim Verlassen der Turnhalle winkte ich ihm mit ausgestrecktem Mittelfinger siegessicher zu. Damals wusste ich noch nicht, dass das Sonderbare geschah und ich nach fünf Jahren selbst ein Kriminalbeamter wurde.

Eine andere militärische Welt

Das neue Jahr hielt einige angenehme Überraschungen bereit. Ich wurde rückwirkend zum Dezember zum Stabsunteroffizier befördert. Eine Weiterverpflichtung für zwölf Jahre bot man mir an, der ich natürlich zustimmte.

Danach erfolgte die Verlegung zur Teilnahme an einem Sportleiterlehrgang, um nach dem Lehrgang zum Skizug der Division versetzt zu werden. Das Ausbilden von Soldaten war für mich für einige Zeit nicht vorgesehen. Nun lernte ich eine andere militärische Welt kennen. Zur Vorbereitung meiner neuen sportlichen Tätigkeit wurde ich zur Sportschule der Bundeswehr nach Sonthofen im Allgäu abkommandiert. In diesem Lehrgang überraschte es mich, mit welchen durchdachten Übungen man eine Kondition gezielt für verschiedene Sportarten aufbauen konnte. Einige Sportleiter, Sportlehrer aus dem zivilen Bereich, unterrichteten uns mit Erfolg und brachten uns diese neue und elegante Trainingsart bei. Sie war auch der Grundstein für die erfolgreichen Sportler, die später aus den Reihen der Bundeswehr hervorkamen. Nach meiner Rückkehr wurde ich von meinem neuen Sportoffizier über das Ziel unterrichtet, welches wir im nächsten Jahr erreichen mussten: Heeresmeister im Skilanglauf werden. Diese Veranstaltung fand jährlich in Garmisch-Partenkirchen statt und Teilnehmer waren alle Heeresverbände der Bundeswehr. Der Skilanglauf oder auch Patrouillenlauf startete in Mittenwald und führte über eine Langlaufstrecke von über zwanzig km nach Garmisch-Partenkirchen. Den Zieleinlauf bildete dort das Olympia Stadion. Was für eine Herausforderung!

Gelaufen wurde mit Gepäck und Waffe und etwa auf halber

Strecke musste auf einer Schießanlage scharf geschossen werden. Bei diesen Rennen zählten die Laufzeiten und die vorgeschriebenen Punkte, die beim Schießen mit dem Gewehr erreicht wurden.

In der Fallschirmjägerdivision suchten wir nun Soldaten, die bereits mit dem Sport Skilauf vertraut waren. Es sollten zwei Mannschaften aufgebaut werden. Eine Mannschaft bestand aus einem Offizier, einem Unteroffizier und vier Mannschaftsdienstgrade. Die Suche nach solchen Sportlern gestaltete sich nicht einfach. Gute Skiläufer wurden zur Gebirgsjägertruppe verpflichtet, da der Skilauf dort eine geforderte Fortbewegungsart im Winter darstellte und im Gebirge eine militärische Notwendigkeit war. Gebirgsjägereinheiten waren aber nur im Alpenraum stationiert. Wir improvisierten und schlossen uns mit der Winterkampfschule der Gebirgsjäger, die in Mittenwald stationiert war, kurz und konnten so einen Skilehrer aus dem zivilen Bereich verpflichten. Die bayrische und väterliche Art eines schon älteren Herrn mit viel Erfahrung im Skilauf und Bergsteigen gefiel uns sehr gut. Mit seiner Hilfe konnten wir zwei gute Mannschaften aufstellen, die bei der Meisterschaft erfolgreich waren.

Der Sommer und der Herbst waren für uns die Zeit, eine gezielte Kondition für den Skilanglauf im Winter aufzubauen. Um den ersten Schnee zu erleben, war ein frühzeitiger Standortwechsel ins Gebirge notwendig. Unser erster Trainingsberg war der Wendelstein südlich der Stadt Rosenheim in Oberbayern. Da dort noch kein Schnee lag, erfolgte eine Besichtigung der Hänge, die für unser Skitraining, in Verbindung mit unserem alltäglichen Sport, vorgesehen waren. Der erste Schnee wurde mit Freude begrüßt. Jetzt begann für uns das wirkliche Training. Bis zu den Heeresmeisterschaften hatten wir nur einige Monate Zeit um zwei gute Mannschaften aufzustellen. Während der Woche übten wir die Langlauftechnik und an den Wochenenden die Abfahrt mit den Langlaufskiern. Einige mussten sich leider verabschieden, da sie die Technik zum Skilanglauf nicht umsetzen konnten und eine Abfahrt nicht ohne Sturz überstanden.

Skilanglauf ist eine Sportart, die gute Kondition erfordert, da man auf schmalen und dünnen Brettern weite Entfernungen zurücklegen muss. Man fährt in einer im Schnee vorbereiteten Skispur, die im Vor- oder Mittelgebirge so angelegt wurde, dass man alle Schwierigkeiten, wie schwache und starke Anstiege mit den entsprechenden Abfahrten und das Fahren über ebene Flächen und durch Waldgebiete, bewältigen konnte. Bei den verschiedenen Höhenlagen ändern sich die Temperaturen und die Beschaffenheit des Schnees. In größeren Höhen ist der Schnee oft fest und gefroren oder es gibt Pulverschnee. In den tieferen Lagen konnte der Schnee nass und klebrig, aber auch stellenweise noch gefroren sein. Um eine Langlaufstrecke erfolgreich mit diesen Spezialbrettern zu durchfahren, musste der Langlaufski richtig gewachst werden. Das war aber fast schon eine Wissenschaft für sich, da bei den verschiedenen Schneearten die richtige Wachssorte auf dem Ski aufgetragen werden musste, die über Sieg oder Niederlage mitentschied.

Nach gut einem Monat harten Trainings waren wir soweit, an Langlaufveranstaltungen, die an den Wochenenden angeboten wurden, teilzunehmen. Bei solch einem Rennen belegte ich den ersten Platz, da ich aus Versehen eine Abkürzung genommen hatte. Die Streckenführung war für die Jugendmeisterschaft verkürzt worden.

Bei diesen Wochenendrennen gab es einige lustige Erlebnisse, die unser hartes Training etwas auflockerten. Bis zum Beginn der Meisterschaften galt Alkohol- und Rauchverbot und das überwachten unsere Skitrainer. In den Wintersportorten mit den vielen Wintersportlern und den Touristen konnte man allerdings der Versuchung manchmal nicht widerstehen.

Eine große Skilanglaufveranstaltung stellte der Skivolkslauf von Bad Tölz nach München dar. Im Zielgebiet von München waren für die durstigen Läufer Bierstände aufgebaut. Verschiedene bayrische Biersorten wurden kostenlos nach dem Überfahren der Ziellinie angeboten. An diesem Skivolkslauf nahmen über tausend Läufer teil und die Strecke war über fünfzig km lang. Unser Durst war entsprechend groß. Da wir unter den ersten hundert Teilnehmern im Ziel eingelaufen waren, konnten wir in der Masse untertauchen. Ich hatte meine Skier auf die Schulter gelegt und suchte auf Umwegen einen Bierstand auf. Meine erste Flasche Bier schüttete ich in einem Zug in die durstige Kehle. Die zweite, dritte und auch die vierte Flasche Bier trank ich mit Genuss. Dann war mein Durst gelöscht und ich war sehr erstaunt, dass ich mich noch so gut auf meinen Beinen halten konnte. Ich hatte wirklich eine gute Kondition, dass ich nach vier Flaschen Bier noch so standfest war. Zufällig fiel dann mein Blick auf das Transparent des Bierstands:

„Münchner Kindl Bier - alkoholfrei"

Bei dieser Skiveranstaltung wurde erstmals in Bayern alkoholfreies Bier ausgeschenkt!

Amerikanisches Fallschirmspringerabzeichen

In Bad Tölz war die uns bekannte Special Force stationiert, eine Fallschirmjägereinheit mit besonderen Aufgaben der amerikanischen Armee. Wir hatten einen gemeinsamen Sprungdienst vereinbart, um so das amerikanische Springerabzeichen zu erwerben. Dafür sollten die Amerikaner einige Monate später das deutsche Fallschirmspringerabzeichen bei einem Sprungdienst in Berchtesgaden erhalten. Für uns bedeutete dieser Sprungdienst eine willkommene Abwechslung und eine Art Belohnung, da wir dieses neue Abzeichen auf unserer Uniform tragen durften.

Etwa zwei Wochen später war der Sprungdienst bei den Amerikanern angesetzt. Wir fuhren mit unserem Militärfahrzeug, dem Unimog, in den frühen Morgenstunden nach Bad Tölz. Dort erwartete uns an einem kleinen Feldflugplatz eine Militärmaschine. Diese kleine Maschine mit der Bezeichnung Otter wurde für Spezialeinsätze verwendet. Es folgte eine kurze Einweisung vom amerikanischen Absetzer und wir besetzten die Maschine. Zum Absprung aus dieser Maschine musste man sich in die Tür setzen und die Beine hingen im freien Luftraum. Die Amerikaner sprangen mit dem gleichen Fallschirmtyp wie wir und alle Tätigkeiten und Kommandos waren gleich, mit dem einzigen Unterschied, dass sie in Englisch erteilt wurden. Wir saßen dicht gedrängt hintereinander auf dem Flugzeugboden und warteten auf den Kommandeur, der mit uns am Sprungdienst teilnehmen wollte, um uns so zu zeigen, dass wir willkommen waren. Über Funk teilte man uns mit, der Kommandeur wollte uns begrüßen. Wir verließen wieder das Flugzeug mit unseren angelegten Fallschirmen und traten vor der Maschine an. Nach einiger

Zeit fuhr er in einem Jeep mit seinem Fahrer vor und begrüßte uns in einem Sprachenmix aus Englisch und Deutsch. Er erzählte uns, dass er im letzten Krieg in Deutschland Kriegsgefangener und dort gemeinsam mit anderen Gefangenen marschiert war und deutsche Soldatenlieder gesungen hatte. Mit Unterstützung seines Fahrers legte er seinen Fallschirm an, setzte seinen Helm auf, zündete sich eine große Zigarre an und ließ uns wieder die Maschine besetzen. Die Zigarre rauchend setzte er sich als erster Springer in die Tür und gab das Zeichen zum Abflug. Am ersten Tag sprangen wir dreimal ab, absolvierten am nächsten Tag nochmals zwei Absprünge und erwarben somit das amerikanische Fallschirmspringerabzeichen.

Den amerikanischen Kommandeur sahen wir nur zu Beginn, da er leider bei seinem ersten Sprung verunglückte. Auf dem Sprungplatz stand eine kleine Scheune gegen die er bei dem Übungssprung prallte. Ein kleines Buch mit deutschen Soldatenliedern schickten wir als Anerkennung und Andenken an uns, mit Genesungswünschen, an den Kommandeur.

Skitraining in Berchtesgaden

Die Schneeverhältnisse am Wendelstein hatten sich zum Schlechten verändert und wir verlegten unser Training nach Berchtesgaden in die dortige Gebirgsjägerkaserne. Ich fuhr mit einem Vorkommando in meine alte Heimat und war erstaunt, diese so vorzufinden, wie ich sie mir seit meiner Kindheit immer vorgestellt hatte. Nach dem Einrichten der Unterkünfte für unseren Skizug und den anfallenden Absprachen über Sonderverpflegung, Benutzung der sportlichen Einrichtungen wie Turn- und Schwimmhalle und den täglichen Transporten zu den Trainingsplätzen zum Skilanglauf hatte ich Zeit für meine ehemalige alte Heimat Berchtesgaden. Da in den Kriegstagen im Stadtzentrum keine Häuser zerstört wurden und sich nichts verändert hatte, fand ich mich sofort gut zurecht. Zudem sah ich keine amerikanischen Besatzungssoldaten auf den Straßen, sondern dafür sehr viele Touristen aus aller Welt. Wie hatte sich doch die Zeit verändert! Unser Training lief gut an, da ausgezeichnete Schneeverhältnisse herrschten. An den Wochenenden benutzten wir die bekannten Abfahrtspisten und lernten so süße Schneehasen kennen. Da die Heeres Skimeisterschaft unser großes Ziel war und wir auf ein gutes Abschneiden hofften, gingen wir freiwillig die Verpflichtungen ein, das Rauchen einzustellen oder stark einzuschränken und keinen Alkohol zu trinken. Unser Sexualverhalten unterlag keinen Einschränkungen und Möglichkeiten boten sich genügend an. Als Verheirateter war es für mich jedoch eine Selbstverständlichkeit, diese Möglichkeiten ebenfalls auszuschließen. Zudem erhielten verheiratete Soldaten mehrmals Familienheimfahrten und fuhren an einigen Wochenenden nach Hause. Vier Wochen vor den

Meisterschaften starteten wir unseren Sprungdienst mit dem Fallschirm. Die Heeresbergführer der Gebirgsjäger stellten uns ihren Hubschrauber zur Verfügung und so konnten sie den Absprung aus der Maschine als Gäste und Zuschauer miterleben. Ich war als Absetzer für den Absprung unserer Leute und den eingeladenen Amerikanern der Spezial Force aus Bad Tölz verantwortlich. Somit erwarben nun die Amerikaner das deutsche Fallschirmspringerabzeichen. Die mitfliegenden Heeresbergführer waren so begeistert, dass das Fallschirmspringen einige Zeit später mit in ihr Ausbildungsprogramm aufgenommen wurde.

Das Fallschirmspringen bedeutete für Berchtesgaden ein Ereignis. Überrascht und auch beeindruckt waren wir über die große Anzahl von begeisterten Zuschauern. Etwa eine Woche vor den Heereskimeisterschaften mussten zwei Mannschaften aufgestellt werden. Diese wurden als Teilnehmer nach Mittenwald zur Hochgebirgsschule der Gebirgsjäger gemeldet. Dafür wurde eine Einzelausscheidung angesetzt. Jeder musste eine Strecke von zwanzig km durchlaufen. An diesem Tag herrschte Tauwetter und die zu durchlaufende Strecke war teilweise vereist. Die Skier mussten für die Lauffläche so gewachst werden, dass sie auf dem Eis nicht wegrutschten und sich auf nassem Schnee unter dem Ski keine Schneestollen aufbauen konnten. Vor einem Rennen oder einer Ausscheidung bedarf es einer guten Vorbereitung. Unser Trainer befand sich bei wichtigen oder entscheidenden Rennen schon Stunden vor dem Start auf der Rennstrecke und kontrollierte an verschiedenen Abschnitten, ob sich die Schneelage verändert hatte, maß die Schneetemperaturen mit einem Thermometer und erstellte eine Querschnittsskizze der Rennstrecke. Anhand dieser Skizze mit den eingetragenen

Temperaturen wurden dann die verschiedenen Wachssorten ausgesucht. Das richtige Wachsen bedeutet oft den halben Sieg. Dies durfte man auf keinen Fall vergessen. Ich hatte die Wetterlage richtig eingeschätzt, einwandfrei gewachst und belegte bei diesem Ausscheidungsrennen den ersten Platz. Die Teilnehmer für die zwei Patrouillen standen fest und die letzten vier Läufer wurden als Ersatz eingeteilt.

Nach unserer erlebnisreichen Zeit in Berchtesgaden verlegte man uns zu den Heeresskimeisterschaften nach Mittenwald. Dort hatten wir lediglich einen Tag Zeit, um uns mit der Strecke vertraut zu machen und am nächsten Tag startete das Rennen. Die Meisterschaften verliefen hervorragend für uns, wir belegten den ersten und dritten Platz. Ich gehörte zur Gruppe, die den dritten Platz belegte. Meine Ehefrau war als begeisterte Zuschauerin im Olympiastation von Garmisch-Partenkirchen anwesend. Nach dieser erfolgreichen Platzierung wurden wir als vorbildliche Sportler und Soldaten in der Luftlandeeinheit herausgestellt. Unser Skizug blieb erhalten und wir wurden zu einem internationalen Skirennen eingeladen, das im nächsten Winter stattfinden sollte.

Feldwebellehrgang

In der Zwischenzeit kommandierte man mich zu einem dreimonatigen Feldwebellehrgang nach Munsterlager in Nieder-
sachsen ab. Die Teilnehmer setzten sich aus Stabsunteroffizie-
ren aus allen Armeeeinheiten der Bundeswehr zusammen,
die schon erfolgreich als Zugführer oder einer ähnlichen Tätigkeit eingesetzt waren. Von fünfundzwanzig Teilnehmern
gehörte ich als einziger zu den Fallschirmjägern und wurde
aufgrund meiner Lehrgangsleistung als Jahresbester des
Feldwebellehrgangs vom führenden General der Bundeswehr mit einem Buchpreis ausgezeichnet. Auf meiner Rückfahrt von Norddeutschland in Richtung Süddeutschland
durchfuhr ich das Ruhrgebiet. Da ich meine Fahrt in den
Nachtstunden durchführte, konnte ich schon aus der Ferne
das Glühen der Kohle aus den geöffneten Hochöfen erkennen. Ich musste das Autofenster schließen, da der Geruch von
Kohlegasen direkt belastend war. Eine Rückkehr in diese
harte und ungesunde Arbeitswelt konnte ich mir absolut
nicht mehr vorstellen.
Zurück in meiner alten Einheit traf ich auf den Skizug, der auf
zehn Soldaten reduziert worden war. Alle befanden sich in
einer erstaunlich guten Verfassung. Ich hatte einiges nachzuholen, um die körperliche Leistungsstärke der anderen zu erreichen.

Internationale Skiveranstaltung in den Pyrenäen

Das geplante internationale Skirennen im kommenden Winter fand in Frankreich statt. Teilnehmer waren militärische Skiläufer aus allen NATO Staaten. Kein Ski-Langlaufrennen, sondern eine Mischung aus Fallschirmspringen, Überwinden einer Strecke von ca. zwanzig km mit Anstieg und Abfahrten auf normalen Militärskiern und einer Schießeinlage mit mitgeführtem Gewehr stand uns bevor. Beim Anstieg spannte man Felle unter die Lauffläche der Skier, damit der Ski nicht abrutschte. Es mussten schon steile Anstiege sein um solche Felle zu benutzen, befürchtete ich. Wir rätselten, wo denn in Frankreich so eine Veranstaltung möglich war. In den französischen Alpen oder in den Pyrenäen? Gezielte Informationen über den genauen Zeitpunkt im Winter oder dem Austragungsort bekamen wir nämlich noch nicht. Erst einen Monat vor Beginn der Veranstaltung erfuhren wir alle Daten. Typisch Franzose!

Das Rennen lief unter der Bezeichnung „Rally Para Naige" und der Austragungsort lag in dem Wintersportort Breege in den Pyrenäen. In diesem Ort war auch die Winterkampfschule der französischen Fallschirmjäger. Eine Woche später befanden wir uns also auf dem Weg nach Frankreich. Unser erstes Ziel war die Fallschirmspringerschule in Pau, um dort mit den französischen Fallschirmen zu springen. Die Stadt liegt in Südfrankreich am Rande der Pyrenäen. Die Eisenbahn war somit ideal und bequem, um das Ziel zu erreichen. Das Gepäck mit den Skiern gaben wir schon einige Tage vorher bei der Bahn auf. Wir waren nervös und hatten Reisefieber, da deutsche Soldaten in Frankreich noch eine Ausnahme bildeten. Außerdem trugen wir Uniform, nicht den Ausgehanzug, sondern den mehr militärisch erscheinenden Dienstanzug, der an die alte Wehrmacht erinnerte. Unser Aussehen musste jeden Franzosen an die Besatzungszeit des Zweiten Weltkrieges erinnern. Der Höhepunkt jedoch war, dass auch noch jeder sein Gewehr dabeihatte. Um 5.00 Uhr morgens bestiegen wir den Zug am Stuttgarter Hauptbahnhof. Auch hier erregten wir bereits Aufsehen mit dem Gewehr sichtbar über der Schulter. Uns standen zwei reservierte Abteile zur Verfügung, die je mit großen Schildern beschriftet waren, die man an den Türen befestigt hatte. Folgende Worte standen darauf:

„BUNDESWEHR NACH PARIS"
Nachdem wir mit dem Zug den Rhein bei Kehl überquert hatten, befanden wir uns in Frankreich. Die französischen Zöllner waren zuerst in heller Aufregung, bis sie unsere Papiere überprüft hatten und wünschten uns viel Erfolg beim Rennen in Südfrankreich. Ein französischer Zöllner trug auf seiner Uniform das französische Fallschirmspringerabzeichen. Er erklärte uns in deutscher Sprache, er käme aus dem Elsass, wo man Deutsch spräche und er hätte als Fallschirmjäger in Algerien gekämpft. Um die Mittagszeit erreichten wir Paris und mussten umsteigen. Unsere Weiterfahrt war erst um 23.00 Uhr und dafür mussten wir zu einem anderen Bahnhof, der am entgegen gesetzten Ende von Paris lag. In der Zwischenzeit wollten wir uns Paris anschauen. Geschultert mit unseren Gewehren marschierten wir durch den Bahnhof in Richtung Ausgang. Von den vielen Menschen wurden wir mit Verwunderung und von einigen wohl auch mit Entsetzen betrachtet. Vor dem Ausgang sprach uns ein Franzose in verständlichem Deutsch an und fragte, ob er uns helfen könnte.

Wir waren begeistert, dass uns ein Franzose auf Deutsch ansprach und seine Hilfe anbot. Schnell hatten wir unsere Situation erklärt: „Wir kommen aus Deutschland, sind aber auf dem Bahnweg nach Pau zur französischen Fallschirmspringerschule und nehmen an einem NATO-Wettbewerb teil." Er erzählte uns, dass er viele Jahre als Soldat in Berlin stationiert gewesen war und dort eine sehr schöne Zeit erlebt hatte und jetzt mit dem Dienstgrad eines Leutnants bei der Berufsfeuerwehr in Paris arbeitete. Welches Glück für uns. Für ihn war es aber eine Selbstverständlichkeit uns zu helfen und die Sehenswürdigkeiten von Paris zu zeigen. Eine Straße weiter befand sich seine Dienststelle und gleich neben der Feuerwache war eine Polizeistation. Hier konnten wir unsere Gewehre sicher unterbringen. Wir besichtigten gemeinsam die Sehenswürdigkeiten und unsere erste Anlaufstelle war der Eiffelturm. Auf dem Weg dorthin starrten uns die Menschen an und es kam sogar zum Verkehrstau. Reisebusse fuhren nur langsam an uns vorbei, um Zeuge von diesem Ereignis zu werden. Unser Begleiter, der sich als Harry vorgestellt hatte, spielte Reiseführer. Er fühlte sich sehr angetan vom Interesse der Öffentlichkeit, in das er jetzt mit einbezogen war. Nach den weiteren Besichtigungspunkten, wie dem Triumphbogen mit dem Grab des Unbekannten Soldaten und dem Armeemuseum, war unsere Besichtigungslaune schon so minimiert, dass wir ein Bistro aufsuchten, um Hunger und Durst zu stillen. Der Durst wurde natürlich nach Landessitte mit Rotwein gelöscht und versetzte uns in eine etwas gehobene Stimmung. Nach diesen ereignisreichen Stunden wurde es langsam Zeit, an unsere Weiterfahrt zu denken und wir marschierten zurück zur Polizeistation, um dort unsere Waffen zu holen. Mit der Metro wollten wir den Bahnhof erreichen, der im Südteil von Paris lag. Damit zeigte sich aber die Polizei nicht einverstanden. Wir wären Gäste der Armee und man brachte uns mit Polizeifahrzeugen zum Bahnhof. Auch hier bildete sich wieder der für uns schon fast zur Gewohnheit gewordene Menschenauflauf, der nun auch noch von der Polizei abgesichert wurde. Nach einem herzlichen Abschied von unserem Begleiter Harry und von der Polizei fuhren wir ohne Vorkommnisse mit dem Nachtzug in Richtung Südfrankreich. Unser Ziel, die Stadt Pau, erreichten wir in den Nachmittagsstunden und dort holte uns ein Militärfahrzeug ab, das uns zur französischen Fallschirmspringerschule brachte. Es begrüßte uns ein Offizier, der uns einem Soldaten aus dem Elsass vorstellte. Dieser hatte die Aufgabe, als unser Dolmetscher uns bei allen Sprachschwierigkeiten zu unterstützen. Er hieß Hans und sprach besser Deutsch als seine Muttersprache Französisch. Mein Zugführer und ich erhielten je ein Einzelzimmer im Offiziershotel. Unsere vier Soldaten brachte man in den Quartieren für Unteroffiziere unter. Die Unterkünfte waren einfach, aber sauber. Gewöhnungsbedürftig allerdings waren die Toiletten, nicht nur in der Kaserne, sondern auch in den Gaststätten und Hotels. Um seine Notdurft zu verrichten, kannte man keine Toilettenschüssel, sondern es befand sich nur ein Loch im Boden mit einer Wasserspülung. Am nächsten Tag erfolgte eine Einweisung in den für uns noch nicht bekannten französischen Fallschirm und dem Bewegungsablauf in der Transportmaschine bei einem Fallschirmabsprung. Die ersten zwei Absprünge fanden unter der Aufsicht der französischen Absetzer statt. Der gravierende Unterschied bestand nur in der Sprache, die wir aber durch die Zeichensprache ersetzen konnten. Der Sprungablauf in der Maschine entsprach ungefähr unserem Ablauf beim

Springen. Wir mussten so schnell wie möglich das Flugzeug verlassen, da wir nach dem Absprung auf einem zugefrorenen Stausee in den Bergen der Pyrenäen landen sollten. Das Flugzeug flog in einer Höhe von ca. dreihundert Meter über den von hohen Bergen umgebenen Stausee. Um auf dem zugefrorenen See und nicht in den angrenzenden Bergen zu landen, mussten wir zielgenau abspringen. Unsere Skier, die bereits auf dem See lagerten, mussten wir so schnell wie möglich erreichen. Mit den angeschnallten Skiern startete dann das Rennen. Der gezielte Absprung war eine sehr wichtige Voraussetzung, um erfolgreich einen guten Platz zu belegen. Der für den nächsten Tag angesetzte Trainingssprungdienst unter meiner Leitung musste einfach erfolgreich sein. In den Abendstunden besuchten wir gemeinsam das Casino, wo wir den Sprungablauf genau besprechen wollten. Unser Dolmetscher Hans kam in Begleitung eines französischen Hauptfeldwebels, der schon seit 1953 der französischen Legion angehörte. Er war in Deutschland geboren und hatte dort im Bergbau gearbeitet. Wegen privater Unstimmigkeiten wanderte er zur damaligen Zeit nach Frankreich aus und wurde Fremdenlegionär. Er kam nach Indochina und erlebte dort die Kesselschlacht von Dien Bien Phu mit. Mit mehreren deutschen und belgischen Legionären konnte er aus dem Kessel entkommen, der von der Viet Minh Armee eingenommen war. Sie hatten sich zu den französischen Linien durchgeschlagen und wurden einige Monate später nach Algerien verlegt. Hier kämpfte er dann gegen die Algerier, die zum Teil in Indochina als französische Soldaten gegen den Viet Minh eingesetzt waren. Für ihn war die Welt verrückt, aber lebenswert und voller Abenteuer. „So ist das Leben" (C`est la vie) war sein Wahlspruch, den er mehrmals verwendete.

Diese Ansicht hatte ich bereits von anderen Legionären zu hören bekommen. Die Legion hatte zwei Skimannschaften für dieses Rennen aufgestellt. Teilnehmer waren Männer aus dem Alpenraum, Legionäre aus Bayern, Österreich und der Schweiz. Sie trainierten schon seit einem Jahr in den französischen Alpen und waren ausgezeichnete Skiläufer. Bei unserem Problem mit einem gezielten Absprung aus der Transportmaschine gaben uns die Söldner nützliche Hinweise aus ihrer eigenen Erfahrung. Sie erzählten zum Beispiel, dass sie 1954, beim Absprung in den Kessel von Dien Bien Phu, als Verstärkung zur Verteidigung des Kessels bei Nacht, als Pulk von vier bis sechs Mann aus der Maschine sprangen, indem sie sich aneinander festhielten. Das Flugzeug flog dabei eine Geschwindigkeit von über zweihundert km/h. Nach Verlassen der Maschine trennte sie der Luftstrom und die sich öffnenden Fallschirme konnten sich so nicht untereinander verwickeln. So blieben sie viel enger zusammen als bei einem normalen Absprung. Entscheidend war die Landung im Kessel. Es kam ihnen besser vor, in der Luft vom Gewehr- oder MG-feuer getötet zu werden, als außerhalb des Kessels zu landen und dann von den Viet Minh Soldaten abgeschlachtet zu werden. Diese Methode bewährte sich und soweit ich mich erinnern kann, landeten alle Fallschirmjäger im Kessel von Dien Bien Phu. Unser Zugführer äußerte jedoch Bedenken wegen der Unfallgefahr bei dieser Absprungart. Wir waren nicht in einer Kriegshandlung, sondern es war nur ein sportlicher Wettkampf, bei dem man die Sicherheitsvorschriften einhalten musste. Meine schon überzeugte Mannschaft und ich erwiderten: „Bei Nichtanwendung dieser Methode werden einige in den angrenzenden Felsen landen und dort ist die Verletzungsgefahr viel größer." Wir diskutierten über

111

dieses Thema den ganzen Abend und tranken einige Gläser Rotwein. Ich glaube, der Rotwein ermöglichte die positive Entschlussfassung, denn der Zugführer stimmte zu, dass wir die Absprungmethode ausprobieren sollten. Harry, unser Gast, lächelte nur über die langwierige Entscheidung. Dann sagte er, die Fremdenlegionäre hätten den Mut zur Lücke und darum wären sie besser als jede Einheit in der NATO. Und diese Legionäre hatten wir nun als sportliche Gegner bei diesem Rennen. Am nächsten Tag schloss die Mannschaft unter meiner Leitung mit der neuen Methode zwei Absprünge aus dem Flugzeug erfolgreich ab. Wir waren alle in einem Umkreis von nicht einmal fünfzig Meter gelandet. Wenn ich beim Wettkampf den richtigen Absprungpunkt genau erkannte und ausnutzte, würden wir alle auf dem zugefrorenen See landen. Als das Sprungtraining abgeschlossen war, verlegte man uns zur Winterkampfschule in die Pyrenäen nach Breege, wo in zwei Wochen die Veranstaltung stattfinden sollte. Breege ist ein bei französischen Touristen bekannter Wintersportort und sehr beliebt, besonders bei Skiurlaubern aus Paris. Wir waren erstaunt darüber, dass die Kaserne nicht eingezäunt war und jeder Soldat nach Belieben ein- und ausgehen konnte. Der zuständige Kommandeur erklärte uns, dass wir Deutschen mit dem Umgang von zwischenmenschlichen Beziehungen noch den richtigen Weg suchen müssten. „Wir Franzosen leben freier und haben nichts zu verbergen; wir wollen unser Leben genießen." In den nächsten Tagen sollte ich die wunderbare Lebensart der Franzosen kennen lernen. Viele meiner Kameraden und ich auch waren es gewohnt, vor dem Ausgang erst einmal einen guten Schluck zu trinken, um in eine gute Partystimmung zu kommen. Unser französischer Betreuer Hans führte uns gleich am ersten

Abend in das Nachtleben von Breege ein. In den Bars liefen nur französische Schlager, die auch in Deutschland sehr bekannt waren. Getanzt wurde eng umschlungen oder sehr temperamentvoll beim Twist nach der neusten Musik. Die für uns gewohnte höfliche Aufforderung zum Tanz war hier nicht nötig. Die Frauen suchten sich ihre Tanzpartner selber aus. War er nicht der Richtige, beendeten sie den Tanz sofort. Ich hatte mir vorsorglich einen kleinen Zettel angefertigt, auf dem ich einige französische Wörter aufschrieb, die als Kompliment für meine jeweilige Tanzpartnerin galten. Während des eng umschlungenen Tanzes flüsterte ich dann unbemerkt meiner Tanzpartnerin diese Komplimente ins Ohr. Ohne dass ich meinen Trick anwenden musste und trotz meiner schlechten französischen Sprachkenntnisse lernte ich jedoch schon am ersten Abend eine außergewöhnliche französische Frau kennen, die bei mir in der Kaserne oder ich bei ihr im Hotel übernachtete. Sie stammte aus Paris und verlebte gerade einen vierzehntägigen Skiurlaub, befand sich aber bereits seit eine Woche in Breege und musste danach zurück, da sie ein kleines Hotel in Paris leitete. Die noch verbliebene Woche mit ihr war außergewöhnlich und ließ sich mit dem Skitraining gut vereinbaren. Nach der Wettkampfveranstaltung wollte sie mich wiedersehen und am Bahnhof von Paris abholen.

Der entscheidende Tag der Veranstaltung rückte währenddessen immer näher und wir wurden einen Tag vor dem Start nach Pau zur Springerschule zurückverlegt, um von dort am nächsten Tag die Transportmaschinen zu besteigen. Auch die anderen NATO-Mannschaften waren eingetroffen, die im eigenen Land oder in den Alpen trainiert hatten. Es herrschte eine gewisse Spannung und es war interessant, die verschiedenen Nationen zu beobachten. Mit den beiden Fremdenlegionärsmannschaften verstanden wir uns sofort gut. Nach einigen Drinks im Casino wünschten sie uns viel Glück beim Rennen. Glück hatten wir am nächsten Tag mit dem Wetter. Es war ein klarer, kalter Wintertag ohne Wind, ein ideales Sprungwetter. Wir belegten bei diesem Wettkampf Platz drei. Die ersten beiden Plätze gehörten den Mannschaften der Fallschirmspringerlegion. Die Legionäre und unsere Mannschaft waren die erfolgreichen, die geschlossen auf dem zugefrorenen See landeten. Es kam uns wie ein „Hollywoodspringen" vor, Sonne, kein Wind und der Schnee. Dieser Schnee lag auf dem zugefrorenen See etwa einen halben Meter dick. Bei solchen guten Wetterverhältnissen gebrauchten wir die Redensart: „So gut wie in Hollywood." Viele andere landeten in den angrenzenden Bergen, aber es gab keine Verletzten, alles in allem war es also eine erfolgreiche Veranstaltung.

Der deutsche Militärvertreter für Frankreich war als Gast bei dieser Veranstaltung. Soweit wir erfuhren, hatten wir die Bundesrepublik Deutschland mit unserem Auftreten und der sportlichen Leistungen gut vertreten. Als Dank verlängerte man unseren Aufenthalt in Frankreich um eine Woche. Unsere Verlängerung verlegten wir alle nach Paris. Den Abschied feierten wir mit den Legionären und unseren französischen Freunden und tranken viel Rotwein und Pernod. Ich hatte mich beim Pernod etwas zurückgehalten, da nach Aussage der Franzosen dieses Getränk das Sexualverhalten negativ beeinflusste.

Ich wurde in Paris von meiner französischen Bekannten erwartet. Ihr kleines Hotel lag mitten in Paris und war außergewöhnlich schön, genauso, wie man sich als Tourist ein Hotel vorstellte und es auch oft in Filmen gezeigt wurde. Dort wurden alle untergebracht und die Hotelrechnung bezahlte, wie versprochen, die Bundesrepublik Deutschland. Morgens wachte ich auf und schaute über die Dächer von Paris. Es kam mir wie eine filmreife Szene vor. Leider stellte die französische Sprache ein Problem dar und bis zum heutigen Tag bin ich nicht mehr in Frankreich oder Paris gewesen. Meinen Seitensprung tat ich mit den Worten der Legionäre „So ist das Leben" (C`est la vie) ab. Nach der Nagold Affäre hatte ich eine andere Welt kennen gelernt, die mich sehr faszinierte, die aber kein Dauerzustand sein konnte.

Mein militärisches Leben war auf zwölf Jahre beschränkt und ich musste meinen zukünftigen Weg planen. In meiner Heimatstadt Aachen war die technische Schule der Bundeswehr angesiedelt und dort wurden auch Soldaten mit dem Sprengberechtigungsschein zum Feuerwerker ausgebildet. Mit diesem Schein könnte ich nach meiner Bundeswehrzeit einen gut bezahlten Job als Feuerwerker ausüben. Meine Aufgabe bestände dann darin, Fliegerbomben (Blindgänger), die oft bei Bauarbeiten gefunden wurden, zu entschärfen. Das würde mir sicher Spaß machen. Dieser Lehrgang lief jedoch schon seit einigen Wochen und es dauerte fast zwei Jahre bis er abgeschlossen war und der nächste starten würde. Außerdem gab es in Aachen eine Unteroffiziersschule, die einen Hörsaalfeldwebel suchte. Das bot mir eine Möglichkeit, diese Jahre bis zum Lehrgangsbeginn zu überbrücken.

Meine Bewerbung zur Unteroffiziersschule Aachen wurde angenommen und ich zog mit meiner Familie nach Aachen um. Zwei Monate später erhielten wir dort eine Bundeswehrwohnung. Nun war ich Hörsaalfeldwebel und durfte wieder Soldaten ausbilden.

Unteroffizierslehrgang in Aachen

Die Unteroffiziersschule Aachen war eine Einrichtung mit zwei unterschiedlichen Ausbildungszielen. In der ersten Inspektion wurden junge Männer zu Unteroffizieren ausgebildet. Diese hatten sich freiwillig zur Bundeswehr gemeldet und mussten einen abgeschlossenen Beruf nachweisen. In der zweiten Inspektion gab es für Unteroffiziere die Möglichkeit, ihr Wissen aufzufrischen und zu erweitern. Zu dieser Inspektion gehörten drei Hörsäle und jeder Hörsaal wurde von einem Offizier mit dem Dienstgrad Hauptmann und einem Hörsaalfeldwebel mit dem Dienstgrad Feldwebel oder mehr betreut. Diese Hauptleute hatten schon mehrere Jahre eine Kompanie geführt, einen Stabsoffizierslehrgang mit Erfolg abgeschlossen und standen auf der militärischen Erfolgsleiter. Für zwei Jahre waren sie zur Heeresunteroffiziersschule Aachen abkommandiert. Als Hörsaalfeldwebel musste ich gute militärische Erfahrung nachweisen und mit Führungsaufgaben vertraut sein, teilte mir beim Einstellungsgespräch der Kommandeur der Schule mit. Meine Dienstakte gab genaue Auskünfte über meine militärischen Erfahrungen und ich wurde bei der zweiten Inspektion als Hörsaalfeldwebel eingestellt. Dort stellte man mir den Hörsaalleiter vor, der so wie ich aus der Luftlandedivision stammte. Unsere Zusammenarbeit erwies sich als gut und erfolgreich. Nach einiger Zeit erkannte er, dass ich auch seine Ausbildungsthemen mit übernehmen konnte. Vor dem angetretenen Zug verkündete er dann mit lauter Stimme: „Feldwebel Meys, übernehmen Sie!" Zur damaligen Zeit wurde die Fernsehserie „Cobra übernehmen Sie" gezeigt und so wurde ich unter dem Namen Cobra bekannt. Einige Monate später erhielt ich meine

Beförderung zum Oberfeldwebel und meine inzwischen negative Einstellung zur Bundeswehr veränderte sich zum Positiven. Nicht nur die Beförderung, sondern auch die für mich interessante Tätigkeit, bei der ich eigene Vorstellung mit einbauen konnte und die gute Mitarbeit der Lehrgangsteilnehmer trugen dazu bei. Mit den Teilnehmern richtete ich einen „Entwicklungsraum" ein, in dem ihre Ideen und Änderungsvorschläge in Bezug auf die Bundeswehr in Bildern und Modellen dokumentiert wurden. Die Vorstellungen bezogen sich auf den militärischen Bereich, insbesondere auf den Infanteriekampf. Die Soldaten schlugen zum Beispiel zur besseren Tarnung im Gelände andere Kleidung vor, die sich heute durchgesetzt hat. Bei einem Militärbesuch waren israelische Offiziere von unserem Entwicklungsraum sehr angetan und machten fleißig Fotoaufnahmen und Notizen von den dargestellten Ideen. Auch eine internationale Zusammenarbeit mit anderen NATO-Angehörigen im militärischen und sportlichen Bereich war möglich und wurde gefördert. In Aachen waren noch belgische Soldaten stationiert und die militärische Zusammenarbeit durch Übungen und Manöver entwickelte sich zufriedenstellend. Das Sprachenproblem löste sich, da immer mehr Soldaten aus dem belgisch-flämischen Bereich nach Aachen versetzt wurden. Die flämische Sprache ist mit dem Holländischen verwandt und vielen Bürgern aus Aachen als Dialekt vertraut. Einige dieser Soldaten beherrschten zudem die deutsche Sprache.

In Holland, nicht weit von Aachen, wurde das NATO-Hauptquartier in der Stadt Heerlen eingeweiht. Die Amerikaner organisierten ein Fallschirmspringen für diese festliche Veranstaltung. Ich erhielt über unsere Inspektion eine Einladung zur Teilnahme am Fallschirmspringen, da ich bereits mit einem amerikanischen Fallschirmspringerabzeichen ausgezeichnet und somit Mitglied im amerikanischen Airborn Club war. Beim Fallschirmabsprung in Heerlen landete ich in einem Garten, der unmittelbar am Flugfeld angrenzte. Für den Besitzer des Gartens und seiner Familie war es ein besonderes Ereignis, ein Fallschirmjäger und noch dazu ein Deutscher in ihrem Garten. Ich wurde mit Kaffee und Kuchen bewirtet und musste mit den Familienmitgliedern einige Gläschen Genever trinken. Der Opa, der in Rotterdam zu Hause war, konnte sich noch an die entsetzten Ausrufe der Bevölkerung erinnern. „Gott, oh Gott, die Preußen kommen wie die weißen Mäuse vom Himmel". Im Zweiten Weltkrieg sprangen dort die deutschen Fallschirmjäger ab. Diese Kriegsereignisse sind heute schon Geschichte, aber Ausnahmen bestätigen ja bekanntlich die Regel.

Bei einem später stattfindenden internationalen Militärmarsch von Lüttich in Belgien nach Aachen baten wir um Trinkwasser in einem katholischen Kloster, das noch auf belgischer Seite lag. Wir wurden mit den Worten abgewiesen, „Deutschen Soldaten geben wir kein Trinkwasser." Was blieb uns anderes, als dies mit einem Schulterzucken hinzunehmen.

Die Sportausbildung in unserer Inspektion organisierte ein staatlich geprüfter Sportlehrer. Die Ausbildung zum Sportlehrer erfolgte auf der Sporthochschule Köln und dauerte zwei Jahre. Diese Art der Ausbildung bezahlte die Bundeswehr in der sogenannten Berufsausbildung, wenn man vorher vier oder mehr Jahre als Soldat gedient und die Aufnahmeprüfung zum staatlich geprüften Sportlehrer bestanden hatte. Unser Sportlehrer hatte diesen Weg durchlaufen und empfahl mir diesen Weg, da ich seines Erachtens die Voraussetzungen für diesen Beruf voll erfüllte. „Sportlehrer ist auch ein toller Beruf, aber kann ich in zwanzig oder dreißig Jahren noch ein sportliches Vorbild für meine Schüler sein?", überlegte ich. Nur noch einige Monate und ich hatte die Möglichkeit, mich für den neuen Feuerwerker Lehrgang zu bewerben und eine gute Grundlage für meine zukünftige Tätigkeit nach der Bundeswehrzeit aufzubauen, von der ich mir aufgrund ihrer etwas gefährlichen Aufgaben viel Spannung versprach. Ich entschied mich gegen den Sportlehrerberuf. Nichtsdestotrotz war es für mich nicht leicht, eine klare Antwort in dieser Frage zu finden. Mit wem sollte ich darüber sprechen?

Nach einem feucht fröhlichen Wochenende wurde ich zum Schulkommandeur befohlen. In seinem Besprechungszimmer befanden sich auch noch mein Inspektionschef und der Hörsaalleiter. Nach einer freundlichen Begrüßung eröffnete mir der Kommandeur, dass ich aufgrund meiner hervorragenden Leistungen auf seiner Schule zum Offizier aus der Truppe vorgeschlagen werde. Ich war erst erstaunt und dann wurde mir klar, was dies für mich bedeutete. Ein berufliches Weiterleben im militärischen Bereich, meine Zukunft wäre gesichert. Ich hatte aber zuerst alles sehr blauäugig betrachtet und der Weg zum Offizier war mit vielen Steinen gepflastert, die man erst bewältigen musste. In dem weiteren Gespräch erklärte man mir nämlich, welche erste Hürde ich nehmen musste, um die weiteren zu schaffen. Dieser Werdegang zum Offizier stellte damals eine Notlösung der Bundesregierung dar, um den Offiziersmangel aufzufangen. Nicht viele Offiziere durchliefen diesen Weg. In der Truppe bezeichnete man sie als „Offiziere mit Arbeitsgesicht". Die schwerste Hürde bestand ich in der Offiziersprüfzentrale in Köln, deren Aufnahmeprüfung schon für manche Bewerber mit Abitur einen Stolperstein bedeutete. Ich wurde nach Hannover zur Offiziersschule abkommandiert und machte dort erfolgreich meinen militärischen Eignungstest. Nun war ich Offiziersanwärter mit dem Dienstgrad Oberfeldwebel OA (Offiziersanwärter). Die erste Hürde lag hinter mir. Die zweite stellte ein Bildungslehrgang auf einer Offiziersschule dar, um den Bildungsstand Hochschulreife zu erreichen. Hierfür waren vier Semester vorgesehen. Nach bestandener Prüfung würde ein zweijähriger Offizierslehrgang folgen, der dann die Beförderung zum Leutnant vorsah. Es gab auch noch einen anderen Weg. Man konnte sich für die Laufbahn zum Offizier als Unteroffizier mit einer Zeitverpflichtung bewerben, also als Zeitsoldat. Der Bildungsstand musste aber höherwertig sein als der damalige Volkschulabschluss (heutige Hauptschulabschluss). Aufgrund des Bildungsstandes gab es nur die Laufbahn bis zum Hauptmann. Der „normale" Weg zum Offizier lief damals wie folgt ab: Als junger Mann konnte man mit dem Abitur Leutnant werden oder mit abgeschlossener Mittlerer Reife (heute FOR- Fachoberschulreife) und einer Berufsausbildung. Erfolgte die Einberufung zum Militär, durchlief man die Grundausbildung und die Vollausbildung. Dann schloss sich nur noch der Offizierslehrgang zum Dienstgrad Leutnant an. Weiterhin musste der Test auf der Offiziersprüfzentrale Köln bestanden werden, um als Offizier bei der Bundeswehr dienen zu können. Ich verrichtete also weiterhin meinen Dienst in Aachen und wartete auf die Abkommandierung zur Offiziersschule. Die Lehrgangsteilnehmer der Unteroffizierschule bestaunten und bewunderten mich wegen meines außergewöhnlichen Dienstgrades und die Arbeit machte mir Spaß. Etwa nach einem Monat erfolgte die Versetzung zur Heeresoffiziersschule nach München. Fünfzehn Teilnehmer starteten, davon nur zwei, die aufgrund der persönlichen Leistung zum Offizier vorgeschlagen waren. Die restlichen dreizehn hatten sich für diese Laufbahn beworben. Die Soldaten besaßen somit einen unterschiedlichen Bildungsstand, die Mehrzahl mit nicht abgeschlossenem Abitur oder der Mittleren Reife ohne einen abgeschlossenen Beruf. Viele Teilnehmer, die zum Bildungslehrgang nach München versetzt wurden, waren erst seit vier Jahren Soldat, kamen aus Versorgungseinheiten oder hatten im Stabsdienst ihren Dienst verrichtet. Fast neunzig Prozent der sogenannten, „Bürohengste" hatten die Möglichkeit und Zeit, sich mit dem Thema Bildungslehrgang zu befassen. Mit meinem einfachen Volksschulabschluss hatte ich kaum eine Chance, diese Bildungshürde zu schaffen. „Friss oder stirb.", dachte ich mir. Nach zwei für mich sehr harten Semestern schmiss ich das Handtuch und die Bundeswehr war für mich „gestorben".

Da ich für zwölf Jahre verpflichtet war, standen mir noch zwei Jahre zur Verfügung, um einen neuen Beruf zu erlernen oder als Beamter in den Staatsdienst zu treten. Somit befand ich mich wieder vor der Situation, in der ich entscheiden musste, was ich in Zukunft machen möchte. Außerdem war diesmal mein Selbstbewusstsein sehr angekratzt, da ich den Bildungslehrgang nicht geschafft hatte. Zunächst taumelte ich wie ein angeschlagener Boxer und machte mir Vorwürfe.

Die Jahre 1970 bis 1974
Ausbildung zum Kriminalbeamten

Es war zu diesem Zeitpunkt eine miese Zeit für mich, in der ich aber schnell handeln musste bzw. wollte, um den richtigen Weg für mich zu finden und mein verlorenes Selbstbewusstsein wieder zu stärken. Also beschloss ich, im Alter von einunddreißig und dem Dienstgrad Oberfeldwebel den Ausbildungsweg zum Polizeibeamten einzuschlagen. Meine Bewerbungen richtete ich an verschiedene Bundesländer und als erstes Land meldete sich Westberlin. Der Polizeipräsident lud mich zu einem Einstellungsgespräch ein. Da ich noch als Soldat eingestuft war, musste ich mit dem Flugzeug nach Berlin fliegen.

Berlin, eine Viersektorenstadt, lag in der Mitte der damaligen DDR. Der Flugplatz Tempelhof befand sich in der Stadtmitte und beim Landeanflug hatte ich das Gefühl, mit der S-Bahn oder einem LKW zwischen den Häusern zu fahren.

Die schriftliche Aufnahmeprüfung bedeutete für mich kein Hindernis. Sie war mit der Offizierssprüfzentrale in Köln vergleichbar und die ähnlichen Fragen kein Problem. Untergebracht war ich einer Kaserne der Bereitschaftspolizei Berlin, die sich nicht weit entfernt vom Flugplatz Tempelhof befand. Nach einem zweitägigen intensiven Prüfungsprogramm, inclusive Sport und ärztliche Untersuchung, flog ich wieder zurück nach München. In meiner Abwesenheit hatte man mich zur Bundeswehrfachschule nach Bad Reichenhall versetzt und ich sollte dort einen Bildungslehrgang belegen, der mit der geforderten Hochschulreife wie bei der Heeresoffiziersschule abschloss. Für mich war es ein Wechselbad der Gefühle: „Rein in die Kartoffeln, raus aus den Kartoffeln."

Ich erlebte aber eine schöne Zeit auf der Bundeswehrfachschule in Bad Reichenhall. Der Schulbetrieb verlief für mich spannungsfrei und er bereitete mir Freude, da meine schulischen Leistungen Aufwind bekamen. Nach zwei Monaten erhielt ich von der Berliner Polizei den Bescheid, dass ich die Prüfung bestanden hatte und in vierzehn Tagen meinen Dienst dort antreten könnte. Mit einem weinenden Auge und einem lachenden Auge nahm ich Abschied von Bad Reichenhall und fuhr mit dem Zug zum Flugplatz nach München.

Der Bundeswehr den Rücken zu kehren, war nicht einfach für mich und auch die Gegend mit den Bergen bedeutete für mich eine zweite Heimat. Ich blickte vorwärts und bei sehr windigem Wetter flog ich wieder nach Berlin; einige Passagiere mussten sogar während des Fluges ihre Tüten benutzen. Die Landung auf dem Flugplatz Tempelhof empfand ich als eine Meisterleistung des Piloten, da die Windböen die Maschine in eine unstabile Lage brachten und sie etwas von der Landepiste abdriftete, der Pilot sie aber wieder in die Spur zurückholte. Zu dieser Zeit durften nämlich deutsche Flugzeuggesellschaften noch nicht in Westberlin landen, den Flugverkehr betrieben die alliierten Fluggesellschaften.

Meinen Dienst trat ich pünktlich mit neunzehn weiteren Teilnehmern zum Kriminalpolizeifachlehrgang I an, der auf eine Zeitdauer von zwölf Monaten festgelegt war. Siebzehn Teilnehmer kamen von der Berliner Polizei und Bereitschaftspolizei, die zur Fachabteilung Kriminalpolizei wechseln wollten. Nur drei Teilnehmer aus dem zivilen Bereich, in dem ich auch eingestuft wurde und eine weibliche Person, somit die erste Kriminalbeamtin in Berlin, waren dabei. Die Polizeibeamten, die zur Kripo wechselten, hatten schon im Durchschnitt fünf bis zehn Jahre aktiven Polizeidienst in Uniform

123

hinter sich, sie kannten das Metier. Die Kripobeamten trugen einen korrekten dunklen Anzug, waren also zivil gekleidet und durch diese Kleidung in den einschlägigen Kreisen bekannt. Mein neuer Dienstgrad bei der Berliner Polizei lautete Kriminalanwärter und ich besaß nun einen Doppelstatus, da meine Dienstzeit bei der Bundeswehr noch nicht abgelaufen war. Wenn ich Berlin verlassen wollte, musste ich weiterhin das Flugzeug benutzen. In Berlin konnte ich als Beamtenanwärter alle Verkehrseinrichtungen kostenlos benutzen. Ausgeschlossen war jedoch für mich die S-Bahn, die von der DDR unterhalten und auch von dort eingesetzt wurde und für junge Leute und Studenten ein preiswertes Verkehrsmittel darstellte. Die theoretische Ausbildung zum Kriminalbeamten fand im Stadtteil Spandau, in einer Kaserne der Bereitschaftspolizei, statt. Kriminalbeamte aus dem gehobenen Dienst unterrichteten uns. Genau nach Vorschrift dauerte der Unterricht acht Stunden täglich und beinhaltete vier Stunden Sport in der Woche, der dem Ausgleich zur Theorie diente. Die Einrichtungen waren vorbildlich und wir wurden dort auch beköstigt. Ich wohnte in einem kleinen Apartment im Studentenheim im Ortsteil Wedding. Dieser Berliner Ortsteil, eine alte Arbeitergegend, lag direkt an der Zonengrenze. Von meinem Fenster aus konnte ich die Sperranlage erkennen. Auf dem Weg zur Schule kam ich an der Festung Spandau vorbei, in der Hess als Naziverbrecher lebenslang einsitzen musste. Einmal im Monat wechselte dort das Wachpersonal zwischen den Amerikanern, Engländern, Franzosen und Russen. Das russische Wachpersonal wurde an der Zonengrenze abgeholt und erhielt bis zur Festung und zurück Personenschutz durch die Berliner Polizei.

Die Stadt wies eine gewisse Frontstadtatmosphäre auf und

viele junge Leute verließen Berlin, um dieser Enge und Unsicherheit zu entfliehen. Eingemauert und isoliert, umringt von der Mauer, hatten viele den Drang frei zu sein und sich persönlich und beruflich frei entfalten zu können. In Berlin konnte man zu dieser Zeit nicht alles machen. Siedelte man freiwillig von außerhalb nach Berlin um, erhielten Interessenten aus der Bundesrepublik eine Berlin-Zulage und auch gute berufliche Möglichkeiten angeboten. Mich beschäftigte mein Lehrgang stark und zudem gab es für mich in Berlin sehr viel zu entdecken. In der Freizeit erkundete ich den Wannsee, den Grunewald und das Vergnügungsviertel rund um den Kurfürstendamm. Die Lokale in Berlin waren durchgehend geöffnet, da man keine Polizeistunde kannte.

Nach sechs Monaten schlossen wir den theoretischen Teil der Ausbildung ab. Wir befanden uns nun auf dem Durchlauf um alle Fachbereiche der Kripo kennen zu lernen. Mein erster Fachbereich war eine örtliche Dienststelle im Ortsteil Wedding. Hier wurde ich einem erfahrenen Kriminalbeamten zugeteilt, um meine erlernten theoretischen Kenntnisse umzusetzen. Zwischen Theorie und Praxis bestanden gewaltige Unterschiede und die Arbeit eines Kripobeamten bedeutete zu achtzig Prozent schriftliche Tätigkeit und das Telefonieren am Schreibtisch. Knapp zwanzig Prozent Abwicklungsarbeiten fanden außer Haus statt. Viele Kriminalfilme oder Serien im Fernsehen sind meist vom wahren Arbeitsfeld eines Kriminalbeamten weit entfernt! Man arbeitet mit dem „Abschaum" unserer Gesellschaft und der Beamte muss sich ein dickes Fell zulegen, um dauerhaft damit klar zu kommen.

Bei einer Ermittlungsarbeit außer Haus meldete man sich in der Dienststelle schriftlich im Ausgangsbuch ab und trug den Vorgang und den Ort der Ermittlungen ein. Man ermittelte oft zu zweit und war immer bewaffnet. Nach dem Einsatz meldete man sich schriftlich zurück, setzte sich an den Schreibtisch und fertigte einen ausführlichen Bericht über seine Aktionen an. Jede Bewegung außer Haus musste dokumentiert und der Ermittlungsakte beigelegt werden. In der ersten Woche arbeitete ich an zwei Leichenuntersuchungen mit. Die erste Leiche war schnell untersucht, es war ein Selbstmord. Die ältere männliche Person hatte sich mit Tabletten getötet und einen Abschiedsbrief an ihre Tochter geschrieben. Der Pflegedienst fand den Toten, alarmierte die Polizei und machte dazu eine schriftliche Aussage. Der Mann lag bekleidet auf seinem Bett und die Lippen waren mit weißem Schaum bedeckt. Die Wohnung befand sich in einem sauberen und aufgeräumten Zustand. Keinerlei Anzeichen von Gewalteinwirkungen waren sichtbar, eine Ermittlung wie aus dem Lehrbuch. Mein Kollege erteilte mir am Ende der Ermittlungen den Arbeitsauftrag und die Anweisung, einem ihm bekannten Leichenbestatter mitzuteilen, dass ich in einer Stunde vorbeikäme, um ein kleines Geschenk abzuholen. Es waren DM zwanzig für die Kasse der Dienststelle für außergewöhnliche Zwecke. Von diesem Geld musste ich dann eine Flasche Weinbrand kaufen, die im Kollegenkreis nach Dienstschluss getrunken wurde. Diese Zusammenkunft der Kollegen erwies sich nach jeder Leichenuntersuchung als „selbstverständlich", was ich natürlich in der theoretischen Ausbildung nicht erfahren hatte. Auf diesem Wege lernte ich allerdings die anderen Kollegen besser kennen und erhielt einen Einblick in den Dienstablauf der örtlichen Dienststelle. Auch besprachen die Kollegen dabei, welche anderen Probleme noch vorlagen. Die zweite Leichenuntersuchung war jedoch etwas für starke Nerven. Die Leiche, die wir zu begutachten hatten, befand sich nach zwei Monaten in der Wohnung schon im Verwesungszustand. Die Nachbarn hatten sich über den Gestank im Hausflur beschwert. Nachdem der Hauswart deshalb die Tür öffnete, verließ er entsetzt die Wohnung und benachrichtigte die Polizei. Ich war ebenfalls über den Zustand der Leiche entsetzt. Sie war bereits schwarz, mit Maden bedeckt und der Gestank in der Wohnung war einfach nur fürchterlich. Wir beschlagnahmten die Leiche und ordneten eine Obduktion an, in der die Todesursache festgestellt werden sollte. Nach diesem Vorfall nahm ich mir noch eine Flasche Weinbrand zusätzlich mit nach Hause. Meinen Kollegen waren solche Ereignisse gut bekannt und im weiteren Dienstverlauf lernte auch ich noch weitaus schlimmere Dinge kennen.

Da ich von meinem kleinen Apartment aus einen guten Einblick zur Bernauer Straße mit der Grenzbefestigung hatte, nahm ich mein Fernglas und beobachtete häufiger den Grenzverlauf, um so in eine andere Welt einzutauchen. Ich hatte mir ein gutes Nachtglas gekauft, womit mir auch die Möglichkeit geboten wurde, bei Dunkelheit Dinge gut zu erkennen. Westberlin war ein Stadtteil von Großberlin und lag als Insel im feindlichen Bereich. Die Grenze mit dem Umfeld, die ich aus meinem Fenster erkennen konnte, teilte ich in markante Punkte ein. Ich war immer noch Soldat und Veränderungen fielen mir sofort auf. So erkannte ich einmal ein Lichtsignal, das sich in kurzen und langen Lichtintervallen wiederholte. Ich stellte sofort meine Weinbrandentspannung ein und versuchte die Reihenfolge der Lichtsignale, die von der ostdeutschen Seite kamen, aufzuschreiben. Nach einer Zeitspanne von zehn Minuten erfolgten Lichtsignale von westdeutscher Seite aus, was für mich, da ich von der gleichen Seite aus beobachtete, nur als kurzes Aufblitzen zu erkennen war. Den für mich außergewöhnlichen Vorgang hielt ich schriftlich mit Zeitangabe fest.

Am nächsten Morgen erzählte ich auf der Dienststelle diese Beobachtung meinem Kollegen. Er erklärte mir, dass ihm diese Übermittlung von Signalen bekannt war. Es wurden zu der Zeit viele Tunnel gebaut, die den Osten mit dem Westen unter der Grenzbefestigung verbanden. 1961, nach dem Bau der Mauer, stellten die Tunnel eine Fluchtmöglichkeit aus der DDR dar. Im Laufe der Zeit perfektionierte die DDR die Mauer, sodass eine Flucht über oder unter der Mauer kaum noch möglich war. Die Sicherheitskräfte der DDR kannten fast alle Tunnel. Was an dem Beobachtungstag stattfand, war vermutlich ein Austausch von Agenten. Eine andere Fachabteilung der Kripo bildete die politische Polizei. Wir fuhren gemeinsam zu dieser Abteilung und ich berichtete auch dort von meiner Wahrnehmung. Da mir als Westdeutscher schneller solche Aktivitäten auffielen, sollte ich nun jedes ungewöhnliche Ereignis sofort berichten. Für die Berliner waren diese nämlich schon eine Alltäglichkeit.

Bei meinem Durchlauf durch mehrere Fachabteilungen landete ich zuletzt bei der Mordkommission. Hier arbeiteten Spezialisten an einem Mordfall rund um die Uhr, bis er aufgeklärt werden konnte. Die Aufklärungsquote lag bei über neunzig Prozent. Als erstes musste ich mich um 8.00 Uhr morgens in der medizinischen Abteilung der Pathologie der Freien Universität Berlin melden. Bei der Obduktion eines Mordopfers war immer ein Kriminalbeamter anwesend, der die Todesursache vom Pathologen erklärt bekam und den

Obduktionsbericht erhielt. Nach einigem Suchen und Nachfragen fand ich die Abteilung. Die Pathologie liegt fast immer im Erdgeschoss oder in den Kellerräumen eines Krankenhauses oder einer Anstalt. Nach meiner Anmeldung wurde ich einer jungen und hübschen Frau zugeteilt, die sich als Dr. Helmholtz vorstellte. Auch Ärztinnen können hübsch sein. Wir betraten einen Saal, in dem sich fest eingebaute meterhohe Becken befanden, auf denen ein Mensch gestreckt liegen konnte. Am Kopfende des Saales mit dem ersten Becken sollte die Obduktion stattfinden. Ich bräuchte mich nicht zu schämen, wenn es mir bei ihrer Arbeit schlecht werden sollte, erklärte mir die Ärztin. Die Toilette befand sich im Nebenraum, auch ein Aufenthaltsraum lag rechts neben dem Eingang. Zwei Helfer fuhren eine abgedeckte Bahre zum Obduktionstisch und legten eine nackte männliche Leiche in das Becken oder auch Wanne. Die Ärztin erklärte mir, es handelte sich hier um einen Versicherungsfall. Diese Person musste obduziert werden, um heraus zu finden, an welcher Krankheit sie verstorben war. Zuerst öffnete die Ärztin mit einer elektrischen Säge die Schädeldecke, um dann mit dem Skalpell den Körper vom Kinn beginnend, über den Bauch zu den Geschlechtsteilen zu öffnen. Nach der Schädelöffnung wurde das Gehirn entnommen und sie konnte am Geruch des Gehirnwassers feststellen, dass der Mann Alkohol getrunken hatte. Ich bestätigte das nach meinem Geruchstest. Für mich bedeutete diese erste Obduktion einen fast normalen Arbeitsvorgang. Vielleicht auch deshalb, weil die Ärztin so hübsch war und mich voll in den Arbeitsprozess mit einbezog. Es wurden einige innere Organe zum weiteren Test entnommen und die anderen Organe wieder in den Körper zurückgelegt. Der Operationsgehilfe nähte die geöffneten Stellen zu und der Leichnam wurde wieder in die Kühlkammer transportiert. „Der tote Mensch ist ein Rückstand der Persönlichkeit", lehrte uns die Kriposchule und so stand es auch im Gesetz.

Nach einer Tasse Kaffee und einigen Keksen verabschiedete ich mich von der hübschen Ärztin. In diesem Krankenhaus gab es nicht nur hübsche Ärztinnen, sondern auch viele junge, hübsche und verständnisvolle Krankenschwestern. Wegen dieser Frauen wäre ich fast ein Berliner geworden. Mein Leben entwickelte sich aber anders.

Eine weitere Mordermittlung konnte ich bei der Mordkommission hautnah miterleben. In der Spree, die durch Berlin fließt und an einigen Stellen die Grenze bildet, wurde genau an der Zonengrenze eine männliche Wasserleiche gefunden. Sie war etwas aufgedunsen, aber die Haut saß noch fest an den Körperteilen und konnte somit nicht lange im Wasser gelegen haben. In der Jackentasche fanden wir einen DDR-Ausweis. Dieser Tote war nicht in der Bundesrepublik gemeldet. Außerdem trug er am Jackenaufschlag ein Parteiabzeichen. Der Hinterkopf der Leiche sah aus, als ob er mit einem harten Gegenstand zerschmettert worden war. Soweit man erkennen konnte, lag ein Gewaltverbrechen vor. Die Polizeibehörden der DDR wurden verständigt, die dann die Leiche mit einem Polizeiboot abholten.

Nachdem die praktische Einweisung in dem Kriminaldienst beendet war, erhielten wir die Gelegenheit, uns über das Erlebte zu äußern. Wir waren einstimmig der Meinung, dass uns die Mitarbeit an den örtlichen Dienststellen den richtigen Einblick in die Kripoarbeit gegeben hatte. Die Prüfung des Kriminalpolizeifachlehrgangs I bestanden alle Teilnehmer.

Mein neuer Dienstgrad bei der Berliner Polizei lautete nun:
Kriminal-Meister zur Anstellung!

Meine Tätigkeit als Kriminalbeamter

Anschließend versetzte man mich zur Dienststelle nach Tiergarten. Sie befand sich in Sichtweite zur Zonengrenze. Auf der dritten Etage im Gebäude war unsere Kripoabteilung angesiedelt. Weiterhin befanden sich im Haus die Sicherheitspolizei, die Politessen und in den Kellerräumen ein Leichenschauhaus.

Nach dem Empfang meiner Dienstwaffe, Handschellen, Dienstmarke und Dienstausweis in der Zentrale meldete ich mich bei meinem neuen Dienststellenleiter. Eine kurze Besprechung fand statt und mir wurde ein Schreibtisch zugewiesen. Auf meinem neuen Schreibtisch lagen bereits zwanzig Ermittlungsakten, wovon fünf rote Akten, die von der Staatsanwaltschaft kamen, sofort bearbeitet werden mussten. Die Polizei, also die Kriminalbeamten, waren Hilfsbeamte der Staatsanwaltschaft und mussten nach deren Pfeife tanzen. Ich hatte einen Einblick in die Arbeit eines Kriminalbeamten bekommen und somit nun Verständnis für die Kriminalbeamten, die bei der Nagoldaffäre ermitteln mussten. Jeder tat nur seine Pflicht.

Die Laufbahn eines Kriminalbeamten muss man sich wie folgt vorstellen. Man steht auf einer angelehnten Leiter, die von mehreren bestiegen wird. Derjenige, der auf der oberen Sprosse steht, tritt nach unten und der Getroffene gibt den Tritt weiter und so setzt sich das bis zum letzten Mann fort. Nun war ich der letzte Mann in diesem System und musste versuchen, die nächste über mir liegende Sprosse zu erreichen.

Fast alle Kollegen auf dieser Dienststelle kleideten sich korrekt und trugen einen dunklen Anzug mit Krawatte. Gegen diese Berufskleidung hatten wir uns im Kriminallehrgang schon mokiert und gingen, mit einigen Ausnahmen, deshalb leicht und locker gekleidet zur Schule. Auch bei Dienstantritt in der neuen Dienststelle war ich so gekleidet, da wir laut Absprache diesen Trend fortsetzen wollten. Wir vertraten die Ansicht, dass die Kleidervorschrift zu leicht zuzuordnen war und der Kripobeamte sich mit seinem Äußeren besser der breiten Masse anpassen sollte, damit er weniger auffiel. Je nach Vorgesetztem und Dienststelle durften die Beamten das umsetzen.

Was ich bis heute nicht vergessen kann, ist ein Diensteinsatz zu einem Jahreswechsel. Er begann um 18.00 Uhr und sollte nach zwölf Stunden beendet sein. In der Silvesternacht war ich der Sondereinheit Große Wache zugeteilt worden. Diese Wache bestand aus Kriminalbeamten, die zwei Jahre nur Nachtschicht arbeiten mussten und für ganz Westberlin zuständig waren. Jeder Kriminalbeamte hatte sie einmal in seiner Dienstzeit zu durchlaufen. Ich war einem Kollegen zugeteilt worden, der sich wie Sherlock Holmes kleidete. Für mich stellte er so eine Lachnummer dar, aber ich sollte mich täuschen. Wir saßen mit etwa dreißig Kollegen in der Kantine und tranken Kaffee, Cola, Limo oder sogar Berliner Kindl Bier. Andere Kollegen spielten Karten oder schauten Fernsehen. Es war gegen 21.00 Uhr, wir freuten uns auf eine ruhige Dienstnacht, als plötzlich eine Ansage aus dem Lautsprecher ertönte und wir alle zu verschiedenen Tatorten in Westberlin abberufen wurden. Ich hatte mit meinem Kollegen einen Einsatz in Neukölln und wir fuhren mit einem VW-Käfer zum

dortigen Polizeirevier um einen Vergewaltiger zu verneh-
men. Der türkische Mann wurde der Vergewaltigung eines
minderjährigen türkischen Mädchens beschuldigt. Die Eltern
des Kindes hatten die Anzeige gestellt, die Polizei des zuständigen Reviers den Täter festgenommen. „Sherlock Holmes"
bestellte einen Dolmetscher zum Revier und nach dessen Eintreffen begann die Vernehmung. Der Täter stand in einer
Ecke, „Sherlock Holmes" saß an einer Schreibmaschine und
stellte die Fragen, die der Dolmetscher dann ins Türkische
übersetzte. Der Straftäter gestand und die Vernehmung war
nach kurzer Zeit beendet. Der Kollege fertigte den Bericht auf
der Schreibmaschine an und diese Tätigkeit beherrschte er
meines Erachtens besser als eine Chefsekretärin. Während
der praktischen Ausbildung mussten wir auch einen Schreib-
maschinenlehrgang besuchen und meine Prüfung fand erst in
drei Wochen statt.

Der türkische Dolmetscher wollte den Straftäter mit dem Gesicht zur Wand stellen und bei Nichtbeantwortung einer
Frage mit dem Kopf an die Wand schlagen. „So werden die
Vernehmungen bei uns durchgeführt", war seine Erklärung.
Weiterhin gab er an, dass dem Mann nach Absitzen seiner Tat
in Deutschland die Ausweisung in die Türkei drohte und er
dann von der Familie der geschändeten Tochter weiterver-
folgt würde. Dies wäre für den Täter das Ende der Fahnenstange, also die richtige Strafe.

Ich bewunderte die schnelle und präzise Arbeitsweise von
„Sherlock Holmes". Er ließ sich nicht durch den türkischen
Dolmetscher beeinflussen und ermittelte nach deutschem
Recht!

Ohne eine Pause fuhren wir danach mit dem alten Volkswagen Käfer zu einem Hotel. Ein Gast hatte sich in seinem Zimmer aufgehängt. Nach unseren Ermittlungen lag ein Fremdverschulden nicht vor. Auf dem Nachttisch fanden wir einen Abschiedsbrief und eine Brieftasche mit fünftausend DM, sowie seine Ausweispapiere. Das Zimmermädchen, das diesen toten Gast gefunden hatte, machte ihre Aussage, die schriftlich festgehalten wurde. Ein Arzt wurde zugezogen, der den Tod des fünfundvierzigjährigen Mannes feststellte und den Totenschein ausfüllte. Wir befreiten den Toten aus seiner hängenden Lage. Er hatte sich mit seinem dünnen Ledergürtel an einem Deckenbalken aufgehängt. „Sherlock Holmes" kletterte auf den Stuhl, den der Selbstmörder benutzt hatte. Ich stand unterhalb und hielt die Leiche fest. Als er den Ledergürtel durchtrennte, fiel ich mit der Leiche um und sie lag auf meinem Körper. Ich hatte die Schwerkraft nicht beachtet. Bei einem Toten sackt das Blut in die Beine und er ist nicht mehr stabil. So körpernah war ich mit einer Leiche noch nicht zusammengekommen. Ich nahm mir vor, bei Selbstmorden dieser Art, würde ich die richtige Arbeitsweise später an meinen noch unerfahrenen Kollegen vorher weitergeben. Wir legten die Leiche aufs Bett. „Sherlock Holmes" kümmerte sich um den Abtransport. Ich durchsuchte den Hotelraum weiter und fand im Nachttisch mehrere Pornohefte, die ich dann sitzend neben der Leiche durchblätterte. Den Jahreswechsel verbrachte ich also in einem Hotelzimmer mit einer Leiche und deren Pornohefte.

Unsere nächste Ermittlung beschäftigte sich mit einem siebenjährigen Jungen, der verschwunden war. Wir befragten die Eltern, aber sie konnten keine zweckdienlichen Angaben zu einem möglichen Aufenthaltsort des Jungen machen. Das intensive Suchen mit den Eltern und den Polizeikräften war aber erfolgreich. Ich entdeckte den kleinen Kerl in einer Truhe in einem Kellerraum. Er hatte Angst vor dem Freund seiner Mutter, der nicht sein leiblicher Vater war, und versteckte sich dort. Bei der Vernehmung gab die Mutter an, dass sie ihren Freund erst seit einem Monat kannte und er bei ihr wohnte. Bei der Vernehmung des Freundes, stellte sich heraus, dass er bereits bei Sexualdelikten mit Jugendlichen bekannt war und aus dem Gefängnis auf Bewährung entlassen war. Er hatte den Jungen unsittlich berührt, wurde festgenommen und dem Haftrichter vorgeführt. Weiterhin informierten wir das zuständige Jugendamt. Als der Papierkram erledigt war, war es war schon 6.00 Uhr morgens.

Auf der Rückfahrt von Berlin Zehlendorf zur Zentrale erhielten wir über Funk einen weiteren Einsatz. Ein Vater hatte angeblich sein Kind aus dem Fenster der vierten Etage geworfen. Entsetzt beeilten wir uns, den Tatort in Neukölln zu erreichen. Der Vater war von der uniformierten Polizei schon festgenommen worden und aufgrund seiner schweren Trunkenheit nicht vernehmungsfähig. Das Kind lag schwer blutend auf dem Bürgersteig. Wir sperrten sofort den Tatort ab und benachrichtigten die Mordkommission. Sanitätskräfte stellten den Tod des dreijährigen Mädchens fest und deckten ihre Leiche mit einem Tuch ab. Die eintreffende Spurensicherungsabteilung fotografierte den Tatort und erledigte ihre Arbeit. Bis zum Eintreffen der Mordkommission befragten wir Zeugen. Bei der Familie, die auf der vierten Etage wohnte, hatte man eine Silvesterparty gefeiert. Anwesend waren fünfzehn Personen. Wie es bei solchen Feiern üblich war, wurde sehr viel Bier, Weinbrand und Wodka getrunken. Einige Partyteilnehmer tanzten und es kam zwischen anderen auch zu sexuellen Handlungen. Der Ehemann erwischte die Mutter des toten Kindes beim Geschlechtsverkehr mit einem anderen Mann und es kam zu tätlichen Auseinandersetzungen. Die Mutter hätte ihren Ehemann angeschrien, dass ihr Kind nicht von ihm war und er nicht in der Lage war, ein Kind zu zeugen. Der Ehemann trat daraufhin seine Frau mit den Füßen ins Gesicht und verließ den Raum. Der Vorfall geschah laut Zeugen etwa um 3.00 Uhr in den Morgenstunden. Zwischen 5.00 und 6.00 Uhr betrat der Vater mit dem schreienden Kind auf seinem Arm das Wohnzimmer, wo die Party oder besser das Saufgelage, weiterging, öffnete das Fenster und warf das Kind hinaus. Gegen 9.00 Uhr verließen wir den Tatort, und erledigten noch den Schriftverkehr in der Zentrale. Um 11.00 Uhr war ich in meinem Apartment und überdachte nochmals das Erlebte. Es ist immer ergreifend, wenn Kinder betroffen sind. „Sherlock Holmes" war für mich der erste Kriminalbeamte, der mit der harten und menschenverachteten Arbeit gut zurechtkam und es auch seelisch verkraften konnte. Vielleicht hatte sein Auftritt in dieser Kleidung eine Art Schutzfunktion für ihn, um zu den Problemen, die einen Kriminalbeamten bei seiner Arbeit seelisch belasteten, so einen Abstand zu finden.

Ich fand in Westberlin eine außergewöhnliche Sportart, um mich in meiner Freizeit zu entspannen; ich wurde Mitglied im Berliner Schlittschuh Club. Über einen Kollegen, der schon längere Zeit dort trainierte, kam ich darauf. Die Bob Abteilung des Clubs suchte Bremser für den Zweierbob. Nach einem Ausscheidungstest erhielt ich diese Aufgabe. Der Steuermann lenkte den Bob und der zweite Mann sollte als Bremser den Bob so anschieben, dass der Bob die richtige Anfangsgeschwindigkeit bekam, um ein erfolgreiches Rennen zu fahren. Die Anfangsgeschwindigkeit ist der halbe Sieg und dafür ist der Bremser verantwortlich. Gebremst wird nur, wenn die Ziellinie überfahren wird. In der Sommerzeit trainierten wir auf dem Parkplatz des Olympiastadions das Anschieben. Die Kufen des Bobschlittens versahen wir mit Rollen, wodurch der Bob dann beweglich war und geschoben werden konnte.

Im Januar starteten wir von Westberlin durch die DDR nach Berchtesgaden mit unseren Autos und aufgeladenen Bobschlitten auf einem Anhänger. Für mich war es die erste Fahrt durch die damalige Deutsche Demokratische Republik. Jetzt brauchte ich das Flugzeug nicht mehr zu benutzen, da meine Dienstzeit als Soldat abgelaufen war. Bei der Grenzkontrolle waren meine mitfahrenden Freunde erstaunt, dass mein Reisepass so schnell überprüft war und mich der Volkspolizist als Kollege anredete und mir einen schönen Urlaub wünschte. Der Pass sei gekennzeichnet, teilte mir die Ausländerpolizei später mit. An meinem Passbild im Ausweis waren drei nadelstichgroße Löcher, die man nur erkannte, wenn man das Bild leicht anhob. Diese drei Löcher bedeuteten:

„Kriminalbeamter in West-Berlin."

Schon wieder erhielt ich also die Möglichkeit meine alte Gebirgsheimat zu besuchen. Beim Ausscheidungswettbewerb auf der Olympia Bahn in Berchtesgaden belegten wir mit unserem Bob den ersten Platz. Mit dem Steuermann Manfred, der schon einige Siege errungen hatte, erlebte ich anschließend eine feucht fröhliche Nacht.

In der Zwischenzeit kam jedoch mein Ehe- und Familienleben oft zu kurz. Durch die vielen beruflichen und örtlichen Veränderungen hatten meine Frau und ich uns auseinandergelebt, sodass wir beschlossen, diesen Zustand mit einer Trennung zu beenden. Unsere Ehe wurde vor dem Amtsgericht München geschieden.

Als neuer Single veränderte sich mein Leben wieder. Ich konnte mich freier bewegen. Zum Beispiel besuchte ich mit einem Kollegen an einem Wochenende Ostberlin. Wir fuhren mit der U-Bahn bis Friedrich Straße und überquerten dort den Grenzübergang. Für Westberliner und Bürger aus der Bundesrepublik gab es zwei getrennte Eingänge. Als Westdeutscher musste ich zum Eintritt in die DDR zwanzig DM bezahlen und die Besucherzeit endete um 24.00 Uhr. Der erste Eindruck von Ostberlin war für mich sehr ernüchternd. Alles wirkte grau und ein seltsamer Geruch lag in der Luft. Dieser, für mich ein Brandgeruch, erinnerte mich an die Tage nach dem verlorenen Krieg in der Stadt Köln oder meiner Heimatstadt Aachen. Hier in der DDR schien die Zeit stehen geblieben zu sein. Geld und Material fehlte, kaum Spuren eines Wiederaufbaus waren zu sehen. Wir besuchten den Fernsehturm, konnten aber wegen Arbeiten an der Aufzugsanlage, den Turm nicht betreten. Dafür sahen wir die Wachablösung an der „Neuen Wache" des Wachregimentes der DDR. Als ehemaliger Soldat war ich von dieser Vorführung sehr beeindruckt. Auf Empfehlung fuhren wir mit einem Ausflugsboot der weißen Flotte zur Ferieninsel, die an den Wochenenden ein beliebtes Ausflugziel vieler Ostberliner war. In einer Tanzhalle herrschte eine ausgelassene Stimmung und auch viele DDR Soldaten in Uniform waren zu sehen. Sie nahmen uns sofort in den Kreis der Feiernden auf und gaben mehrere Runden Bier aus. Die Mehrzahl der Soldaten hatte den Dienst in der Nationalen Volksarmee fast beendet und freute sich auf die Rückkehr in ihre Heimatdörfer oder -städte. Verärgert waren sie über einige Vorgesetzte, insbesondere über die politischen Offiziere. Ich fühlte mich zurückversetzt in meine frühere Soldatenzeit, nur hatten wir zum Glück keine politischen Offiziere.

Junge, hübsche Mädchen forderten uns zum Tanz auf. Sie hatten an unserer Kleidung erkannt, dass wir aus Westberlin kamen. Es war eine fröhliche Begegnung mit jungen Menschen ohne politischen Hintergrund. Auf dem Rückweg nach Westberlin sprach mich vor dem Grenzübergang ein betrunkener Volkspolizist an. Er bettelte um meine Hilfe; ich sollte ihn nach Westberlin mitnehmen. Die DDR „kotzte ihn an", aber ein Verlassen der DDR war für ihn nicht möglich und er bat darum, ein kleines Geschenk für seine Schwester, die am folgenden Tag Geburtstag hätte, nach Westberlin mitzunehmen. Dies war aber damals ein alter Anwerbetrick, um für die sogenannte DDR als Spitzel zu arbeiten. Hätte man das verbotene Geschenk für die Schwester angenommen, wäre eine Festnahme am Grenzübergang mit der Androhung eines Gerichtsverfahrens in der DDR oder Straffreiheit, wenn man für den Staatssicherheitsdienst arbeitete, die Folge. Hatte man sich für die Mitarbeit entschieden, konnte man nach Westberlin oder in die Bundesrepublik weiterreisen. Stasi Mitarbeiter setzten sich danach mit einem in Verbindung. Westberlin war verseucht von diesen verfluchten Spitzeln. Ich lehnte das Ersuchen um Hilfe ab und der Volkspolizist war auf einmal nicht mehr betrunken und verschwand in der Dunkelheit.

Das „Spiel" der Spionage oder die Ermittlung von Geheimnissen war auf beiden Seiten stark ausgeprägt. Die östliche Seite besaß aufgrund ihrer radikalen Regierungsform bessere Möglichkeiten und die westliche Seite, mit der belehrenden

Demokratie, musste bei solchen Maßnahmen andere Methoden anwenden. Im Grunde aber waren die östlichen und westlichen Geheimdienste in ihren Handlungen gleich. Nur der Erfolg war entscheidend.

Diesen Vorfall teilte ich am nächsten Tag der politischen Polizeiabteilung mit, die mein Verhalten als richtig und positiv einschätzte.

Nach diesem Besuch in der damaligen DDR bekam ich auf recht ungewöhnliche Art ein Angebot vom westlichen Geheimdienst. Meine große Leidenschaft war und sind süße Sachen. Nicht nur süße Mädchen, sondern auch Kuchen und Teilchen. Um das zu genießen, gab es in Westberlin ein Café, das einen hervorragenden Frankfurter Kranz anbot. Dort genoss ich ein bis zwei Mal wöchentlich, wenn der Dienst es erlaubte, dieses Gebäck. Ein „normaler" Gast, eine ältere Dame, sprach mich eines Tages an und fragte, ob ich für einen westlichen Geheimdienst arbeiten wollte. „So ein Angebot von einer Oma, hier lief etwas verkehrt", dachte ich völlig verblüfft. Dies war doch eine Arbeit für harte Männer, so wie man es in den Filmen zeigte. Die Dame konnte sich allerdings ausweisen und zeigte mir auch ihren Führerschein. Irgendwie überzeugte mich diese Frau jedoch in dem folgenden Gespräch so sehr, dass ich mich zu einem zweiten Treffen bereit erklärte. Meine Neugierde war geweckt. Sie sprach über Tätigkeiten, die voll meinen Vorstellungen entsprachen, einen abwechslungsreichen Dienstablauf und auch Abenteuer. Ich würde meinen momentanen beruflichen Status nicht verlieren, sondern nur in eine andere staatliche Organisation wechseln, die alle meine arbeitsrechtlichen Vereinbarungen beinhaltete. Meine Scheidung war ihr bekannt und die Organisation würde die schulische und berufliche Zukunft meiner zwei

Kinder überwachen. Für mich als Kriminalbeamter stellte eine Überprüfung der älteren Dame kein großes Problem dar. Als sie nach unserem Gespräch das Restaurant verließ, folgte ich ihr unbemerkt zu einem Parkplatz. Sie fuhr in einem sportlichen Mercedes davon. Über das Autokennzeichen ermittelte ich die Halterin des Kraftfahrzeuges, die mit dem Ausweis übereinstimmte und über weitere amtliche Einrichtungen machte ich mich über die Organisation schlau, von der sie ausgesandt worden war. Ich war fest davon überzeugt, dass sie eine schnelle Ermittlung ihrer Person von mir einkalkuliert hatte. Bestimmt wurde ich auch von einer Person über meine Reaktion nach unserem Gespräch sorgfältig observiert. Nun war mein Interesse noch mehr geweckt und ich war furchtbar neugierig darauf, was ich zu erwarten hätte. Das zweite Treffen fand ebenfalls in einem Restaurant statt. Mich erwarteten diese hochinteressante Dame und ein Herr, der so normal ausschaute, dass er kaum zu beschreiben ist. Sein Alter schätzte ich auf ungefähr vierzig bis fünfzig Jahre. In seinem Dienstausweis, den er mir auf meine Aufforderung vorzeigte, stand das Geburtsjahr 1917. Er musste also schon über fünfzig Jahre alt sein zu diesem Zeitpunkt. Nach einem guten Essen mit einer anschließenden Tasse Kaffee eröffneten sie das geschäftliche Gespräch. Wortführer war die männliche Person, die auch sehr überzeugend und gekonnt meine zu erfüllenden Aufgaben darlegte. Ich wäre vorgesehen, Ermittlungsarbeit in der DDR zu tätigen. Da der Stasi meine Tätigkeit in Berlin schon bekannt war, lehnte ich dieses Angebot sofort ab. Dies wäre verständlich und es gäbe noch andere Möglichkeiten, in anderen Ländern einen Einsatz zu finden, versicherte er mir daraufhin. Bei der Bundeswehr hätte ich Lehrgänge belegt, die für meine spätere Arbeit sehr nützlich wären und außerdem sollte ich meine Erfahrung bei der Kripo nicht vergessen. Für eine Aufgabe in einem anderen Land müsste ich allerdings erst die geforderte Fremdsprache erlernen. Dies wäre aber auch kein großes Problem und ich müsste nur in eine Warteschleife eingegliedert werden, bis ich mich in dieser neuen Sprache verständigen könnte. Der geeignete Platz zum Warten wäre für mich die Stadt München, in der sich das Hauptquartier des Nachrichtendienstes befand. Von heute auf morgen müsste ich Berlin verlassen, meine Tätigkeit als Kriminalbeamter in Berlin kündigen und ein bereits vorbereitetes kleines Appartement in München beziehen. Den Landweg durch die DDR dürfte ich nicht benutzen, sondern ich müsste mit meinem Handgepäck ein Flugzeug besteigen. Alle Kosten und der Flug würden bezahlt. Zum Schluss musste ich ein vorgefertigtes Papier unterschreiben, dass die geführten Gespräche nicht stattgefunden hätten.

Das für mich „leichte Leben" in Berlin gefiel mir gut, ich hatte mittlerweile Bekanntschaften geschlossen und der Abschied fiel mir alles andere als leicht. Aber mein Entschluss stand fest, mein Leben bei der Polizei war nicht das Ideale für mich und ich wollte neue Wege gehen. Heute kann ich sagen:

„Ich hab noch einen Koffer in Berlin!"

Die Jahre 1974 bis 1984
Vorbereitungen für den Nachrichtendienst

Für Kollegen, Bekannte und Freunde in Berlin war ich einfach plötzlich verschwunden. München betrachtete ich als ein Trainingsfeld für mich, um später in einem fremden Land zu überleben. Ein sogenannter Betreuer überwachte mich und leitete mich an. Meine erste Anstellung erhielt ich bei einer Schlüsseldienstfirma. Hier durchlief ich eine intensive Ausbildung zum Öffnen von Türen und Behältnissen. In den Abendstunden besuchte ich eine spezielle Schule, um meine Englischkenntnisse zu verbessern. Nach vier Wochen Schlüsseldienst wechselte ich zu einer Tätigkeit in einer Druckerei. Staunend erlernte ich, gefälschte Papiere herzustellen. Was man alles mit den gefälschten Dokumenten erreichen konnte, verblüffte mich. Ein von mir angefertigter Presseausweis, öffnete mir zur damaligen Zeit Tür und Tor! Als freischaffender Reporter hatte ich ohne Nachfragen Zugang zu allen möglichen, auch politischen Veranstaltungen und musste nicht mal Eintritt bezahlen. Ebenso konnte ich mit den erlernten Fertigkeiten Bewerbungspapiere erstellen, um eine unauffällige Arbeit in der Gesellschaft zu finden. Nicht aufzufallen lautete die Devise.

Mein Betreuer, dessen Aufenthaltsort mir unbekannt war, meldete sich einmal im Monat per Telefon und wir vereinbarten dann einen Treffpunkt. Dort erhielt ich weitere Anweisungen oder Belehrungen, meinen Lebenswandel weiterhin so einzurichten, dass ich nicht auffiele oder mit dem Gesetz in Konflikt käme. Somit begann ich ein Schattendasein zu führen.

München war eine lebensfreudige Stadt mit vielen jungen Menschen, die das Leben genossen. Mein Apartment lag nicht weit vom Stadtteil Schwabing entfernt, wo die Lebenslust nur so brodelte. Ich stand aber unter Beobachtung und musste mich darauf einrichten. Einen gewissen Geldbetrag hatte ich zur Verfügung, der meinen alltäglichen Lebensunterhalt gerade so abdeckte. Für irgendwelche Sonderausgaben reichte dieser Betrag nicht aus. „Mein Leben veränderte sich grundlegend, hatte ich alle Werte und Grundsätze verloren?", fragte ich mich. Verbindungen zur Familie, meinen Kindern und Freunden gab es nicht mehr. Ich wollte sie auf keinen Fall durch meine Tätigkeiten gefährden. Es kam mir vor, unscheinbar und einsam im Nebel zu existieren. Nichts gab mir mehr Halt. Bundeswehr, Kriminalpolizei, Scheidung. Wieder eine neue Herausforderung und dann noch eine. Ich hatte das Gefühl, ich wäre ein Ballon und trieb so dahin oder war auf der Flucht vor mir selbst. Vielleicht wollte ich aber nur erfahren, ob der eingeschrittene Weg für mich der richtige war. Zum Glück verfiel ich nicht dem Alkohol und brauchte auch keine Rauschmittel, um diesen fraglichen Zustand auszuhalten.

Um ein Nebeneinkommen zu erzielen und damit meinen Etat aufzubessern, durchsuchte ich die Tageszeitung und fand ein für mich passendes Stellenangebot eines Kreditinstituts in guter zentraler Geschäftslage. Von einer Beschäftigung in der Bank versprach ich mir, mehr Geld zu erwirtschaften. Mit meinen selbst erstellten Bewerbungspapieren erhielt ich dort sofort diese Anstellung. In diesem Bankbereich gab es viele säumige Kunden, die verschwanden oder auch untertauchten und ihren aufgenommenen Kredit nicht zurückzahlen wollten oder konnten. Wie man verschwundene Personen ermittelte, hatte ich bei der Kripo gelernt. Die meisten tauchten zwar aus ihrem Lebenskreis ab, blieben aber im Wohnraum. Das konnte ich von einer öffentlichen Telefonzelle aus leicht in Erfahrung bringen, da Anrufe aus öffentlichen Telefonzellen vom Amt nicht zurückverfolgt werden konnten. Zahlte ein Bankkunde seine monatlichen Raten nicht weiter und setzte sich ab, verschwand also aus München, stellte die Bank eine Anzeige bei der Polizei. Diese hatte dann den Auftrag, in dieser Sache zu ermitteln. Die Ergebnisse teilte sie der Staatsanwaltschaft mit. Da ich die Geheimnummern der Staatsanwaltschaften kannte, konnte ich mich in deren System einschalten und die Ermittlungsergebnisse erfragen. Wichtig für meine Ermittlungen waren z. B. der neue Wohnort oder die Arbeitsstelle. Die neuen Arbeitsplätze der säumigen Kreditnehmer lagen meistens im Bundesland Bayern oder im angrenzenden Baden - Württemberg. Konnte ich den Arbeitsplatz des Schuldners herausfinden, fuhr ich im Auftrag der Bank dort hin. Als Vertreter der Bank handelte ich mit dem Schuldner einen Abzahlungsplan aus, ohne den neuen Arbeitgeber davon in Kenntnis zu setzen. Es wurde so ein Vertrauensverhältnis aufgebaut, dass in den meisten Fällen Erfolg zeigte. Die Bank stellte mir für diese Arbeit ein Auto zu Verfügung und kam für alle Kosten, wie Tanken, Unterkunft und Verpflegung auf. Sie war nicht interessiert an dem Weg zur erfolgreichen Erkundung des Schuldners. Was für die Bank zählte, war allein ein Erfolg. Ich hatte jedenfalls einen lukrativen Nebenverdienst und mit dem Geld konnte ich mir einen besseren Lebenswandel unauffällig finanzieren.

Den Wohnsitz meines Betreuers fand ich nach einiger Zeit heraus. Er war verheiratet und das Wochenende verbrachte er mit seiner Familie. Somit stand ich in dieser Zeit nicht unter seiner Beobachtung und konnte mich freier bewegen. In den mittlerweile vier Monaten in München hatte mich gut eingelebt, mit dem Leben eines Einzelgängers kam ich nun zurecht und ich konnte mit mehr Einkünften einiges an den Wochenenden unternehmen. Zur Freizeitgestaltung wurde ich Mitglied im Alpenverein, natürlich nicht mit meinem richtigen Namen und beteiligte mich an Klettertouren im Raum Garmisch-Partenkirchen und Mittenwald. Meine erste Bergbesteigung war die Zugspitze und es folgten weitere in den umliegenden Bergen. In Berchtesgaden und Bad Reichenhall verbrachte ich zwei wunderbare Wochenenden und konnte alten und noch nicht so alten Erinnerungen nachgehen und einige aufleben lassen.

Mein nächster Auftrag lautete, mich als Küchenhilfskraft in einem guten Hotel in München zu bewerben. In der Tageszeitung waren solche Stellen ausgeschrieben. Laut meiner wieder selbst erstellten Bewerbungsunterlagen hatte ich diese Tätigkeit bei der Bundeswehr erlernt und erhielt auch im Hotel sofort eine Anstellung. Es war für mich eine einfache Tätigkeit, die mir recht gut gefiel, da ich mich kostenfrei ernähren konnte. Das Hotelpersonal war international und einige Angestellte kamen aus skandinavischen Ländern, um hier ihre fachlichen und sprachlichen Kenntnisse zu verbessern. Im internationalen Hotelbereich ist Englisch die Umgangssprache. Mit einer schwedischen Hotelangestellten konnte ich somit auch noch meine Englischkenntnisse verbessern. Leider lief ihre Zeit in München bald ab und meine Schwedin musste wieder zurück nach Schweden.

Bei meinen nächsten Treffen mit meinem Betreuer wurde

auch mir mitgeteilt, dass ich in München meine Zelte abbrechen und nach London reisen sollte.

Erste Ermittlungen für den Nachrichtendienst in London und Rhodesien

London

In den nächsten vierzehn Tagen musste ich meinen ersten Einsatzort London erreichen. Dort sollte ich mir eine Unterkunft und Beschäftigung suchen und jeden Dienstag ab 20.00 Uhr am Haupteingang vom Victoria Bahnhof zirka dreißig Minuten warten. Mein Betreuer aus München würde mich dort treffen. Nach dieser Mitteilung wurde mir erst bewusst, dass ich meine vertraute Welt verlassen musste, um in eine mir völlig unbekannte Welt einzutauchen und dort zu bestehen. Als Soldat wusste ich, wie ich mich unter erschwerten Bedingungen behaupten konnte und als Polizist erfuhr ich, den Unterschied zwischen dem Guten und dem Bösen in der menschlichen Gesellschaft zu erkennen. Nun hieß es nur noch meine Englischkenntnisse weiter zu verbessern und das konnte mir London bieten.

Nachdem ich meine weiteren Vorstellungen für mich klar hatte, bestieg ich mit leichtem Gepäck den Zug nach Kiel, um von dort mit der Fähre von Trelleborg nach Schweden zu reisen. Mit der schwedischen Hotelangestellten hatte ich mich bereits telefonisch abgesprochen und sie holte mich in Malmö an der Fähre ab. Bei ihr konnte ich einige Tage verbringen. Da sie schon in einem Hotel in London gearbeitet hatte, lieferte sie mir brauchbare Informationen. Wir verlebten sehr schöne Tage und wollten uns danach unbedingt wiedersehen.

Auf der Fähre von Schweden über Dänemark nach England

lernte ich einen jungen Mann kennen, der von seinem Kurzurlaub in Kopenhagen auf dem Heimweg war. Er arbeitete
als Kellner in einem vier Sterne Hotel in London direkt am
Hydepark und meinte, er könnte eine Beschäftigung als Kü-
chenhilfe für mich organisieren. Mit mehreren Leuten
wohnte er in London in einem gemieteten Haus. Alle Mitbewohner waren Angestellte im gleichen Hotel und zwei Köche
stammten aus Deutschland. Dort könnte ich auch einziehen
und die Fahrt zur Arbeit mit der U-Bahn von der neuen Unterkunft aus würde nur dreißig Minuten dauern.

Ich hatte also eine Arbeit und eine Unterkunft in London.
Zum zweiten Mal befand ich mich, wenn auch unter ganz anderen Voraussetzungen, in London. Meine Englischkenntnisse hatten vielleicht als Tourist ausgereicht, aber um hier zu
leben und auch einer Arbeit nachzugehen und dabei ein Dop-
pelleben zu führen, musste ich erst einmal lernen, wie man
als Engländer dachte. Ich war mal wieder ein Anfänger und
musste von vorne beginnen.

„Wenn du das fremde Land kennen lernen möchtest, musst
du mit deren Frauen schlafen," erinnerte ich mich an den
Spruch, den ich irgendwann gehört hatte. Frauen gab es in
England und auch in London genug. Nur, dass die hübschen
Mädchen meist verheiratet oder in festen Händen waren und
die große Masse entsprach nicht meinem Geschmack. Mit
diesem Problem stand ich nicht alleine da. Zum Glück war
meine Zeit in England nicht von Dauer und mein Aufenthalt
nur kurz. Da ich alles gut organisierte, konnte ich den vereinbarten Termin mit den Betreuern am Victoriabahnhof einhalten. Mein Betreuer aus München erteilte mir den ersten Auftrag, den ich schriftlich in englischer und deutscher Sprache
abfassen konnte. Gefragt wurde, welche männlichen und

weiblichen Personen mit politischem Hintergrund und mit welcher Nationalität im Hotel übernachteten und wie lange sie sich dort aufhielten. Unser nächstes Treffen wurde für zwei Wochen später zur gleichen Zeit und dem gleichen Ort anberaumt.

Von meinen Mitbewohnern erhielt ich einige Informationen, die für mich sehr wertvoll waren. Jeder führte eine andere Tätigkeit aus und ich brauchte nur die Informationen zu sortieren. Da ich in der Nacht arbeitete, konnte ich oft meinen Arbeitsplatz verlassen und erkunden, welche wichtigen Personen im Hotel eingebucht waren.

Noch zweimal musste ich im Hotel ermitteln und meine Berichte schriftlich abfassen, dann erfolgte für mich die nächste, allerdings große Veränderung.

Rhodesien

Ich erhielt einen Flugschein mit dem Ziel Salisbury in Rhodesien mit dem Auftrag, in der Rhodesischen Armee alles intern auszukundschaften. Ich fand es großartig, nach Afrika zu kommen und konnte nachts vor lauter Aufregung kaum noch schlafen. Es blieben mir vier Tage, um mich von London zu verabschieden und ich besorgte mir in einer Bibliothek mit deutscher Fachabteilung Beschreibungen über das Land Rhodesien. An einem Freitagmorgen, meinem letzten Arbeitstag, war ich in der Küche und bereitete gerade das Frühstück für die Gäste, als eine gewaltige Explosion das Hotel erschütterte. In der Eingangshalle wurden zwei mir bekannte Hotelangestellte dadurch getötet. Zu dieser Zeit war die IRA in England noch sehr aktiv und es gab besonders in London einige grausame Sprengstoffanschläge. Dieser Anschlag, den ich leider miterleben musste, bedeutete für mich kein schöner Abschied.

Der Flug nach Rhodesien war ein Nachtflug. In den Morgenstunden landeten wir in der Hauptstadt Salisbury. Als ich die Maschine verließ, wurde ich von einer wohltuenden Wärme empfangen und hörte das herzliche Lachen der Schwarzen Menschen, die das Flugzeug entluden. Ich war ich in Afrika!

Das Licht, die Wolken und die Sonne waren so anders als in Europa und ich überquerte mit leichtem Schritt den Flugplatz und atmete tief die warme Luft ein.

Mein Betreuer in London hatte mich angewiesen, dass ich bei meiner Ankunft dem Beamten der Passkontrolle mitteilen sollte, dass ich mich bei der Rhodesischen Armee bewerben wollte. Dies erledigte ich in der kleinen Flughalle und wurde daraufhin in einen Nebenraum geführt, wo ich ein Formular ausfüllte und später brachte mich ein Land Rover in die Stadt Salisbury in eine Pension. Dort wurde mir ein Einzelzimmer zugewiesen. Der Fahrer sagte mir noch, dass ich um 15.00 Uhr nochmals abgeholt und dann dem Standortoffizier vorgestellt würde.

Von meinem Zimmer aus hatte ich einen guten Ausblick auf die Stadt und hörte begeistert die moderne Schlagermusik aus dem Radio. Erstaunt betrachtete ich das große Bett mit dem Moskitonetz und das Badezimmer mit einer Badewanne. Ein Schwarzer Kellner servierte mir eine kleine Kanne Tee mit Gebäck und gab mir zu verstehen, er sei auf dem Flur immer erreichbar. Gegen Mittag wurde es sehr warm in meinem Zimmer und der Kellner gab mir die ersten Hinweise, wie man sich gegen die große Hitze schützte: Die Fenster schließen, Vorhänge zuziehen und die Klimaanlage einschalten. In Afrika herrschte ein anderer Lebensrhythmus und den musste ich erst kennen lernen.

Rhodesien, sowie auch Südafrika, liegt auf dem gleichen Längengrad wie Europa und somit ist unsere Uhrzeit fast gleich. Nur die Jahreszeiten unterscheiden sich in der Reihenfolge, da ich mich nun auf der südlichen Halbkugel befand. Hier begann der Frühling und in Europa startete der Herbst. Der Sonnenaufgang war etwa um 5.00 Uhr und der Sonnenuntergang nach 19.00 Uhr. Es wurde schneller dunkel als in Europa und die Abendstunden waren eine angenehme Zeit, da die große Hitze nachließ. Der Lebensrhythmus der Weißen und Nichtweißen Bevölkerung war sehr unterschiedlich, wie mir eine deutsche Frau, die ich später kennenlernte, erzählte. Die Menschen in Afrika waren Frühaufsteher, da es in den Morgenstunden noch angenehm kühl war. Man trank dann eine heiße Tasse Tee oder Kaffee, um so den Tag entspannt zu beginnen. Arbeitsbeginn war in vielen Einrichtungen bereits um 7.00 Uhr und die Hauptmahlzeit wurde gegen Abend eingenommen, da es für ein Mittagessen viel zu warm war. Um den Wasserhaushalt des Körpers gut zu regulieren, sollte man viel trinken, da die Tagestemperatur oft weit über dreißig Grad lag. Der größte Schrank in einem Haushalt war hier der Kühlschrank. Er war aufgefüllt mit Coca Cola, Mineralwasser und mit viel Bier. Bei Leitungswasser sollte man vorsichtig sein und es nur dann trinken, wenn keine Warnung im Radio oder in den Tageszeitungen vorlag. Das knappe Trinkwasser stellte oft in der Aufbereitung ein großes Problem dar.

Genau um 15.00 Uhr holte mich ein Soldat ab, der mich zum Standortoffizier brachte. Dieser junge, etwa dreißig Jahre alte Mann, las mir einen Gesetzestext abschnittsweise in englischer Sprache vor, den ich nur teilweise verstand, aber wiederholen musste. Hiermit war ich für die Rhodische Armee vereidigt. Bei dieser Zeremonie standen wir uns gegenüber und zum Abschluss schüttelte er mir die Hand. Diese Vereidigung fand in einem Büro der Stadtverwaltung in der Stadtmitte statt.

Mein kleines Hotel lag am Stadtrand, etwa drei km entfernt. Ich musste mich im Stadtzentrum zurechtfinden und hatte mir vorsorglich schon einen Stadtplan in meinem kleinen Hotel besorgt. Es herrschte reger Autoverkehr und mir fielen die vielen VW Käfer und auch die englischen Automarken auf, die von Weißen Frauen oder Männern gefahren wurden. Außerdem herrschte Linksverkehr so wie in England. Auch die Fußgänger waren nur Weiße Personen. Dies erinnerte mich eher an einen Urlaubsort in Spanien oder Portugal anstatt Afrika. Ich hatte noch zwei Tage Zeit, mir die Stadt anzusehen und sollte mich dann um 8.00 Uhr morgens rechtzeitig in der Kaserne einfinden. In einer Bank wechselte ich meine englischen Pfund in Rhodesische Dollar (heutige Rhodesische Pfund). Auch hier sah ich nur Weiße Kunden und Bankangestellte. Plötzlich begrüßte mich eine junge Frau auf Deutsch. Wie sich herausstellte, kam sie aus Stuttgart und war mit einem Engländer verheiratet. Sie lebte schon seit fünf Jahren in Rhodesien. Auf meine erstaunte Frage, wie sie erkannt hätte, dass ich ein Deutscher war, erklärte sie, dass ich ihr in der Bank bereits positiv aufgefallen war. Bei meiner Unterhaltung mit der Bankangestellten war meine englische Aussprache typisch deutsch gewesen und sie wollte mich darum unbedingt näher kennenlernen. Die Stadt Salisbury wäre sehr schön und ich konnte ihr nur beipflichten. Sie hätte hier sehr viele Freunde und fühlte sich sehr wohl in diesem Land. Leider änderten sich die Zeiten und die Zukunft Rhodesiens war ungewiss und darum würde sie leider im nächsten Jahr nach Südafrika umziehen. Sehr schön wäre Durban in Südafrika. Es wäre eine Hafenstadt und sie lag direkt am Indischen Ozean. Mit ihrem Ehemann hätte sie einmal in Durban einen schönen Urlaub verlebt und er erhielte nun dort eine Anstellung. Sie hätte viel Zeit und könnte mir die Stadt Salisbury zeigen. Diese zufällige Begegnung bezeichnete ich als Glücksfall für mich. Aus erster Hand wurde in die Lebensweise der hier lebenden Menschen eingewiesen. Ihren Ehemann erwartete sie erst in einer Woche zurück und wir konnten die noch zur Verfügung stehende Zeit gemeinsam verbringen. Für ein Dinner lud ich sie in ein Hotel ein und wir nahmen unser Essen in der Ladys Bar ein. In dieser Bar musste man ordentlich gekleidet sein, wenn man in der Gesellschaft einer Dame oder seiner Ehefrau war. Es gab dort noch eine andere Bar oder auch Kneipe, die nur von Männern in Freizeitkleidung betreten wurde und man konnte dort „Saufen und Fluchen", also „die Sau raus lassen." Nach alter englischer Sitte schlossen um 24 Uhr alle Kneipen. Dass ich mich freiwillig zur Rhodesischen Armee gemeldet hatte, (wie es ja von mir verlangt wurde), verstand meine deutsche Bekannte überhaupt nicht. Sie hielt mich für einen Touristen aus Deutschland. Ihren Ehemann hatte sie als Soldat der Britischen Armee in Deutschland kennen gelernt und sie wanderten dann nach seiner Dienstzeit in Deutschland nach Rhodesien aus. Hier arbeitete er für die Rhodesische Armee im logistischen Bereich und war nach Durban abkommandiert.

„Einmal Soldat, immer Soldat."

Sie musste sich mit diesem Zustand abfinden. Ganz so unglücklich war sie aber damit auch nicht, denn wir verlebten zwei schöne Tage und trafen uns noch mehrmals. Meine Fragen über die Rhodesische Armee beantwortete sie mir ausführlich und ich erhielt brauchbare Informationen, die ich für meinen Auftraggeber sammelte und sobald es möglich war, weiterleiten wollte.

Bei meiner Rückkehr ins Hotel überreichte mir der Rezeptionist eine Telefonnummer, die ich anrufen sollte. Mein neuer Betreuer wollte mich unbedingt sehen bzw. sprechen. Ich hatte nur zwei Stunden Zeit und vereinbarte ein Treffen im Hotel. Er war etwas älter als ich und war mir sympathisch. Seit meiner Ankunft beobachtete er mich schon, teilte er mir mit. Da ich mich nach einigen Stunden in Begleitung einer netten weiblichen Person befand, wollte er mich nicht ansprechen und so hatte er es telefonisch versucht. Er war sehr erstaunt, dass ich mich schon am nächsten Tag bei der Rhodesischen Armee melden musste und noch erstaunter über meinen Wissensstand über diese Armee. Nach etwa zwei Stunden verabschiedeten wir uns, da ich von meiner Bekannten abgeholt wurde.

Wir fuhren zu ihrem Haus und da es schon dunkel war, konnte ich mich unbemerkt von ihren Nachbarn ins Haus schleichen. Es folgte eine wunderbare Nacht und in den frühen Morgenstunden, noch in der Dunkelheit, verließ ich das Haus, um den Termin bei meinem neuen Arbeitgeber einzuhalten. Dafür fuhr ich mit einem Taxi zur Cranborne Kaserne außerhalb von Salisbury. Eingezogen wurde ich zur Rhodesien Light Infantry. Die Kaserne stellte eine eigene Welt dar, die mir sehr bekannt vorkam. Ich hatte keine Anpassungsschwierigkeiten. Das neue Soldatenleben betrachtete ich als Abenteuer und ich konnte hier das Soldatenleben so richtig erleben. Nach der medizinischen Untersuchung und dem anschließenden Empfang der Ausrüstung war der Tag schon fast abgeschlossen. Wir waren fünf Neueinstellungen aus verschiedenen Nationen, davon zwei aus Ungarn, eine aus Australien, ein Südafrikaner und ich aus Deutschland. Der Südafrikaner kam von einer Farm und der Tradition entsprechend, suchte er in der Nichterntezeit eine Beschäftigung bei freier Verpflegung, Unterkunft und Verdienst, um seine Erfahrung und Kampfbereitschaft auszuleben. Diese alte Tradition setzte sich von einer Generation zur nächsten fort. In Australien gab es eine Berufsarmee, die aber kein Feindbild hatte und nur für einen Verteidigungsfall ausgebildet wurde. Der Australier wollte in der Rhodesischen Armee richtige Kampfeinsätze erleben. Die beiden aus Ungarn waren vor den Kommunisten geflohen und wollten in der Rhodesischen Armee kommunistische Terroristen bekämpfen. In diesen alten Zeiten bezeichnete man diese Männer und somit auch mich als Landsknechte, heute spricht man von Söldnern.

Rhodesien besaß keine richtige Söldnerarmee. Mit dem Eintritt in die Armee stellte man auch gleichzeitig einen Antrag auf die rhodesische Staatsbürgerschaft. Als Ausländer erhielt man keinen Sonderstatus, sondern war mit den rhodesischen Wehrpflichtigen und den Berufssoldaten gleichgestellt. Wir mussten die Vorschriften und Richtlinien dieser Armee kennen lernen und wurden in einen Ausbildungssektor eingegliedert. Bei dieser Einheit verrichteten junge Rhodesier ihren Wehrdienst. Zweimal in der Woche erhielt ich mit den Ungarn Englischunterricht, um so unsere Sprachkenntnisse zu verbessern. Die andere verbliebene Zeit war ausgefüllt mit der militärischen Ausbildung mit viel Sport. Nach zwei Monaten endete diese Zeit und man verlegte uns getrennt in verschiedene Kampfeinheiten.

Die Light Infantry oder auch RLI könnte man auch nach unseren militärischen Vorstellungen als ein Bataillon bezeichnen. Dieses Bataillon bestand aus vier Kommandos und ein Kommando aus achtzig bis hundert Soldaten. Das Kommando war nochmals in vier Trupps untergeteilt. Der Einsatz richtete sich gegen Terroristen aus Sambia, Angola und Mosambik. Diese sickerten in Rhodesien ein, um hier gezielt Objekte anzugreifen und die Bevölkerung zu terrorisieren.

Nach der Ausbildung erhielten wir einige Tage Weihnachtsurlaub und ich fuhr mit den Ungarn, dem Australier und dem Südafrikaner mit einem geliehenen Auto nach Kariba. Kariba liegt an einem großen Stausee, der durch den Sambesi, einer der mächtigsten Flüsse im südlichen Afrika, aufgestaut wurde und dann weiter fließt zum Cabora-Bassa-Staudamm und von dort in den Indischen Ozean. Auf unserer Fahrt nach Kariba bei großer Hitze wurde, um unseren Durst zu löschen, viel kaltes Bier getrunken und wir genossen unsere Fahrt auf einer gut ausgebauten Teerstraße. Große Elefantenherden, die oft aus dreißig bis fünfzig Tieren bestanden, überquerten die Straße. Für uns war das eine neue, wunderbare Welt. Selbst der Südafrikaner war über die Größe der Elefantenherden erstaunt. Weltberühmt sind hier auch die Victoria Fälle. Der große Fluss Sambesi entspringt in Angola und dort fanden auch die sogenannten Befreiungskämpfe statt. Unser Hotel lag direkt am Stausee und wir feierten nach einem Weihnachtsdinner den Heiligen Abend mit viel Alkohol. Gegen 21:00 Uhr war es bereits stockdunkel und ich spazierte alleine zum Stausee, um den leicht abkühlenden Abend zu genießen. Mitgenommen hatte ich eine Flasche Brandy und Cola. Ich saß auf einem Stein und stellte die Beine ins Wasser. Nach einigen Drinks legte ich mich dann entspannt ins Wasser. In einiger Entfernung erblickte ich einen Baumstamm im Wasser und ich bewegte mich langsam schwimmend dorthin. Plötzlich regte sich dieser Baumstamm jedoch, verwandelte sich in ein Krokodil und kam mir entgegen geschwommen.

Ich floh entsetzt zurück und erreichte vor dem Ungeheuer das sichere Ufer. Noch heute höre ich das Zuschlagen seines riesigen Mauls. Dies war meine erste eindrucksvolle Begegnung mit der afrikanischen Tierwelt!

Nach diesem für mich besonderen Kurzurlaub wurde unsere Einheit zur Grenze nach Mosambik verlegt, da eine Spezialeinheit der Selous Scouts dort operierte und meldete, dass von da aus die Terroristen kamen. Wir bezogen Quartier auf dem Luftwaffenstützpunkt im östlichen Bereich von Rhodesien, nicht weit von der Grenze nach Mosambik entfernt. Meine Gefühle waren etwas aufgewühlt, da es zu einem wirklichen Kampfeinsatz gehen sollte und ich mein militärisches Training in einen tatsächlichen Kampf umsetzen musste. Ich befürchtete, das Kampffeld als Schwerverletzter zu verlassen und mein weiteres Leben als Krüppel verbringen zu müssen. Diese Vorstellungen empfand wohl jeder Soldat vor dem Kampfeinsatz, man unterhielt sich nur erst nach dem erfolgreichen Einsatz darüber.

In den frühen Morgenstunden um 5.30 Uhr wurden wir durch einen lauten Signalton geweckt, der den ersten Einsatz ankündigte. Über die Spezialeinheit Selous Scouts, eine Sondereinheit der Rhodesischen Army, ging der Funkspruch ein, dass sich fünfzehn Zanla Terroristen nördlich von unserem Luftwaffenstützpunkt bewegten und von Mosambik eingesickert waren. Zanla heißt: „Zimbabwe-African-National-Army." Bei diesen terroristischen Einheiten handelte es sich oft um geflüchtete Schwarze Rhodesier oder auch um entführte Kinder und junge Männer, die von den Chinesen oder Nordkoreanern zu Freiheitskämpfer ausgebildet waren. Deren Auftrag lautete, die Weißen Siedler in Rhodesien zu vernichten und die eigene Bevölkerung zu terrorisieren oder zu töten. Die Selous Scout hatte den Auftrag in den Kriegsgebieten von Rhodesien, Mosambik und Sambia zu operieren, alle feindlichen Bewegungen zu melden und wenn erforderlich, zu bekämpfen. Diese jungen Weißen Männer waren mit Schwarzen Kindern auf den Farmen zusammen aufgewachsen und kannten die Gewohnheiten der Schwarzen Farmarbeiter, beherrschten deren Sprache und waren somit vertraut mit ihrer Kultur. Diese Spezialeinheiten kleideten und bewaffneten sich wie die Terroristen. Ein so gemischtes Regiment Soldaten wurde nach dem berühmten Jäger und Afrikaforscher Frederick Courtney Selous benannt. Diese Soldaten waren in der Lage, wochenlang auf sich alleine gestellt, im Busch, auch außerhalb der Staatsgrenzen zu überleben und auch Kampfaufträge erfolgreich durchzuführen.

Wir zogen jedenfalls schnell unsere Ausrüstung an und bestiegen die startbereiten Hubschrauber, die uns zum Einsatzort bringen sollten. Geflogen wurde mit dem Hubschrauber Alouette, der auf uns einen verwegenen Eindruck machte. An den Seitenwänden und auch auf dem Boden des Hubschraubers erkannte man Geschosseinschläge, aber der Schein trog. Die Rhodesier brachten es fertig, aus diesen sonst normalen Hubschraubern hoch technische Kampfgeräte zu entwickeln. Es standen fünf Hubschrauber, vier ausgerüstet mit einem MG und der fünfte Hubschrauber mit einer zweiundzwanzig mm Kanone, zur Verfügung. Dieser war mit einem leitenden Offizier besetzt, der den Einsatz aus der Luft koordinierte. Ausgerüstet waren wir mit dem belgischen FN - Gewehr, für mich schon eine altertümliche Waffe. Jeweils acht Magazine gehörten dazu; in jedem Magazin waren die erste und die letzten beiden Patronen mit einer Leuchtspur beschichtet. Mit dem ersten Schuss sollte man entweder den Feind vernichten oder die Richtung zum Feind kennzeichnen. Bei den letzten beiden Patronen wurde man durch die Leuchtspur daran erinnert, dass das Magazin leer geschossen war und gewechselt werden musste. Der Kampfanzug war dem Klima entsprechend angepasst. Getragen wurde eine Kopfbedeckung mit Nackenschutz, die etwa der Arbeitsmütze bei der Bundeswehr entsprach. Ein Hemd mit kurzen Ärmeln und eine kurze Hose, beides gescheckt in einer Tarnfarbe, ergänzten die Kleidung. An den Füßen trug man Schnürstiefel, die mit den Springerstiefeln der Bundeswehr vergleichbar waren. Am Tragegeschirr (Webbing) waren die Magazine, vier Wasserflaschen und ein leichter Schlafsack befestigt, am Koppel eine Spreng- und Splitterhandgranate sowie eine rote Rauchgranate, um damit den Standort des Feindes zu kennzeichnen. Für den Nahkampf waren wir mit einem Bajonett ausgerüstet, in dessen Handhabung wir ausgebildet waren. Unsere Kampfgruppe bestand aus vier Soldaten, ein Soldat mit einem leichten MG und fünfhundert gegurteten Patronen. Die Patronengurte trug man um den Hals. Der Truppführer besaß zusätzlich ein Funkgerät und ein Soldat war als Sanitäter ausgebildet. Dieser war ausgerüstet mit Verbandszeug und zusätzlich mit Morphiumspritzen, um bei schweren Verwundungen den Schmerz des Verletzten zu lindern. Der Pilot brachte uns im Tiefflug zum Einsatzort. Der Mechaniker, gleichzeitig der Bordschütze, saß in der Tür mit seinem Maschinengewehr im Anschlag. Nach einer Flugdauer von zirka dreißig Minuten wurden wir in einem offenen Gelände mit hohem Gras und Buschgruppen abgesetzt. Wir sprangen aus dem zwei Meter über dem Boden schwebenden Hubschrauber ab, liefen etwa zwanzig Meter und nahmen dann eine Art Rundumsicherung ein. Die weiteren Kampfgruppen setzten die Hubschrauber an anderen Geländeabschnitten ab. Der Hubschrauber mit dem Einsatzleiter stieg hoch auf, um die Terroristen zu orten. Plötzlich konnten wir in einer Entfernung von zirka dreihundert Metern roten Rauch sehen. Der Einsatzleiter hatte die Terroristen entdeckt und eine Rauchgranate abgeworfen, um damit den Kampfraum zu kennzeichnen. Der Truppführer hielt Funkverbindung mit dem

161

Einsatzleiter und wir bewegten uns mit dem Gewehr im Anschlag in breiter Front in Richtung der Terroristen vor. Jetzt
kam es mir so richtig zu Bewusstsein, dass dies auf keinen
Fall eine militärische Übung war, bei der man den so genannten erkennbaren Feind mit Platzpatronen bekämpft, sondern
hier wurde mit scharfer Munition geschossen, um den Feind
zu töten oder auch selbst getötet zu werden. Ich befand mich
in einem ernsten gefährlichen Einsatz im Auftrag des Nachrichtendienstes.

Bis dahin lief alles so ab, wie ich es gelernt, geübt und meinen
damaligen Soldaten bei der Bundeswehr beigebracht hatte.
Nun hatte ich die Phase erreicht, die über Leben und Tod entschied oder das ausmachte, was Soldat sein überhaupt bedeutete. Bei militärischen Übungen waren meine Bewegungen
kontrolliert und wir schauspielerten, um einen Ernstfall vor-
zutäuschen. Es waren immer nur Übungen und der wirkliche
Tod ausgeschlossen. Aber nun steuerte eine andere Kraft
meine Bewegungen, um vielleicht dadurch mein bedrohtes
Leben zu sichern. Plötzlich sahen wir einen Lichtstreifen aus
der Richtung des zu erwartenden Feindes. Ein Soldat aus unserem Trupp sichtete den Feind und hatte einen Richtungs-
schuss abgegeben. In einer breiten Buschgruppe sahen wir
Bewegungen und unser MG eröffnete mit kurzen Verstößen
das Feuer. Aus der Buschgruppe, die in einer Entfernung von
ca. zweihundert Metern stand, tauchten Lichtblitze auf und
über meinem Kopf hörte ich mehrmaliges Zischen und den
Klang von Gewehrfeuer, das nun einen ganz anderen Ton
hatte. Die Terroristen waren mit Kalaschnikow Gewehren
ausgerüstet und schossen auf uns. Später erfuhr ich, dass sie
oft die Waffe, in der Vorstellung den Feind so besser zu tref-

fen, auf Dauerfeuer und das Visier auf vierhundert Meter einstellten. Aufgrund dieser falschen Visiereinstellung lagen die abgegebenen Abschüsse viel zu hoch. Diese schlechte Waffenausbildung des Feindes bedeutete für uns einen Vorteil und rettete einigen von uns das Leben. Unser MG gab weitere Feuerstöße auf die Buschgruppe ab und wir bewegten uns in Richtung des Feindes. In meiner Vorwärtsbewegung war ich darauf bedacht, jegliche Deckung auszunutzen, um nicht getroffen zu werden. In einen kleinen Busch, der sich direkt vor mir bewegte, erkannte ich den Umriss eines Gesichts. Wie groß die Entfernung war, kann ich heute nicht mehr sagen. Ich feuerte einen Schuss ab und da meine erste Patrone aus einem Leuchtspurgeschoss bestand, sah ich den Einschlag. Bei der Schussabgabe musste ich laut geschrien haben, um dabei meine aufgestaute Wut oder auch Angst loszuwerden. Ein Terrorist hatte sich mit Zweigen als Busch getarnt. Schreie hörte ich nun überall. Es wurden einige Terroristen getötet ohne eigene Verluste zu verzeichnen. Die Waffen der Terroristen sammelten wir ein und ein Hubschrauber brachte uns zum Stützpunkt zurück. Die toten Terroristen lagen in einem großen Netz, das unter dem Hubschrauber befestigt war. Beim Abflug glich das Netz einem Fischernetz, das man mit einem Kran aus dem Meer zog und dabei das Seewasser ablief. Hier war es aber Blut. Die rhodesische Polizei identifizierte die Leichen auf der Base, indem sie ihnen die Fingerabdrücke abnahmen. Jeder Bürger in Rhodesien musste beim Erhalt eines Ausweises einen Fingerabdruck hinterlassen und somit konnte man den Bestimmungsort der Leiche zurückverfolgen. Nach unserer Rückkehr zum Stützpunkt wurden wir für vierundzwanzig Stunden freigestellt und konnten unsere Seele mit Bier und Whisky betäuben. Ich war nun in den

Trupp der Kämpfer aufgenommen, meine neuen Kameraden hatten schon mehrere Einsätze hinter sich. Dieser erste Kampfeinsatz weckte bei mir keine Mördergefühle, sondern eher das Gegenteil. Ich war ein Mensch, der gezwungen war zu kämpfen und gegebenenfalls zu töten und dies wollte ich eigentlich nicht. Ich hatte zwar Verständnis für die Beweggründe der Rhodesier, aber es war nicht mein Krieg. Es folgten noch mehrere Einsätze, davon einer ohne Feindberührung und eine Nachtpatrouille an der Grenze zu Mosambik. Insgesamt erreichten wir in diesen fünf Wochen Kampfeinsatz eine Trefferzahl von mehreren Terroristen. Für mich erschreckend war die Vorstellung, dass sich das Kämpfen langsam aber sicher zu einer Routine entwickelte, je länger man ihm ausgesetzt war und ich unterdrückte meine aufkommenden Gewissensbisse mit der Aussage, ich kämpfte schneller und besser als der Feind um nicht selber getötet zu werden. Alle Mitkämpfer waren der gleichen Meinung, um mit dem inneren Konflikt klar zu kommen. Meine Kameraden erzählten mir von Einsätzen an der russischen Front, die in Mosambik in der Provinz Gaza lag. Hier kämpfte man gegen die FRELIMO, eine Terroristengruppe aus Mosambik, die von russischen und ostdeutschen Militärberatern ausgebildet wurden. Daher auch der Name „Die russische Front". Die Rhodesische Armee war trotz ihrer einfachen Ausrüstung und dem weltweiten Embargo nicht zu besiegen. Dieser Krieg konnte sich über Jahre hinziehen. Ein Ende der Kriegshandlungen wäre nur auf dem politischen Weg möglich. 1980 war der Krieg in Rhodesien beendet und das Land wurde unabhängig.

Nachdem ich bei nächstbester Gelegenheit in einem ausführlichen Bericht dem Betreuer alles darlegte, wurde mir ein neuer Auftrag erteilt, nämlich das wunderschöne Rhodesien mit seinem brutalen Buschkrieg zu verlassen und über Südafrika die ehemalige deutsche Kolonie Südwestafrika zu erreichen.

Ermittlungen in Südwestafrika und Südafrika

Ein ständiger Wechsel zwischen zwei Staaten

Ich trug in meinem Urlaubsantrag bei der Rhodesischen Armee Durban in Südafrika ein und dieser wurde mir genehmigt. So konnte ich mich legal von der Truppe entfernen und eine Rückkehr in die Armee war aufgrund meiner neuen Auftragslage nicht mehr erforderlich. Für die Rhodesische Armee galt ich zwar dann als fahnenflüchtig, aber Fahnenflüchtige aus Rhodesien wurden von der südafrikanischen Regierung nicht immer verfolgt. Zudem gab es in Südafrika keine Meldebehörde für den Aufenthaltsort so wie bei uns in der Bundesrepublik Deutschland. Man konnte hier einfach untertauchen.

Diese wertvollen Informationen erhielt ich von einem deutschen Mitkämpfer, der schon mehrere Jahre in Südafrika lebte und in der Rhodesischen Armee kämpfte, um so an russische Handfeuerwaffen zu kommen. Er nahm mich mit bis Durban; er wollte dort eine Sicherheitsfirma aufbauen. Nach der Abfertigung an der Zollstation und Überqueren der Brücke über den Grenzfluss Limpopo fuhren wir auf einer gut ausgebauten Straße in das für mich neue Land Südafrika.

Südafrika ist ein wunderschönes Land mit netten Menschen und sehr komplizierten Gesetzen. Zuerst war es für mich etwas sonderbar, wieder als Zivilist zu leben und ich musste meinen inneren Lebensschalter neu einstellen. Wir machten Station in der Kleinstadt Pietersburg. Auch hier begegnete man mehrheitlich Weißen Personen, die Schwarzen Men-

schen wohnten außerhalb der Stadt in dem ihnen zugewiese-
nen Lebensraum, dem Township. So wie in Rhodesien verrichtete die Schwarze Bevölkerung nur einfache Arbeiten, die
von der Weißen Bevölkerung als notwendige Tätigkeiten angesehen wurden. Oft hörte ich von den Weißen, dass man die
Schwarzen für andere Arbeiten nicht einsetzen konnte. Eine
weitere Besonderheit in Südafrika war das Sprachenproblem,
es wurde englisch und als Landessprache afrikaans gesprochen. Die Weißen Afrikaaner hatten nach langen kriegerischen Auseinandersetzungen gegen die Engländer nach dem
Zweiten Weltkrieg die Regierungsgewalt übernommen. Zum
Schutz der Weißen Minderheit führte man die Apartheid ein.
Weiße durften keine Nichtweiße heiraten. Geschlechtliche
Beziehungen zwischen Personen ungleicher Hautfarbe galten
als verbrecherische Handlung und bestrafte man schwer.

Von der Kleinstadt Pietersburg aus fuhren wir weiter Richtung Durban. Mein Auftrag lautete, mich langsam Richtung
Südwestafrika zu bewegen, um dort meine Ermittlungsarbeit
fortzusetzen. Der Betreuer hatte mich mit der Landeswäh-
rung Rand gut versorgt. Die Landschaft war atemberaubend
schön, mit großen Wasserfällen und dem berühmten Krüger
Park, der in seiner Ausdehnung größer ist als das Bundesland
Nordrhein-Westfalen. Man konnte hier alle Tiere Afrikas finden, die in freier Wildbahn lebten. Den Indischen Ozean sah
ich auf der Fahrt nach Durban in der Hafenstadt Richards
Bay. Dort lag auch der größte Tiefseehafen von Südafrika, der
die abgebaute Kohle mit großen Tankern nach Europa ver-
schiffte. Der berühmte subtropische Urlaubsgürtel, in dem
die Weißen Südafrikaner ihren Urlaub verlebten, begann an

der Südgrenze von Mosambik und zog sich als Küstenstreifen in südlicher Richtung bis in die Transkei. Durban war in diesem Streifen der Urlaubshöhepunkt mit seiner so genannten „Goldenen Meile" mit den vielen Hotels und deren Freizeit Einrichtungen für Jung und Alt. Die Urlaubshighlights waren für die Weiße Bevölkerung reserviert, für Nichtweiße lagen sie außerhalb der Goldenen Meile. Ebenso waren die Badestrände in Bereiche für die jeweilige Bevölkerungsgruppe eingeteilt. Trotz dieser für mich anderen Lebensweise verlebte ich einige unbeschwerte Tage in Durban und bereitete mich auf eine lange Reise quer durch den südlichen Kontinent vor. Um Land und Leute hautnah zu erleben, wollte ich per Anhalter fahren und auf gut ausgebauten Campingplätzen übernachten. Als Kämpfer war ich mit Zelt, Schlafsack und allen erforderlichen Dingen für diese Reise gut ausgerüstet und trainiert. Bei Sonnenaufgang stand ich auf der Ausfallstraße Richtung Johannisburg und verabschiedete mich von meinem neuen Bekannten. Er hatte vor, mich unbedingt als Angestellter für sein Unternehmen einzusetzen und bot mir sogar die Partnerschaft an. Als Ausrede, um das Angebot abzulehnen, benutzte ich verwandtschaftliche Beziehungen in Südwestafrika, die ich unbedingt aufsuchen musste, weil ich bereits erwartet wurde. Preisgünstig verkaufte er mir noch eine Pistole P 1 mit Magazinen und Munition.

Afrika war ein Land im Umbruch und Waffen wurden hier immer gebraucht. Ohne Waffe fühlte man sich in Afrika wie eine unbekleidete Person.

Nach kaum zehn Minuten Wartezeit nahm mich ein Geschäftsmann bis zur Ortschaft Pietermaritzburg mit. Dieser Geschäftsmann organisierte für mich einen so genannten Staffellauf von vorbereiteten Unterkünften bis zu meinem

Zieleinlauf in Windhoek. So viel Herzlichkeit und Hilfsbereitschaft, wie auf dieser Strecke von Durban nach Windhoek, hatte ich noch nicht erlebt. Beeindruckt war ich auf meiner Reise von der Bergbaustadt Kimberley mit dem von Menschen erschaffenen Krater auf der Suche nach Diamanten. Bei dieser Arbeit schufen sie das größte Loch der Welt. Heute erfolgt der Abbau von Diamanten im Untertagebereich mit modernen Abbaumethoden und Bergbaumaschinen.

Cecil Rhodes, zur damaligen Zeit der reichste Mann der Welt, hatte die Kontrolle über die Diamantenfelder erlangt und auch das Land Rhodesien aufgebaut, um so eine Eisenbahnverbindung von Kapstadt bis nach Kairo zu schaffen. Für ihn war es klar, dass England dazu bestimmt sei, Afrika zu beherrschen. Weiße Siedler siedelten über den Grenzfluss Lopopo an, der die südlichste Grenze nach Südafrika bildet und deshalb benannte man, in Gedenken an C. R., das Land Rhodes - Rhodesien.

Auf meinem weiteren Weg nach Südwestafrika stieß ich auf den Fluss Oranje, der durch eine hügelige Wüstenlandschaft fließt. Nach dem Fluss Sambesi, der durch Angola, Sambia und Mosambik fließt, ist der Oranje der zweitlängste Fluss im südlichen Afrika. Beide Ufer des Oranje waren in einem Streifen von hundert bis zweihundert Metern mit Weinstöcken bewachsen und dort wird einer der besten Rotweinsorten angebaut. In der kleinen Stadt Upington, die am Flussufer liegt, waren Temperaturen von über vierzig Grad keine Seltenheit. Auf dieser Strecke konnte ich meine Englischkenntnisse kaum noch einsetzen, da man nur noch Afrikaans sprach.

Südwestafrika, vorher eine deutsche Kolonie, wurde nach dem verlorenen Ersten Weltkrieg zur Verwaltung der englischen Kolonie Südafrika zugeteilt. Das deutsche Interesse an einer Kolonie begann 1880 mit dem Bremer Kaufmann Adolf Lüderitz, dessen Landkäufe schließlich Deutsch - Südwestafrikas koloniale Epoche einleitete. Südwestafrika oder auch Deutsch - Südwestafrika besitzt einen Wüstencharakter und ist von Norden bis Süden von Wüstenlandschaften durchzogen. Die Namibwüste ist die älteste Wüste der Welt. Südwestafrika grenzt im Norden an das Land Angola mit dem Grenzfluss des Kunene, der Süden an Südafrika mit dem Oranje Fluss, der Westen an den Atlantischen Ozean mit einer Küstenlänge von über zweitausend km und im Osten liegt das Land Botswana mit seiner Kalahari-Wüste. Südwestafrika wird durch eine bis zu einhundertdreißig km breite Wüste durchzogen. Im ihrem südlichen Teil befindet sich das Diamantensperrgebiet und im Mittelbereich die Wüstenlandschaft mit Bergen und Schluchten, die an eine Mondlandschaft erinnert. Der nördliche Bereich ist mit seinen Bergen und flachen Ebenen sehr steinig und kahl. Der Küstenbereich ist durch den vorbeifließenden kalten Benguelastrom im Atlantischen Ozean sehr trocken mit wenigen Buchten und Inseln. Bekannt sind die Lüderitz- und Walfischbucht. Richtung Osten, im Anschluss an den Wüstenstreifen, befindet sich eine Bruchkante, die mit einem Anstieg in das Hochland beginnt und gute Möglichkeiten für Landwirtschaft und Viehzucht bot. In der Wüste lagerten hochwertige Rohstoffe, die von den verfeindeten Weltmächten benötigt wurden. Hierin bestand jedoch das große Problem und darum auch mein Einsatz in Südwestafrika.

In Windhoek angekommen, schlug ich mein Zelt auf dem Campingplatz auf und verbrachte eine Nacht, in der ich gut schlief. Ich vernahm lautes fröhliches Lachen sowie männliche und weibliche Stimmen, die sich in deutscher Sprache unterhielten. Auf dem Campingplatz in Windhoek befand sich eine deutsche Reisegruppe, die mit einem Bus und einem Anhänger mit Schlafkabinen eine zweimonatige Reise durch Südwestafrika und Südafrika durchführte. Auf meiner Tour durch Südafrika traf ich Menschen, die sich mit mir auf Deutsch unterhalten konnten. Bei vielen war es nur ein gebrochenes Deutsch, da der Vater, die Mutter oder die Großeltern aus Deutschland eingewandert waren und in der Familie die deutsche Sprache zum Teil beibehalten wurde. Interessant finde ich, dass bei den Afrikaanern oder auch Buren genannt, der deutsche Anteil in dieser Volksgruppe bei fünfzig Prozent lag. Im 17. Jahrhundert gründete die holländische Ostindien Kompanie den Stützpunkt Kapstadt als Versorgungsstandort für die Schiffe, die auf dem Weg zu den Gewürzinseln nach Java und zurück nach Europa unterwegs waren. Die ersten Bauern, die Gemüse und Obst am Kap der Guten Hoffnung anbauten, waren Siedler aus dem Rheinland. Nach dem dreißigjährigen Glaubenskrieg in Deutschland wanderten viele deutsche Männer über Holland als Arbeitskräfte zum Kap aus und wurden wie die Hugenotten aus Frankreich in die holländische Volksgruppe der Buren oder Afrikaaner aufgenommen. Der letzte deutschstämmige Präsident der Volksgruppe der Buren oder auch Afrikaaner war während des Burenkrieges gegen die Engländer im Jahre 1899 Paul Krüger. Das südliche Afrika ist also von deutschen Wurzeln durchzogen. Das erste im Ausland errichtete Volkswagenwerk wurde nach dem Zweiten Weltkrieg 1956 in der Kleinstadt Uitenhage Südafrika, in der Provinz Ostkap bei Port Elizabeth, aufgebaut. Es war der größte Arbeitgeber in Südafrika.

171

Da der Campingplatz vor der Stadt Windhoek lag, war ich neugierig darauf, was mich in der Stadt erwartete. In Südafrika oder auch Südwestafrika ging kein Weißer außerhalb einer Stadt oder einem Dorf zu Fuß, höchstens, wenn ein Notfall vorlag. Schon das zweite Auto hielt auf meinem Weg an und eine Frauenstimme fragte mich in deutscher Sprache, ob sie mir helfen könnte. Sie setzte mich dann in der Kaiser Wilhelm Straße ab, die in der Stadtmitte liegt und gab mir einige brauchbare Hinweise. Die Straßen in der Innenstadt sind mit deutschen Namen bezeichnet und die Landessprache ist hier Deutsch und Afrikaans. Jeder Deutsche, der in Südwestafrika geboren ist, spricht ein dialektfreies Deutsch und außerdem Afrikaans und Englisch. Diese Sprache wurde zu Hause gesprochen und an der Deutschen Schule gelehrt. Weiterhin gibt es eine Bantusprache, je nachdem, wo man in Südwestafrika geboren oder aufgewachsen ist und welche Schwarze Volksgruppen dort lebten. Südwestafrika ist etwa sechsmal so groß wie die Bundesrepublik Deutschland. Die Weißen Kinder besuchten die Deutsche Schule in Windhoek, die Deutsche Schule in Lüderitz am Atlantischen Ozean oder die Deutsche Schule in Swakopmund, die sich ebenfalls am Atlantischen Ozean befindet. Die meisten Kinder lebten und lernten in Schulinternaten, da sie meist von weitabliegenden Farmen kamen und dann nur in den Schulferien zuhause waren.

Windhoek und Cape Town sind für mich die schönsten Städte im südlichen Afrika. Cape Town ist eine alte Stadt, mit einer wunderbaren Lage an den beiden Ozeanen und dem wuchtigen Tafelberg. Windhoek, eine typische deutsche

Stadt, liegt im Hochland, umgeben von Hügeln mit einem angenehmen Klima. Dies konnte ich während meiner Ermittlungszeit ausreichend feststellen und auch erleben.

An einem Tag zur Mittagszeit war die Innenstadt Windhoeks fast menschenleer. Ich spazierte durch den mit hohen, alten Bäumen bestehenden Park. Im Schatten unter den Bäumen sah ich Schwarze Männer liegen, die ihre Mittagspause genossen. Später erfuhr ich, dass ausländische Reporter diese schlafenden Menschen fotografiert und diese Fotos an Zeitungen im Ausland mit dem Hinweis: „Hier wurden unbeteiligte Schwarze Menschen von der brutalen südafrikanischen Polizei erschossen", verkauft hatten. Ich wurde wieder von der Propaganda eingeholt, die ich schon in Rhodesien erlebt hatte. Auch hier in Südwestafrika herrschte ein Befreiungskampf, der von der SWAPO geführt wurde, nur waren die Beweggründe etwas anders gelagert und das hatte in Südafrika mit der Gewinnung von Rohstoffen aus der Wüste zu tun.

Aufgrund der Hinweise, die ich von der deutsch sprechenden Dame bei der Fahrt in die Innenstadt erhalten hatte, sollte ich den Deutschen Club aufsuchen. Er war als Treffpunkt den Immigranten bekannt, die aus der Bundesrepublik Deutschland, Österreich und der Schweiz eingereist waren. Wer eine Arbeit suchte, konnte dort an der langen Theke von einheimischen Geschäftsleuten oder auch Farmern Informationen erhalten und auch eine Arbeitsstelle finden. Bei einem guten kühlen Bier, das in Windhoek nach dem deutschen Reinheitsgebot gebraut wurde, kam ich mit einem leitenden Angestellten eines großen Hotels, das sich in Windhoek befand, ins Gespräch. Dieses Hotel suchte händeringend einen Hausdedektiv, da der Diebstahl von Lebensmitteln angeblich durch

173

Nichtweiße Angestellte erschreckend zunahm. Ich hätte in Deutschland eine zweijährige Auszeit bei der Polizei genommen, um das südliche Afrika kennen zu lernen und wäre gerne bereit, meine Erfahrung als Polizeibeamter für einige Zeit zur Verfügung zu stellen, um so dem Hotel zu helfen, erklärte ich meinem Gesprächspartner an der Theke. Eventuell benötigte Papiere hatte ich mir vorsorglich in Durban in einer Druckerei hergestellt. Mein Bekannter aus Durban brachte mich damals auf diese Idee: „Suchst du einen Job bei Deutschen im Ausland, musst du immer Ausbildungsnachweise vorweisen." Den Job erhielt ich und konnte mein Zelt auf dem Campingplatz in Windhoek abbrechen und gegen ein Hotelzimmer auf der vierten Etage eintauschen. Dies war mein erster Schritt in die Legalität, die ich mir in Südwestafrika aufbauen wollte. Der Hoteldiebstahl war schnell einzudämmen. Die Angestellten mussten auf meine Anweisung hin durch eine Feuerschutztür neben der Tiefgarage das Hotel betreten und der Weg vorbei am Hotelempfang war für sie nicht mehr erlaubt. Ich ordnete weiterhin die Durchführung von Körper- und Taschenkontrollen an und die Diebstähle nahmen ab. Bei den Schwarzen Hotelangestellten galt ich allerdings ab diesem Zeitpunkt als der böse Weiße. Aufgrund meines schnellen Erfolges konnte ich mir meinen Arbeitsplatz so einrichten, dass ich trotz der Arbeit einen guten Einblick in das Alltagsleben der Menschen in Windhoek gewann und mir einen netten Bekanntenkreis aufbauen konnte. Englisch war, wie ich wusste, die Geschäftssprache in einem internationalen Hotel. Diese Sprache musste ich unbedingt weiter ausbauen und hier waren für mich die besten Voraussetzungen dafür. Von meinem Zimmer hatte ich einen Ausblick über die Stadt in das angrenzende Hochland. Der

Sonnenuntergang war immer ein Erlebnis, insbesondere, wenn ich ihn mit einer Frau teilte, die die englische Sprache beherrschte. Gespannt war ich auf meinen neuen Betreuer in Südafrika. Wir hatten einen Treffpunkt in einem Restaurant vereinbart und angetroffen hatte ich jedoch zwei Personen, die jetzt für mich zuständig waren. Ich bekam umfangreiche Aufträge, die ich in meinem neuen Lebenskreis ermitteln konnte. Meine Ermittlungen besaßen folgende Schwerpunkte: Politische Meinungsforschung über die Bevölkerung Südwestafrikas untergliedert in:

- deutscher Bevölkerungsanteil, der in Südwestafrika geboren war
- afrikaanische Bevölkerung (Buren)
- englische und andere Bevölkerungsanteile (zum Beispiel Portugiesen, die nach der Angolakrise aus ihrer Kolonie nach Südwestafrika geflüchtet waren)
- Immigranten der verschiedenen Bevölkerungsgruppen (von Interesse waren Lehrkräfte aus der Bundesrepublik Deutschland, die meist an deutschen Privatschulen in Südwestafrika unterrichteten und kirchliche Vertreter).
- Schwarze aus den verschiedenen Stämmen Südwestafrikas und Angola. (Den Schwerpunkt bildete der Owambo-Stamm, dessen Heimatgebiet an der Grenze zu Angola lag. Aus diesem Gebiet stammten viele SWAPO- Kämpfer politischer und militärischer Art.)

Diese verschiedenen Bevölkerungsgruppen und Stämme mussten nochmals in ihren sozialen Schichten eingeteilt werden. Die nächste große Frage galt der Entwicklung der Industrie Südwestafrikas mit ihren wichtigen Rohstoffen und der militärischen und polizeilichen Einsätze in diesem Land.

Südwestafrika war für mich Neuland und die Kenntnisse über Land und Leute konnte ich nur durch ein schnelles Studium aufbauen. Da ich in meiner neuen beruflichen Tätigkeit die Möglichkeit hatte, meine Zeit einzuteilen, suchte ich deshalb nach Fachliteratur. Windhoek besaß eine hervorragende Bibliothek, in der ich alles finden konnte, um diese Wissenslücke zu schließen. Eine Mitarbeiterin dieser Bibliothek war mir sehr behilflich und da sie in Südwestafrika geboren war, wurde sie meine Fremdenführerin. Für meine vorherige Ermittlungsarbeit wurde ich gut bezahlt, so dass es mir möglich war, einen gut erhaltenen VW Käfer zu kaufen. Dieses Auto wählte ich deshalb, da es in Uitenhagen Südafrika gebaut worden war und ich für Außenstehende ein Produkt aus dem südlichen Afrika fuhr. Mit meiner Fremdenführerin konnte ich an meinen freien Tagen die Sehenswürdigkeiten mit dem Auto erreichen, die oft weit außerhalb von Windhoek lagen. Land und Leute lernte ich so besser kennen. Als ich langsam einen Überblick über die Situation im Lande bekam, erstaunte mich, mit welcher Hingabe die in diesem Land geborenen Deutschen sich mit dem Land verbunden fühlten. Sie waren der festen Überzeugung, hier eine weiterhin gerechte Zukunft zu haben. Dabei musste man bedenken, dass Afrika schon fast überall brannte und die Macht des Feuers auch schon in Südafrika flackerte. Auch hier fanden Überfälle statt und es gab Aufstände, die zu unterbinden waren.

Die hier lebenden Deutschen waren Südafrikaner und hatten

großes Vertrauen in die Regierung. Nach dem Zweiten Weltkrieg konnten sie mit ihrer Stimmabgabe den Afrikaanern zum Wahlsieg gegen die Engländer verhelfen. Doch die Apartheid sorgte auch bei den deutschen Wählern für Missstimmung. Die Gesetze der Apartheid wurden in Südwestafrika oft nicht ernst genommen und so herrschte ein lockerer Umgang zwischen den verschiedenen Menschengruppen. Schwarze Afrikaner erhielten in einigen Firmen bereits Jobs, die sonst nur die Weißen ausübten. Dies tolerierte die südafrikanische Regierung in gewissem Maße.

Bereits über drei Monate war ich in Windhoek, hatte mich schon sehr gut eingelebt und war mit meiner Ermittlungsarbeit erfolgreich, als meine beiden Betreuer gezielte Ermittlungen im Raum Swakopmund und Walvis Bay forderten. Bei Swakopmund in der Wüste wurde die größte Uranmine aufgebaut und in Walvis Bay befand sich ein großer militärischer Stützpunkt der Südafrikaner. Ich war der Mann mit dem Koffer und musste meine neue Welt Windhoek wieder verlassen.

Nach einer Abschiedsparty mit meinen Freunden startete ich mit meinem Auto in den späten Morgenstunden von Windhoek und wollte mein Ziel Swakopmund vor Einbruch der Dunkelheit erreichen. Vor der Ortschaft Okahandja nahm ich wahr, dass mein Auto an der rechten Seite vermutlich von einem Stein getroffen wurde. Im südlichen Afrika herrscht Linksverkehr und ich hatte auf der gut ausgebauten Straße an der rechten Seite kein Hindernis erkannt. Ich nahm meinen Fuß vom Gaspedal, bremste das Auto ab, um festzustellen, welcher Schaden entstanden war. Zu meinem großen Erstaunen fand ich an der Seitenwand meines Autos ein rundes Loch, dass ich aufgrund meiner Erfahrung nur als einen Einschuss deuten konnte. Und plötzlich hörte ich lautes Gewehrfeuer. Mit einem Sprung verschwand ich von der Straße und suchte Deckung hinter dem Vorderrad meines Volkswagens. Auf der gerade verlaufenden Straße war der VW das einzige Fahrzeug. Wieder hörte ich einen Feuerstoß aus einem Gewehr und das Zirpen der Geschosse über meinen Kopf. Das mir bekannte Geräusch von Mörserabschüssen donnerte laut und kurze Zeit später, in einer Entfernung von zirka zweihundert Meter, erkannte ich das Aufblitzen von Granateinschlägen. Dann brauste mir ein gepanzerter Mannschaftswagen auf der Landstraße entgegen. Soldaten sprangen ab und stürmten in Richtung der Granateinschläge. Gewehrfeuer war wieder zu hören, das jedoch einen anderen Klang hatte. Als ich beschossen wurde, erkannte ich ein Kalaschnikow - Gewehr, dessen Klang ich nicht vergessen hatte. Die südafrikanische Armee kämpfte mit einem selbst entwickelten Gewehr, das dem Kalaschnikow- Gewehr sehr ähnlich war. Nur der Abschussknall unterschied sich. Die Kampfgeräusche endeten nach einer halben Stunde und ein Hubschrauber flog in das Kampfgebiet. Etwas später begrüßte mich ein südafrikanischer Offizier, der mir mitteilte, dass die Terroristen vernichtet wären und ich hinter ihrem Kampfwagen zu der Ortschaft Okahandja in die Kaserne mitfahren sollte. Ein Soldat wurde mir zum persönlichen Begleitschutz zugeteilt. Zu meinem Erstaunen war es ein Schwarzer Soldat. Während der Fahrt verständigte ich mich mit dem Soldaten in der Sprache der Buren, dem Afrikaans. Er war ein Owambo, dessen Stamm aus dem nördlichen Teil Südwestafrikas kam, das an der Grenze nach Angola liegt. Weitere Angaben dürfte er nicht machen, meinte er. In der Kaserne angekommen, schilderte ich der Militärpolizei den Vorfall, der schriftlich festgehalten wurde. Dann bot man mir an, nach diesen ereignisreichen Stunden, in der Kaserne zu übernachten und meine Fahrt erst am nächsten Tag fortzusetzen. Ein Gästezimmer und das Kasino würden mir den Aufenthalt erleichtern. Natürlich nahm ich dieses Angebot an und so erhielt ich die beste Möglichkeit, mehr über die südafrikanische Armee in Erfahrung zu bringen. Später am Abend traf ich im Kasino den Offizier, der den Begleitschutz angeordnet hatte. Nach einigen Windhoeker Lagerbier kamen wir ins Gespräch. „Du bist auch ein Deutscher, aber nicht aus Südwestafrika, das habe ich aus unserem kurzen Gespräch am Tatort gleich entnommen. Dein Englisch hat einen deutschen Einschlag und wir können uns auf Deutsch unterhalten; es wird auch in meiner Familie gesprochen. Meine Vorfahren waren Missionare, die nach Natal einwanderten. Ich bin in Durban aufgewachsen und meine Schulzeit verbrachte ich an der Deutschen Schule Hermannsburg in der Provinz Natal. Dort machte ich mein deutsches Abitur. Uns Südafrikaner mit deutschem Hintergrund nennt man hier Springbockdeutsche. Der Springbock ist das National - Symbol Südafrikas. Ich bin stolz auf meine deutsche Abstammung.", erzählte er mir. Nach einem guten Abendessen verlegten wir unser Gespräch mit einem Kasten Bier auf sein Zimmer, da es im Kasino zu laut wurde und eine Unterhaltung kaum mehr möglich war. Ich erfuhr noch, dass er in einer Sondereinheit seinen Dienst verrichtete. Seine Einheit operierte im Owamboland. Zurzeit war er hier in diesem Bereich, da im Farmgebiet vermehrt Terroristen einsickerten. Die SWAPO- Terroristen gehörten meist dem Stamm der Owambos an und wurden von russischem und ostdeutschen Militärberatern ausgebildet. Dies hatte ich bereits in Rhodesien erfahren, da man dort von einer russischen Front sprach. Die Owambos bildeten mit über fünfzig Prozent die größte Volksgruppe in Südwestafrika. Seine Einheit bestand aus solchen Owambos, deren Familien von Terroristen ermordet wurden. Bei dem vorhergehenden Einsatz wurden zwölf Terroristen getötet, ohne eigene Verluste zu verzeichnen. Für die Identifizierung der Leichen war eine Sondereinheit der Polizei zuständig. Das gleiche System wie in Rhodesien, erkannte ich. Meinen Aufenthalt und die Erfahrungen aus Rhodesien gab ich ihm aber nicht bekannt. Diese Spezialeinheit war sehr erfolgreich im Terroristenkampf und trug die Bezeichnung „Kuhfuß." Auf Deutsch übersetzt bedeutet das „Widerhaken." Dieses Gespräch vermittelte mir einen guten Einblick in die südafrikanische Armee und deren Sondereinheit. Die Strategie zur Bekämpfung der Terroristen war mit der in Rhodesien vergleichbar. Gegen 2.00 Uhr beendeten wir unsere Unterhaltung, da der ereignisreiche Tag seinen Tribut forderte.

Um 8.00 Uhr in den Morgenstunden startete ich meine Weiterreise mit dem Ziel Swakopmund und kehrte vorher in einer deutschen Bäckerei ein, um den berühmten Apfelkuchen mit hausgemachter Sahne zu genießen. Diese Bäckerei hatten mir meine Freunde in Windhoek empfohlen. Die Fahrt nach Swakopmund erwies sich als nicht einfach für mich, da mich dieser Vorfall vom letzten Tag noch beschäftigte und etwas belastete. Die Straße verlief in einer geraden Richtung mit leichten Steigungen und Abfahrten. Rechts und links gab es Farmland mit dichten Büschen durchzogen. An jeder kleinen Ab- oder Auffahrt, bei der ich die Straße nicht mehr einsehen konnte, befürchtete ich, dass hinter dem nächsten Berg die Terroristen auf mich warteten. Bei einer Fahrgeschwindigkeit von achtzig km/h kamen mir nur zwei Fahrzeuge entgegen. Überholt von anderen Autos wurde ich nicht. Es war eine gut ausgebaute Landstraße, auf der man auch nicht mit Landminen rechnen musste. Eine Veränderung auf dieser Teerstraße hätte ich sofort erkannt. Als ich die Ortschaft Karibib erreichte, legte ich einen Halt ein und trank in einem kleinen Restaurant einen Rooibos Tee mit einem Brandy, um meine Nerven zu beruhigen. Die nächste Ortschaft war Usakos. Einige Kilometer hinter der Ortschaft beginnt die Namibwüste, die leicht nach Westen abfällt. Auch hier war die Teerstraße gut ausgebaut und sehr übersichtlich und meine Anspannung legte sich während der Fahrt mit Blick auf die Wüste. Bis zu meinem Ziel nach Swakopmund betrugen es zirka einhundertachtzig km und auf der Hälfte der Strecke führte eine beschilderte Abzweigung zu der im Bau befindlichen Uranmine. Richtung Süden, etwa in zehn km Entfernung, waren Berge zu erkennen, in denen das Urangestein im Tagebau abgebaut werden sollte. Da ich Richtung Westen fuhr, schien mir jetzt die Sonne ins Gesicht und ich konnte undeutlich eine tiefliegende durchsichtige Nebelbank erkennen. In diese Nebelbank mündete meine Straße und ich erkannte Häuser, die immer deutlicher wurden. Ich befand mich einige Kilometer vor Swakopmund und fuhr kurz darauf in eine Palmenallee. Ich sah das Ortsschild und als nächstes erkannte ich ein Straßenschild mit dem Namen „Kaiser Wilhelm Straße." Nach einer ereignisreichen Fahrt von Windhoek hatte also ich mein Ziel am Atlantischen Ozean erreicht, Swakopmund, kleines Deutschland am Rande der Wüste. Der Name der Stadt stammt vom Fluss Swakop, der südlich als Trockenfluss in den Atlantik floss. Meine erste Übernachtung verbrachte ich im Strandhotel direkt am Meer, wo ich in der Nacht das Rauschen der Wellen hören konnte. Vor dem Frühstück sprang ich bei einem Strandlauf in das kalte Meerwasser. Der Temperaturunterschied zwischen dem Indischen und dem Atlantischen Ozean war jedenfalls gewaltig.

Was ich jetzt brauchte, war eine feste Unterkunft als Wohnung, wo ich unkontrolliert ein- und ausgehen konnte. Mietwohnungen waren hier kaum zu finden, da die südafrikanischen Familien in Einfamilienhäusern wohnten. Wie ich wusste, war die Informationsbörse in diesem Land immer eine gutbesuchte Kneipe, in der man mit Menschen aus allen Lebenskreisen zusammenkam. Die Gaststätten in Südwestafrika waren deutsch geprägt und fast jeder hatte Zutritt. In den späten Stunden waren auch Schwarze junge Mädchen anwesend. Diese Mädchen können sehr hübsch sein und übten auf Immigranten aus Europa eine besondere Anziehung aus. Da eine neue Uranmine in der Wüste aufgebaut wurde, herrschte dort eine Art Goldgräberstimmung. Ich musste nur eine solche Kneipe finden. Der Treffpunkt bzw. die Gaststätte, sagte man mir, sei die Breite-Ecke in der Brückenstraße. Der Wirt kam aus Köln und hatte die rheinländische Lebensart eingeführt, die sich sehr positiv auf sein Geschäft auswirkte. Jeder fühlte sich da zu Hause. Gegen 19.00 Uhr begann das Nachtleben in diesem Lokal und es füllte sich mit Gästen, die in der neuen Mine arbeiteten und den Feierabend genossen. Die Minenarbeiter wurden mit einem Firmenbus zum Arbeitsplatz gebracht und wieder zu ihrer Unterkunft zurückgefahren. Alles war bestens organisiert und mit ihrem guten Gehalt konnten sie sich diese Nächte leisten. Sofort kam ich mit einigen Besuchern ins Gespräch. Da ich eine Wohnung suchte, bot mir einer der Gäste ein kleines Haus an. Das Haus lag etwas außerhalb von Swakopmund, nur zwei Minuten vom Strand entfernt. Der Hausvermittler hieβ Manfred, stammte aus Ulm und lebte bereits seit vier Jahren im Ort. Er war mit einer Frau aus Swakopmund verheiratet. Das kleine Haus gehörte den Eltern seiner Frau; es stand leer, da sie nach Windhoek gezogen waren und war jetzt zu vermieten. So ein glücklicher Zufall! Am nächsten Tag besichtigte ich das Haus und es entsprach meinen Vorstellungen. Ich unterschrieb gleich den Mietvertrag. Die nächste Hürde war mal wieder geschafft und ich musste mir nun eine Arbeit suchen, damit ich die Voraussetzung für eine Aufenthaltsgenehmigung in Südafrika erhielt. Ich musste so legal scheinen, wie ein anerkannter Bürger in diesem Land. Eine Arbeit in der Uranmine würde zwar meine Aufenthaltsgenehmigung beschleunigen, aber ich würde jeden Tag an den Arbeitsplatz in der Wüste gebunden sein und könnte somit keine Kontakte aufbauen und Ermittlungen durchführen. Meine Ermittlungsarbeit wäre dadurch zu sehr eingeschränkt und die beste Möglichmöglichkeit bestand meines Erachtens darin, bei einer alt eingesessenen Firma in Swakopmund Arbeit zu finden. Dafür brauchte ich das Vertrauen der Bewohner dieser Kleinstadt. Der Nachteil war allerdings, dass die alteingesessenen Firmen nicht mit der guten Bezahlung der Uranmine konkurrieren konnten, spielte für mich jedoch nur eine untergeordnete Rolle. Geld war nicht der entscheidende Punkt, sondern wichtiger war, in diese Kreise einzutauchen, um das Vertrauen und die Anerkennung zu finden. Ich hatte schon eine Idee. Die alteingesessenen Deutschen waren auf ihre Vorfahren sehr stolz und pflegten das „Deutschtum". Zur damaligen Zeit wurden alle logistischen Güter, die mit dem Schiff nach Swakopmund oder Walvis Bay angeschifft wurden, per Ochsenkarren durch die Wüste nach Windhoek transportiert. Zum Gedenken an diese logistischen Leistungen, schlug ich Manfred, meinem Hausvermittler, vor, diesen Weg nach zu wandern. Er zeigte sich von dieser sportlichen Anforderung sofort begeistert. Durch unsere Mundpropaganda in den einschlägigen Gaststätten sprach sich dieses Vorhaben blitzschnell in Swakopmund und auch in Südwestafrika herum: Zwei aus Deutschland stammende Männer wollten zum Gedenken des alten Transportweges und den damaligen Leistungen durch die Wüste von Swakopmund nach Windhoek wandern und damit die Vorfahren ehren. Folgende alten Ereignisse waren für die Menschen von Bedeutung:

1893 sollte in Swakopmund ein Hafen gebaut werden, um von den Briten unabhängig zu sein. Leider gab es keine natürliche Bucht, in der die Schiffe wie in Walvis Bay anlegen konnten. Mit dem Bau einer Mole gedachte man, die Entfernung zu den außerhalb liegenden Schiffen zu verringern. Das benötigte Material transportierte man mit Ruderbooten, die Verpflegung und auch die Einwanderer aus Deutschland brachte man so an Land. Den weiteren Weg ins Inland bewältigte man mit Ochsenkarren. Dies war zur damaligen Zeit eine unbeschreiblich große Leistung, die wir durch unsere Wanderung ehren wollten. Die Versorgung mit Trinkwasser und Marschverpflegung übernahm der bestehende Auswanderer Club. Wir konnten auf einer durch die Wüste führenden Sandstraße wandern und in der Nacht im Wüstensand übernachten. Die Breite der Wüste liegt bei zirka einhundertfünfzig km und der Höhenunterschied von Swakopmund nach Windhoek bei zirka zweitausend Meter. An die Wüste schloss der gewaltige Anstieg in das Khomas-Hochland an, dass durch Viehzucht wirtschaftlich genutzt wurde. Die

Farmbesitzer waren in der Mehrzahl deutscher Abstammung. Es bedeutete eine große körperliche Anstrengung, diesen Weg durch die Wüste und dem Hochland zu bewältigen. Nicht nur die Entfernung belastete, sondern auch die hohen Temperaturen. Manfred, von Beruf Maler und Anstreicher, besaß sein eigenes Geschäft und konnte frei über seine Zeit verfügen, nur seine Kondition musste für diesen Gewaltmarsch noch verbessert werden. In den frühen Morgenstunden starteten wir deshalb unser Training mit Strandläufen und am späten Nachmittag wanderten wir einmal um den Ort Swakopmund. Nach vier Wochen Training waren wir der Ansicht, dass unsere Kondition und unser Selbstvertrauen, diese Strecke zu schaffen, erreicht war. Wir starteten an einem Samstagmorgen um 4.00 Uhr noch vor dem Sonnenaufgang. Unser Startpunkt lag außerhalb von Swakopmund, wo die Sandstraße in die Wüste führte. Dort stand auch das Denkmal „Martin Luther, eine Dampfmaschine, zu dem es folgende Geschichte gibt: Die Maschine wurde 1896 aus Deutschland importiert, um die Ochsenwagen zu ersetzen. Die Anlieferung erfolgte per Schiff zum Hafen Walvis Bay. Man benötigte große Wassermengen, um diese Maschine zu bewegen und etwa drei Monate brauchte die Maschine auf der Sandstraße von Walvis Bay bis nach Swakopmund. Sie entpuppte sich als nicht brauchbare Zugmaschine für diese Gegend und nachdem diese Fehlentwicklung nur wenige Fahrten hinter sich hatte, brach sie endgültig zusammen. Bald begannen die Einheimischen die Maschine „Martin Luther" zu nennen. Sie bezogen sich dabei auf die berühmten Worte des Reformators

„Hier stehe ich, Gott helfe mir, ich kann nicht anders."

Am ersten Tag schafften wir vierzig km, dabei legten wir

185

nach jeder Stunde eine kurze Pause ein. In den Abendstunden versorgte uns ein Freund per Pkw mit Trinkwasser und leichter Kost. Dies lässt sich einfach erzählen, aber die Wirklichkeit war extrem hart und oft mit Schwierigkeiten verbunden. Die Sandstraße durch die Wüste war an vielen Stellen zugeweht. Außerdem erstreckte sie sich in unserer Wanderrichtung nach Osten und stieg unterschiedlich stark an. Der Wüstensand ist so feinkörnig, dass er den Schuhen keinen festen Halt bietet. Die Sonne scheint nicht, sondern brennt. Alles war eine große Herausforderung und sehr belastend für uns. Wir verlegten unsere Wanderzeit mehr in die Nachtstunden, um so die starke Sonnenhitze zu meiden.

Eine Überraschung erlebten wir, als uns eine Fahrzeugkolonne überholte, erstaunlicher Weise eine Militärkolonne. Militärkolonnen waren mir vertraut, aber in der Wüste kam sie uns doch sehr ungewöhnlich vor. Sie bestand aus Schützenpanzer und Radfahrzeugen und war besetzt mit Soldaten, die in Uniformen aus dem Zweiten Weltkrieg bekleidet waren. Auf den Fahrzeugen waren Hakenkreuze und SS Runen gemalt. Wir waren so überrascht, dass wir vergaßen diese Kolonne zu fotografieren. Später erfuhren wir, dass dieser Club sein jährliches Treffen auf einer Farm im Hochland feierte. Die Klubmitglieder gehörten verschiedenen Nationen an und wurden von der Bevölkerung kaum beachtet. Es waren „Spinner", die hier eine Daseinslücke gefunden hatten und auch von der Regierung nicht beachtet wurden. Südafrika bot jedem seinen Platz, nur nicht den radikalen Kommunisten und das war gut so. Nach sechs harten Tagen hatten wir die Wüste durchquert und am Endpunkt der Wüste erwartete uns eine Überraschung. Der bekannteste Geschäftsmann Südwestafrikas hatte für uns ein Grillfest organisiert. Die

Südafrikaner haben ihren Nationalsport „Braai" ins Land exportiert; unter freiem Himmel wird außer den obligatorischen Steaks auch die so genannte „Boerewors" gegrillt, eine mit Thymian und Rosmarin gewürzte Bratwurst aus Rind oder Wildfleisch. Die Party am Wüstenrand stellte sich als echtes Erlebnis heraus, da auch unsere Freunde anwesend waren und Manfred seine Frau wiedersehen konnte. Wir tranken eiskaltes Swakopmunder Lagerbier aus der Kühlbox. Für mich gab es noch eine weitere Überraschung. Manfreds Ehefrau hatte noch einige Freundinnen mitgebracht, die uns unbedingt aufgrund unserer Leistung bestaunen wollten.

Am nächsten Tag ging es gestärkt, aber mit leichtem Kater, weiter. Vor uns lag ein steiler und harter Anstieg über mehr als vier km, bis wir das obere Ende einer Bruchkannte erreichten. Dort trafen wir auf die Trennung der Wüste vom fruchtbaren Hochland. Von der steil abfallenden Höhe genossen wir einen wunderbaren Ausblick auf die Wüste und wir schüttelten uns die Hände wie zwei Bergsteiger, die den Gipfel erstürmt hatten. Unsere Wanderung durch das Komas-Hochland mit seinen Rinderfarmen gestaltete sich viel einfacher und zivilisierter, da wir in den Abendstunden von den jeweiligen Farmern zum Abendessen und zur Übernachtung eingeladen wurden. In den Morgenstunden, nach einem reichhaltigen Frühstück, ging es weiter. Genau wie die Vorfahren bewältigten wir die Strecke bis Windhoek in nur zwölf Tagen. Außerdem wurden wir auf unserem Marsch zum jährlichen Treffen der „Afrikaanischen Farmer" (Buren) mit seinem großen Vieh- und Heiratsmarkt eingeladen. Manfred erhielt sogar ein Heiratsangebot, dass er aber freundlich ablehnen musste. In Windhoek empfing man uns nochmals mit großer Begeisterung und wir feierten hier unseren erfolgreichen Abschluss der Wüstenwanderung.

Die Wanderung durch die Wüste trug ihre Früchte und ich war bei der Bevölkerung von Swakopmund angesehen. Zurück in Swakopmund erhielt ich nämlich eine Anstellung bei einer alt eingesessenen Firma als Sprengmeister. Beim Einstellungsgespräch erwähnte ich meine Tätigkeit bei der Bundeswehr in Deutschland und legte den erforderlichen, diesmal echten Nachweis vor. Nach drei Monaten Probezeit bei der Firma würde mich ihr Chef mit seinem Flugzeug nach Windhoek bringen und ich könnte dort die Prüfung zum Sprengmeister ablegen. Beim Bergamt schaffte ich die Prüfung und war ab diesem Zeitpunkt Sprengmeister für Sprengungen im Übertagebereich für Südafrika und Südwestafrika. Weiterhin unterstützte mich die Firma bei meinem Antrag zur Aufenthaltsgenehmigung für Südafrika und einige Wochen später erhielt ich diese Papiere. Nun besaß ich einen Ausweis für Südafrika, eingetragen war auch mein Führerschein und der Waffenschein. Als „Maulwurf" konnte ich nun in einem westlich orientierten Land für eine westlich orientierte Organisation arbeiten.

Nach all diesen guten Ergebnissen bekam ich ein schlechtes Gewissen und überlegte, ob ich meine Arbeit in dieser Organisation abbrechen sollte, um mir in Südafrika ein neues Leben aufzubauen. Da ich mir aufgrund meiner Ermittlungsarbeit einen politischen Überblick über die Zukunft Südafrikas geschaffen hatte, kamen jedoch auch Zweifel auf. Einer Minderheit ging es gut, die Mehrheit, die mit diesem Land ursprünglich verbunden war, lebte aber als Bürger zweiter Klasse. In der ganzen Welt protestierte man gegen Südafrika, wenn auch oft aus unterschiedlichen Gründen. Ich beschloss mir selbst zu helfen und als Ermittler weiter zu arbeiten. „Auch ein Maulwurf kann ein guter Mensch sein", sagte ich mir.

Einige Zeit später lernte ich auf einer Party eine sehr hübsche Frau kennen, die englisch und afrikaans als Muttersprache beherrschte. Juanita war zwölf Jahre jünger und arbeitete als Sekretärin für eine Maschinenfabrik in Walvis Bay, die nur dreißig km von Swakopmund entfernt lag. Walvis Bay besaß einen groß ausgebauten Hafen mit vielen Fischerbooten und Fischfabriken. Es stank nach Fisch und für die Bewohner bedeutete dieser Geruch Geld. Weiterhin befand sich dort eine der größten Armee- und Marinestützpunkte der südafrikanischen Wehrmacht. Beide Ortschaften waren unterschiedlich geprägt und es wurde dort kaum deutsch gesprochen. In Walvis Bay lebten viele Coloured und Weiße, gesprochen wurde afrikaans und englisch, da Swakopmund ursprünglich deutsch und Walvis Bay englisch ausgerichtet waren. Juanitas Eltern waren englischer Abstammung und lebten in Durban Südafrika, in der Provinz Natal am Indischen Ozean. Sie war von meinem Haus begeistert und eine Woche später hatte ich bereits eine Mitbewohnerin. Sie brachte ihre Hausangestellte mit, die in dem dafür vorgesehenen Anbau untergebracht wurde. Jeder Haushalt in Südafrika hatte Schwarze Hausangestellte, die die Hausarbeit erledigten und auch die Kinder betreuten. Für mich war das noch gewöhnungsbedürftig, zumal diese Hausangestellte uns jeden Morgen den Kaffee ans Bett brachte. Und dann begann der interessante Teil der Geschichte: Juanita war schon einmal verheiratet und hatte zwei Kinder. Das erste Kind, ein fünf Jahre altes Mädchen mit dem Vornamen Marcelle und einen Jungen namens Lenny. Er war drei Jahre alt. Beide Kinder lebten bei Juanitas

Eltern in Durban. Zwei Tage später stellte Juanita mir Marcelle vor und ich war von diesem hübschen Mädchen mit ihren vielen Sommersprossen sofort begeistert. Unser Hausmädchen erhielt eine weitere Aufgabe und beaufsichtigte Marcelle. Eine Woche später brachte Juanitas Bruder Liege den kleinen Lenny nach Swakopmund und somit hatte ich plötzlich eine Familie. In diesem noch deutsch geprägten Land verbesserte ich meine englischen Sprachkenntnisse. Bei uns zuhause sprachen wir nun deutsch, englisch und afrikaans und die Kinder wurden mit diesen Sprachen erzogen.

Vor uns lag ein langes Wochenende und Juanita machte den Vorschlag, nach Durban zu fliegen; ich sollte ihre Eltern kennen lernen. Juanitas Bruder Liege konnte in der Zwischenzeit die Kinder beaufsichtigen. Wir fuhren mit dem Auto nach Windhoek zum Flugplatz, stellten es dort ab und flogen nach Durban. Der Flug war sehr entspannend. Wir beobachteten einige Soldaten, die ihren Heim- oder Urlaubsflug antraten. Sie freuten sich auf ein Wiedersehen mit der Freundin oder den Eltern. In der Maschine herrschte eine ausgelassene, aber auch glückliche Stimmung, die sich auf uns und den weiteren Passagieren übertrug. Wir landeten pünktlich auf einen für Durban kleinen Flugplatz. Als wir die Maschine verließen, um einen Zubringerbus zu besteigen, bemerkte ich die hohe Luftfeuchtigkeit, die hier herrschte. Wir waren am Indischen Ozean angekommen und hatten mit dem Flug den Kontinent Afrika von West nach Ost überquert. Die Urlauber aus Südafrika liebten die wunderbaren Strände von Durban und das subtropische Klima mit seinem warmen Seewasser, das sich über zwanzig Grad erwärmt.

Nach Johannesburg ist Durban die zweitgrößte Stadt in Süd-

afrika. Durban liegt in der Provinz Natal, wo das sagenumwobene Zulu Volk zu Hause war und von einem Zulu König
regiert wurde. Wichtig für das Land war der Hafen von Durban, der zu den größten in Afrika zählt. Er war mit dem Inland durch eine Eisenbahn und guten Straßen verbunden.
Der Flugplatz im Süden von Durban lag nicht weit vom
Strand entfernt und daneben befand sich das Industriegebiet
mit seinen Hafenanlagen. Wir fuhren durch die moderne
Stadt Richtung Norden, immer in Sichtweite zum Meer mit
seinen großen und schönen Stränden. Es schloss sich eine hügelige Landschaft, mit subtropischen Pflanzen und Bäumen
bewachsen, an; die Richtung zum Meer fiel oft steil ab. Die
Eltern besaßen ein kleines Hotel außerhalb von Durban in einem kleinen grünen Tal auf einer Felsenplattform direkt am
Meer. Die sich anschließende Ortschaft, bestehend aus zehn
Häusern, hieß Salt Rock. Es war ein besonders schöner Gelän-
deabschnitt mit einem weiten Ausblick über den Indischen
Ozean. Juanita hatte vier Geschwister und davon lebte nur
der jüngste Bruder bei den Eltern. Das bevorstehende Treffen
mit ihren Eltern machte mich schon etwas nervös. Sie waren
nach Juanitas Erzählungen sehr stolz auf ihre englische Abstammung und im Zweiten Weltkrieg hatte ihr Vater in
Nordafrika zwei Brüder im Kampf gegen deutsche Truppen
verloren. Begrüßt wurden wir in der kleinen Empfangshalle
von Juanitas Bruder Guy, der als Marinesoldat auf einem
Schiff seinen Dienst verrichtete. Er hatte Urlaub und brachte
uns mit seinem Auto zum Elternhaus. Juanita hatte mir erklärt, dass sich ihre Eltern auf unseren Besuch sehr freuen
würden und so war auch der Empfang. Ich wurde als Deutscher sehr herzlich aufgenommen und sie zeigten keinerlei
Vorurteile mir gegenüber. Sie hatten einige gute Freunde, die

als sogenannte Springbockdeutsche im Umkreis von Hermannsburg Zuckerrohrfarmen bewirtschafteten. Hermannsburg ist eine alte deutsche Missionsschule mit einem Internat, was mir schon der Offizier in Südwestafrika erklärt hatte. Jetzt lernte ich das Familienleben einer südafrikanischen, aber englisch abstammenden Familie kennen. Ihr nettes Verhältnis zu den Schwarzen Hausangestellten fiel mir sofort auf und sie unterhielten sich mit ihnen in deren Sprache. Das Hotel, das man mir später zeigte, wurde von Juanitas Eltern vorbildlich geführt und sie sorgten für eine altenglische Atmosphäre. Man konnte sich hier wohlfühlen. Die Weißen Gäste kamen aus dem In- und Ausland, die Mehrzahl aus Südafrika, aber viele stammten aus Großbritannien, Neuseeland und Australien. Das Hotelpersonal, alles Inder, verrichtete eine beispielhafte Arbeit. Juanita zeigte mir ihre Heimat und wir unternahmen Autotouren in die geschichtsträchtige Umgebung und auch in das Heimatland der Zulus. Der bekannte und berüchtigte Zulu König Shaka Zulu hatte zur seiner Zeit alle großen Stämme im südlichen Afrika unter seine Gewalt gebracht und er war der Napoleon von Afrika. So wurde er auch von den englischen Siedlern mit Ehrfurcht benannt. Erst die Nachkommen von Shaka Zulu wurden von den nach Norden ziehenden Treckburen in harten Kämpfen geschlagen.

Nach unserem Kurzurlaub verabschiedeten uns ihre Eltern am Flughafen. Einen Tag vorher genossen wir gemeinsam ein schmackhaftes Abendessen im Hotel, tranken ordentlich und tanzten. Mit einem leichten Kater flogen wir beiden zurück nach Windhoek.

In der Zwischenzeit war mein Bekannter, mit dem ich 1975/76

das Land Rhodesien verlassen hatte, als Security-Unternehmer erfolgreich und hatte in den wohlhabenden Stadtteilen von Durban einen Personen- und Objektschutz aufgebaut. An einer Zusammenarbeit mit mir war er immer noch interessiert.

Juanita kündigte ihre Arbeit in Walvis Bay und arbeitete anschließend für eine Bäckerei in Swakopmund als Buchhalterin. Mein Leben hatte sich verändert. Man könnte auch sagen, dass ich mich den Umständen angepasst hatte. An den Wochenenden pflegten wir unsere Bekanntschaften und wechselweise veranstalteten wir Partys und Familientreffen, auf denen selbst gefangener Fisch oder auch Wildfleisch gegrillt wurde. Juanita, die schon über zwei Jahre in Südwestafrika lebte, wies einen großen Bekanntenkreis auf, der sich aus vielen unterschiedlichen Berufsgruppen zusammensetzte. Auf einer dieser Familienpartys lernte ich den Springbockdeutschen Uwe kennen. Uwe arbeitete als Kriminalbeamter erst in Walvis Bay und dann in Swakopmund. Seine Vorfahren waren Grenzfarmer in der Transkei im östlichen Bereich von Südafrika, als die englischen Siedler noch gegen die aufständischen Xhosa kämpften. Die Xhosa waren neben den Zulus der zweitgrößte Volkstamm in Südafrika. Uwe war verheiratet mit einer hübschen Afrikaanerin und sie hatten zwei sehr nette Kinder, die die Deutsche Schule in Swakopmund besuchten. Juanita zeigte sich von dieser Familie sehr angetan und es entwickelte sich eine echte Freundschaft zwischen uns, die sich auf meine Ermittlungsarbeit günstig auswirkte. Über Uwe, der sich im politischen Bereich der SWAPO bewegte, bekam ich einen guten Einblick in deren Arbeit. In diesem Kreis verkehrten auch kirchliche Vertreter und Weiße geldgierige Anwälte, die bei einem politischen Wechsel auf einflussreiche Anstellungen bei der neuen kommunistischen Regierung hofften. In Südwestafrika hatte sich eine politische Partei gebildet, die um eine Zusammenarbeit der Weißen und Nichtweißen Bevölkerung warb. Es war die Demokratische Turnhallen Allianz. Der Name entstand, weil die Gründung der Partei und ihre Tagungen in einer Turnhalle im Regierungsviertel von Windhoek stattgefunden hatten. Um den Bürgern den Namen der Partei mundgerecht zu machen, wurde sie DTA genannt. Die ersten demokratischen Wahlen Südwestafrikas wurden ausgeschrieben und wie es in einer demokratischen Welt üblich ist, kämpfte man hart um jede Stimme. Zum ersten Mal durften Nichtweiße ihre Stimme abgeben und wählen. 1978 hielt Südwestafrika die ersten allgemeinen Wahlen mit dem Wortlaut, „ein Mensch, eine Stimme" ab. Die radikale SWAPO rief sofort zum Wahlboykott auf, aber es beteiligten sich über achtzig Prozent der Bevölkerung an diesen freien Wahlen. Für die Wahltage suchte man freiwillige Helfer. Zum Beispiel für das Owamboland Autofahrer, die mit Geländefahrzeugen die Wähler aus den verstreut liegenden Dörfern abholte, zu den Wahllokalen und dann nach der Wahl wieder zurück zu den jeweiligen Dörfern brachte.

Mein Arbeitgeber erklärte sich sofort damit einverstanden, dass ich mich als Fahrer meldete, da er die Bestrebungen der DTA voll unterstützte. Der Treffpunkt der Helfer lag im Regierungsviertel von Windhoek. Da mein Chef in Windhoek geschäftliche Dinge zu erledigen hatte, flogen wir mit seiner Sportmaschine einen Tag vor dem Treffen in die Hauptstadt. Ich übernachtete im Hotel meiner ersten Arbeitsstelle und feierte dort mit meinen ehemaligen Freunden einen feucht fröhlichen Abend.

In Windhoek brodelte die Gerüchteküche über die Gefahren des Buschkrieges, der über siebenhundert km von Windhoek entfernt tobte. Meine Freunde konnten nicht verstehen, dass ich mich solchen Gefahren als Wahlhelfer freiwillig auslieferte. Aber meine Betreuer waren begeistert, als ich ihnen mitteilte, dass ich die Möglichkeit als Wahlhelfer im militärischen Sperrgebiet gefunden hatte.

Wir waren insgesamt zehn Personen, die sich als Kraftfahrer für den Einsatz im Owambo Land gemeldet hatten und starteten morgens gegen 9.00 Uhr mit einem Kleinbus Richtung Norden. Nach ca. fünf Stunden Fahrt erreichten wir die Bergbaustadt Tsumeb. Unser Aufenthalt dort endete bereits nach einer Stunde Pause. In diesem Gebiet zog sich ein Kupfergürtel von Sambia über Rhodesien bis nach Südwestafrika und man baute Kupfer ab. Hinter der Ortschaft lag auf der westlichen Seite der weltberühmte Tierpark Etosha mit seiner großen Fläche. Außerdem fuhren wir durch militärisches Sperrgebiet unter Begleitschutz der Armee. Alle wichtigen Straßen in diesem Bereich, die nach Angola führten, wurden täglich nach Minen und Sprengfallen abgesucht. Gegen 17.00 Uhr erreichten wir unser Ziel, die Ortschaft Ondangwa. Hier war die Provinzregierung vom Owambo Land ansässig. Untergebracht wurden wir in einer kleinen Turnhalle, die im Regierungsviertel lag. Gleich neben dem Regierungsviertel befand sich ein Militärstützpunkt mit einem großen Militärflugplatz. Den Eintritt in das Sperrgebiet gestattete man nur den Anwohnern mit Ausweis. Wir wurden fotografiert, Fingerabdrücke wurden abgenommen und dann erhielten wir einen Spezialausweis. Diesen Ausweis musste man immer bei sich tragen und sich bei einer Kontrolle der Polizei oder der Armee damit ausweisen. Wer keinen Ausweis vorweisen konnte, wurde gleich festgenommen. Nach der Einweisung für den ersten Wahltag und dem Abendessen machte ich im eingezäunten Bereich einen Spaziergang, um mich zu orientieren. Sehr erstaunte mich, dass im so genannten Regierungsbereich für das Owambo Land keine Tür verschlossen war und ich mich dort frei bewegen konnte. Ich legte die Schwerpunkte fest, wo ich in der Nacht unbemerkt meine Ermittlungsarbeit ansetzten konnte. Soweit ich erkannte, waren keine Streifen der Polizei oder der Armee zu sehen. Zwischen 24.00 Uhr und 1.00 Uhr begann ich mit meiner Aktion, denn dies war die beste Zeit, meine Unterkunft zu verlassen ohne bemerkt zu werden. Richtig begeistert fotografierte ich Unterlagen, die ich in den Büros des Regierungsviertels entdeckte. Sie hatten einen sehr hohen Ermittlungswert und mir lief die Zeit nur so davon. In dieser Nacht sammelte ich so viel Material, wie mir bei meiner Arbeit nur selten geboten wurde. So gesehen war nun ein weiterer Aufenthalt im Sperrgebiet für mich nicht mehr erforderlich und ich konnte mich ganz auf meine Aufgabe als Wahlhelfer konzentrieren. Etwas übermüdet nach der erfolgreichen Nacht holten wir die ersten Wähler im Ford Geländewagen mit eingebauten Sitzplätzen in den Dörfern, genannt Kraal, ab. Uns standen fünf solcher Geländewagen zur Verfügung. Mir zugeteilt war ein junger Coloured aus der Ortschaft Rehoboth, der sich noch in der Ausbildung zum Polizeibeamten befand. Er hatte sich als Wahlhelfer und Fahrer gemeldet, da er vom Wahlprogramm der DTA sehr begeistert war und hierin eine gerechte Zukunft für alle Einwohner Südwestafrikas erkannte. Wir waren jetzt Partner und unsere Zusammenarbeit verlief vorbildlich.

Rehoboth, eine Kleinstadt neunzig km südlich von Windhoek gelegen, lag in einem Siedlungsgebiet für coloured people, die etwa vor hundert Jahren aus der Cape Provinz nach Süd-westafrika einwanderten.

Bei unserer Fahrt zum ersten Kraal endete die Teerstraße nach etwa vierhundert Meter und mündete in eine Sand-straße. „Hoffentlich hatte das Militär diese Straße schon nach Minen durchsucht", überlegte ich. Es war schon ein seltsames Gefühl, sich solch einer Gefahr auszusetzen. Nach etwa einer halben Stunde erreichten wir unser Ziel und nahmen acht-zehn Personen auf, die bereits warteten. Über Radio, das im Auto eingebaut war, gaben wir unsere Rückfahrt und die auf-genommene Personenzahl bekannt. In den Nachmittagsstun-den gelangten wir bis fast an die Grenze nach Angola und fuhren vollgeladen weiter zum Wahllokal. Es herrschte eine fröhliche Stimmung unter den Leuten, je näher wir jedoch dem Wahllokal kamen, desto mehr spürte ich bei allen Betei-ligten eine gewisse Spannung, die wohl der Angst vor terro-ristischen Überfällen entsprang. Mir fiel auf, dass die Wahl-beteiligung sehr hoch ausfiel und die Mehrzahl der Wähler Frauen im mittleren Alter waren. Begleitet wurden sie von Kindern, älteren Frauen und Männern. Außerhalb vom Wahllokal verteilten Politiker an die Kinder Süßigkeiten und das hatte sich im Wahlbereich blitzschnell über afrikanische Trommelsignale herumgesprochen. Da jeder etwas abhaben wollte, erhöhte sich dadurch die Wählerzahl. Die Art der Nachrichtenübermittlung fiel mir schon in Rhodesien auf. Wenn ich den Trommelschlag hörte, befiel mich ein eiskaltes Gefühl im Rücken und ich fühlte mich in eine andere Welt versetzt. Plötzlich wurde ich jedoch aus dieser Gedankenwelt brutal in die Wirklichkeit zurückversetzt. Ein ohrenbetäuben-der Knall mit einer sich auftürmenden Staublawine tat sich vor uns auf der Sandstraße auf. Ich brachte unser Fahrzeug durch eine Vollbremsung sofort zum Stehen. Nun war tatsächlich eingetreten, womit ich im Unterbewusstsein gerechnet hatte. Ein krankes Gehirn oder auch mehrere hatten uns beobachtet und beschlossen, Kinder, Frauen und uns Wahlhelfer brutal und feige mit einer Waffe zu töten, wobei ihr körperlicher Einsatz nicht erforderlich war. Eine Landmine oder eine geballte Ladung Sprengstoff sollte unser Fahrzeug mit dem Insassen zerfetzen. Wir waren allerdings keine Soldaten, nur Unbeteiligte in diesem politischen Machtkampf. Mein Partner und ich rissen unsere Waffen aus den Halftern, öffneten die Türen und ließen uns aus dem Fahrzeug fallen. Dann krochen wir nach hinten und öffneten die Wagenklappe, um die schreienden Kinder und Frauen aussteigen zu lassen. Wir gingen mit ihnen hinter einen Sandhügel in Deckung und legten uns so in Position, dass wir den Angriff der Terroristen abwehren konnten. Ich hatte meine P 1 Handfeuerwaffe mit zwei gefüllten Magazinen und der junge Polizeischüler war mit einem südafrikanischen Gewehr A 1 und genügend Munition ausgerüstet. Etwa zwanzig Meter vor unserem Fahrzeug war durch die Explosion ein großer und tiefer Krater entstanden, der die Straße unpassierbar machte. Es herrschte außer dem leisen Weinen und Schluchzen der Frauen und Kinder absolute Stille. Nach einiger Zeit vernahmen wir Motorgeräusche. Südafrikanische Transportfahrzeuge näherten sich auf der Sandstraße. Die Kolonne blieb stehen, Soldaten sprangen ab und gingen weit verteilt, mit der Waffe im Anschlag, in Richtung der Sprengstelle vor. Da keine Kampfgeräusche zu hören waren, verließen wir unsere Deckung und machten uns bemerkbar. Ein Offizier kam auf uns zu und erklärte, dass nur Körperteile von zirka zwei Personen nicht weit von der Sprengstelle gefunden wurden. Außerdem fand man ein Stück Sprengschnur. Er vermutete, dass die Terroristen eine Landmine mit Verbindung zu einer Sprengschnur und einem Zünder zur Explosion bringen wollten. Die Sprengschnur wurde wohl bis zur Landmine ausgelegt, da man eine Explosionsspur bis zum Krater erkennen konnte. Die Terroristen hatten vermutlich noch Sprengstoff in ihren Taschen oder am Körper und es kam zu einer Zündübertragung und sie wurden durch diese Explosion zerfetzt. Zu unserem Glück hatten sie die Sprengschnur mit der Zündschnur verwechselt. Die Frauen und Kinder beruhigten sich etwas und es war erstaunlich, dass sie ohne großen Protest das Fahrzeug wieder bestiegen. Unter militärischem Schutz ging es zurück in ihre Wohngebiete. Da es für eine Rückfahrt zum Wahllokal schon zu spät war, sollten wir Fahrer auf Anordnung der Wahlleitungen im Stützpunkt der Armee übernachten. Er befand sich in unmittelbarer Nähe zum Grenzzaun nach Angola und bestand aus mehreren runden Hütten, die mit Ried bedeckt und miteinander durch Laufgräben verbunden waren. In unmittelbarer Entfernung erkannte man einen Palmenwald, der der Umgebung einen ausgesprochen friedlichen Eindruck verlieh. Uns wurde ein Platz in einer der Hütten zugewiesen und wir konnten dort unsere Schlafstelle mit Schlafsäcken, die man uns zur Verfügung stellte, einrichten. Der Stützpunkt war mit zirka zwanzig Weißen Soldaten belegt und wurde von ihnen abgesichert. Für einen eventuellen Angriff von Terroristen oder Beschuss durch Mörsergranaten zeigten sie uns einen Platz in den ausgehobenen Laufgräben, der uns Deckung bieten sollte. Der leitende Offizier, ein junger Mann von etwa fünfundzwanzig Jahren, verrichtete dort seinen Wehrdienst. Er war verheiratet, kam aus Cape Town und seine Dienstzeit endete in drei Tagen. Etwa die Hälfte der Soldaten des Stützpunktes befand sich in der gleichen Situation und freute sich auf das Ende ihrer Dienstzeit und die Heimkehr nach Südafrika. Unsere gelockerte Stimmung wurde nur durch einen Militärgeistlichen beeinträchtigt. Er war gegen unsere Unterbringung und machte dem leitenden Offizier gravierende Vorwürfe. Ich als Deutscher war ein Spion der Kommunisten und mein Begleiter war sogar ein Nichtweißer. Unter Weißen Soldaten dürfte dieser sich nicht aufhalten, denn es würde nach dem Gesetz Gottes die Ordnung stören. Ich empfand seine Vorhaltungen als unsozial und weltfremd. Der zuständige Offizier entschuldigte sich bei uns und meinte, wir sollten diesen Mann nicht beachten. Er sei ein Verbohrter und leider wären überall noch einige andere dieser Geistlichen bei den Weißen Afrikaanern zu finden, die das Volk aufhetzten.

Nach einem herzhaften Abendessen, bestehend aus einer warmen Linsensuppe mit Fleischinhalt und Weißbrot, teilte mir ein Funker mit, dass um 21.00 Uhr der Funkverkehr in deutscher Sprache ablief, der von Angola nach Luanda führte. Es war schon seltsam für mich, militärischen Funkverkehr in einem afrikanischen Kriegsgebiet in deutscher Sprache zu hören. Diesmal handelte er von erforderlichen Bedarfsanforderungen und wurde von ostdeutscher Seite sehr diszipliniert geführt. Es kam nur von südafrikanischer Seite zu leichten sprachlichen Entgleisungen wie die Redewendungen „Scheiß Kommunisten", wenn deutschsprachige Soldaten den Funkverkehr überwachten, also nur leichte Beschimpfungen. Entlang der Grenze nach Angola befanden sich mehrere dieser Stützpunkte. Sie waren über Funk verbunden und konnten den feindlichen Funkverkehr abhören und aufzeichnen. Bei Kommandoeinsätzen der südafrikanischen Armee in Angola nahm man auch Soldaten aus Russland, Kuba und der DDR gefangen. Diese schob man mit Unterstützung durch das Rote Kreuz gegen gute Bezahlung in ihre Heimatländer ab. Für die Transaktionen war in der Militärbasis in Walvis Bay ein Ermittlungsbüro eingerichtet worden. Die Öffentlichkeit informierte man z. B. durch die Presse über diese Maßnahmen nicht. In der Nacht hörten wir nicht weit von unserem Stützpunkt entfernt Einschläge von Mörsergranaten. Da ich das Kriegsgebiet Rhodesien erlebt hatte, waren diese Geräusche für mich nicht weltbewegend. Am nächsten Morgen machten wir uns fertig, um den Stützpunkt zu verlassen. Unser Frühstück bestand aus einem Becher heißen Kaffee und einigen Keksen. Wir verabschiedeten uns herzlich von den Soldaten und wünschten ihnen militärischen Erfolg und eine gesunde Heimkehr nach Ablauf der Dienstzeit. Dann fuhren wir zurück nach Ondangwa, wo sich das Wahllokal und die Unterkünfte der Wahlhelfer befanden. Der Einsatz hatte sich laut Aussage der Verantwortlichen für das Owambo Land gelohnt. Es musste nur noch ausgewertet werden, welche Partei die meisten Stimmen erhalten hatte. Die Wahlurnen wurden versiegelt, verladen und zum Hauptbüro nach Windhoek gebracht. Dieser Transport erfolgte auf dem schnellen und sicheren Luftweg durch die südafrikanische Armee. Ohne besondere Vorkommnisse erreichten wir mit unseren Geländefahrzeugen in den späten Abendstunden die Hauptstadt Windhoek. Ich übernachtete bei Freunden im Hotel und am nächsten Tag wurden wir vom Wahlkomitee zu einem Frühstück im Regierungsviertel eingeladen. Man bedankte sich für unseren Einsatz. Da die Presse auch anwesend war, wurden wir eingehend über den terroristischen Vorfall befragt.

Meine Betreuer, die sich noch in Windhoek aufhielten und auf meine Rückkehr warteten, zeigten sich von meinen Ermittlungsergebnissen hellauf begeistert und die ganze Nacht arbeiteten wir an deren Auswertung. Am späten Nachmittag des folgenden Tages fuhr ich mit der Eisenbahn zurück nach Swakopmund. Auf dieser Fahrt begegnete ich einem Geschichtslehrer deutscher Abstammung, der mir einen geschichtlichen Ablauf über die Entwicklung der Eisenbahn in Südwestafrika vortrug: Das jetzige Eisenbahnnetz stammte noch aus der Zeit, als dieses Land als deutsche Kolonie beherrscht wurde. Der Transport der Güter erfolgte von

Swakopmund durch die Wüste und dem Komas Hochland nach Windhoek mit Ochsenwagen. Dreißig Rinder zogen einen Ochsenwagen und legten pro Tag etwa dreißig km zurück. Die Entfernung zum Zielpunkt Windhoek lag bei zirka vierhundert km. Alle Güter kamen aus Deutschland und wurden in Swakopmund gelöscht. Aufgrund einer Rinderpest und dem Verlust der Ochsen musste man so schnell wie möglich eine andere Transportmöglichkeit finden. Man entschloss sich, eine Schmalspureisenbahn, die aus Deutschland eingeschifft wurde, aufzubauen. Diese Eisenbahnanlage verlegte man vom Küstenort Swakopmund durch die Wüste über die Ortschaft Karibik nach Windhoek. Es war eine Meisterleistung von Organisationen und deutscher Ingenieurtechnik in diesem menschenleeren Wüstenland. Wasser- und Brennstoffversorgung mussten alle fünfzig km stationär vorhanden sein, da ein Anstieg vom Nullpunkt, dem Atlantischen Ozean, bis zum Zielpunkt Windhoek ca. zweitausend

Meter betrug und zu überwinden galt. Nach dieser Meisterleistung waren weitere Eisenbahnverbindungen aufgebaut worden, wie in Richtung Norden zum Kupferabbaugebiet Tsumeb sowie zu den Nischenbereichen des Landes, wo sich die großen Diamantenfelder befanden. Ebenso um die Viehzucht zu organisieren und zur Unterstützung und Aufbau der Farmen im ganzen Land. Da es dabei zu Kriegshandlungen mit der einheimischen Bevölkerung kam, mussten schnell Truppen mit der Bahn zu den Krisenpunkten verlegt werden können. Nach dem verlorenen Ersten Weltkrieg übernahm die englische Regierung aus Südafrika die Verwaltung Südwestafrikas und verband das bestehende gut ausgebaute Schienennetz mit ihrem Eisenbahnnetz. Starke Diesellokomotiven lösten die kohlebetriebenen ab, moderne Güter- und Personenwagen wurden eingesetzt. Die Versorgung des Landes erfolgte nun von Südafrika aus.

In Windhoek gibt es ein Eisenbahnmuseum. Dort kann man die alten deutschen Lokomotiven und Triebwagen besichtigen. Das alte deutsche Eisenbahnnetz wurde dort im Kleinformat aufgebaut. Weiterhin befanden sich im ganzen Land noch die ursprünglichen erhaltenen Bahnhöfe, oft mit altem und wertvollem Gerät, wie zum Beispiel verschiedenen Lokomotiven in unterschiedlichen Bauklassen. Da Südwestafrika ein wüstenähnliches Klima besitzt, verrosteten diese alten Geräte nicht. Für Eisenbahnliebhaber bedeutet das Land Südwestafrika ein besonderer Höhepunkt.

Auch unser Zug Richtung Swakopmund transportierte noch militärische Versorgungsgüter, wie Transportfahrzeuge und auch Soldaten waren an Bord. Diesen Teil des Zuges hing man in der Ortschaft Okahandja ab und eine Diesellokomotive übernahm, die diese Militärfracht in das Kampfgebiet nach Norden brachte, wo wir einige Tage als Wahlhelfer tätig waren. Die Endstation bildete die Ortschaft Walvis Bay mit ihrem Hafen und dem Militärlager. Es war bereits 24.00 Uhr an diesem Tag und ein Bahnangestellter baute nach dem interessanten Informationsgespräch des Geschichtslehrers unsere Betten im Abteil auf. Leicht schwankend, mit einem Tempo zwischen fünfzig und sechzig km/h, ging es der Wüste entgegen. Ich hatte so gut und fest in der Nacht geschlafen, dass ich die Haltezeiten des Zuges nicht mitbekam, wurde aber gegen 4.00 Uhr morgens wach. Ausgeschlafen schenkte ich aus einer mitgebrachten Thermoskanne meinem Gesprächspartner und mir einen heißen Kaffee ein, um so den neuen Tag zu beginnen. Pünktlich um 6.00 Uhr lief der Zug im Bahnhof von Swakopmund ein. Erwartet und abgeholt wurde ich von meiner Freundin Juanita. Da ich erst am nächsten Tag meine Arbeit bei der Firma aufzunehmen brauchte, verbrachten wir noch einen ruhigen Tag zu Hause. Gegen Abend unternahmen wir eine Runde durch die Gemeinde, um nur ja keine Neuigkeiten zu verpassen. Dabei trafen wir ein uns bekanntes Ehepaar aus Walvis Bay, das uns für den kommenden Sonntag zu einem Braai (Grillen) einlud und wir sollten nur gute Laune und eine Flasche Brandy mitbringen. Für mich war diese Einladung wieder wichtig, da der Ehemann als leitender Offizier bei der südafrikanischen Marine tätig war.

Am nächsten Tag bereitete ich eine Sprengung mit meinen zwei Schwarzen Sprengungshelfern vor. Unser Sprengplatz lag in der Wüste, etwa acht km von einer Ortschaft entfernt. Mit meinem Toyota Land Cruiser, den erforderlichen Geräten und einem Kompressor, der vom Auto gezogen wurde, ging es zum Sprengplatz. Dort markierten wir die Stellen, an denen Sprenglöcher gebohrt werden mussten. Die Bohrarbeiten waren gegen Abend beendet und am darauf folgenden Tag erfolgte dann die Sprengung. Gesprengt wurde Calcit-Gestein, das u. a. zur Herstellung von Zement oder auch Kunstdünger diente oder bei der Verhüttung von Erzen verwendet wurde. Dieses Calcit-Gestein war vielseitig einsetzbar und bei der Industrie sehr gefragt. Als Sprengstoff diente Düngemittel, welches auch in der Landwirtschaft Verwendung fand. Da sich in diesem Düngemittel ein hoher Anteil von Ammoniumnitrat befand, wurde es mit Dieselbrennstoff mit einer Bohrmaschine gemixt. Der Anteil lag bei neunzig Prozent Düngemittel und zehn Prozent Diesel. Diese Mixtur ergab einen hochwertigen Sprengstoff; er wurde mit Verbindung zu einer Sprengschnur in das fast senkrechte Bohrloch eingelassen. Die Bohrlöcher waren untereinander verbunden und man zündete sie mit einer Sprengkapsel durch eine Zündschnur. Diese Art der Sprengmittel war hoch explosiv und wurde in Südafrika auch bei Großraumsprengungen angewandt. Das abgesprengte Gestein wurde mit Schaufellader auf LKW geladen und zum Bahnhof gebracht, auf Güterwagen abgekippt und im Eisenbahntransport zur Weiterverarbeitung nach Südafrika verfrachtet. Für meine Firma bedeutete es ein gutes Geschäft und für mich eine sichere Anstellung und Einkommen. Die Bohrgeräte, der Geländewagen und auch der fahrbare Kompressor mussten im Anschluss gereinigt werden. Die technische Überprüfung des Fahrzeugs und des Kompressors übernahm das Fachpersonal, das für diese Tätigkeit ausgebildet war. Ein Schwarzer hatte zu der Zeit nicht die Möglichkeit, sich zum Autoschlosser oder Elektriker ausbilden zu lassen, ebenso war die Ausbildung zum Sprengmeister in der Apartheidpolitik für ihn undenkbar. Er konnte weiterhin keinen Waffenschein beantragen, so wie es für jeden Weißen möglich war. Das Schulsystem dieser Bevölkerungsgruppe kontrollierte die Regierung so, dass auch hier der Grundstein für ein eingeschränktes Wissen gelegt wurde. Die Weiße Bevölkerung in Südwestafrika, insbesondere die deutsche Volkgruppe, zeigte sich mit diesem Zustand nicht einverstanden. Bei vielen war die Verbindung nach Deutschland nicht abgerissen und einige der jungen Leute aus Südwestafrika gingen nach der Schulausbildung nach Deutschland, um dort zu studieren oder einen handwerklichen Beruf zu erlernen, um dann später das Geschäft der Eltern in Südwestafrika zu übernehmen. Die Welt hatte sich für diese jungen Leute verändert und nach deren Erkenntnissen sollte sich die Arbeitswelt in Südafrika dem internationalen Standard anpassen. Die Leistung wäre entscheidend, nicht die Hautfarbe. Diesen Trend konnte ich bereits beim Einstellungsverhalten meiner Firma beobachten.

Mittlerweile waren die Wählerstimmen ausgezählt. Die neue Partei der DTA erhielt bei den ersten freien Wahlen die meisten Stimmen und gewann mit über vierzig Prozent. Ihr Ziel war es, die Apartheidgesetze in Südwestafrika abzuschaffen. Da man aber keine UNO-Beobachter zur Wahl eingeladen hatte, erklärten die Westmächte diese Wahl für „null und nichtig"!

Die anstehende Grillparty am folgenden Sonntag bei der Familie in Walvis Bay wurde für mich tatsächlich ein voller Ermittlungserfolg. Anwesend bei diesem Treffen waren nämlich Angehörige von Marineeinheiten, der Luftwaffe und

Unternehmer der Fischfangflotte. Von diesen Leuten, die schon unter dem Einfluss von Alkohol standen, konnte ich folgendes erfahren:

Die Russen hatten zum Fischfang im Bereich von Südwestafrika Fabrikschiffe eingesetzt, die außerhalb der Zwölf Meilen Zone lagen. Zum Fischfang waren kleine Fischerboote unterwegs, die im Küstenbereich, also innerhalb dieser Zone ihre Netze auswarfen. Dieser Fischfang verstieß aber gegen das internationale Seerecht. Diese Fischerboote, oft nicht weit von der Küste entfernt, wurden dabei beobachtet, wie sie mit großen Schläuchen Sand vom Meeresgrund absaugten. In diesem Sand befanden sich erfahrungsgemäß Diamanten, da dieser Bereich noch zum Diamantenschutzbereich zählte. Soweit sich aus den weiteren Gesprächen entnehmen ließ, enterte die südafrikanische Marine diese russischen Fischerboote, versenkte sie und nahm die Besatzung fest.

Die südafrikanische Regierung besaß gegenüber der UDSSR eine gute Ausgangsposition, da diese internationale Rechte verletzten und gegen das Diamantenmonopol verstießen. Einen internationalen Vertrag und die Unantastbarkeit der Diamantenindustrie der Firma De Beer respektierte die UDSSR, aber diese Handlungen waren für De Beer nicht tragbar.

Nach diesem ergebnisreichen Wochenende war ich sehr zufrieden im Sinne meiner Ermittlungsarbeit. Der Wochenbeginn konnte spannungsfrei und ich als „Normalbürger" mit meiner sogenannten Nebenarbeit Sprengmeister starten.

Einmal im Jahr wurde bei Cape Cross, etwa hundert km in nördlicher Richtung von Swakopmund, Guano abgebaut. In einer Bucht mit einer großen Salzpfanne und drei fußballfeldgroßen Holzinseln oder auch Plattformen im Meer wurden

Kapkormorane angelockt, die dann auf der Oberfläche brüteten und ihren Kot hinterließen. Dieser schichtete sich nach einem Jahr etwa zehn bis zwanzig cm dick auf und wurde abgebaut. Guano besteht aus dem Kot von Seevögeln und wird als hochwertiger Dünger verarbeitet und auch zur Sprengstoffherstellung verwendet. Der Abbau begann immer am Ende der Sommerzeit (südliche Halbkugel) etwa im Monat März. Für den Abbau des Guanos setzte man zirka fünf Wochen an und man blieb für diese Zeit auf der Salzpfanne. Als Arbeitskräfte dienten zirka dreißig Owambos, die schon seit Jahren diese Arbeit erledigten. Um den Arbeitsfrieden nicht zu stören, mischte man die Volksgruppe der Owambos nicht mit anderen Volksgruppen. Ein Owambo hatte als Boss Boy den Status des Vorgesetzten für die Arbeiter und deren Tätigkeit. Ein Weißer Mitarbeiter war für den gesamten Ablauf auf dieser Anlage weisungsbefugt. Nach dieser Arbeitsmethode arbeitete man auch im südafrikanischen Bergbau erfolgreich. Die Schwarzen Arbeitnehmer fürchteten den Boss Boy. Nicht befolgte Arbeitsbefehle setzte er nämlich mit körperlicher Gewalt durch. Für diese Maßnahmen hatte er spezielle Leute, die für die Bestrafung zuständig waren.

Mein Chef stellte mir die Frage, ob ich die Aufsicht über den Abbau von Guano in Cape Cross übernehmen könnte. Da ich in den letzten Wochen bei den Ermittlungen erfolgreich war und keinen weiteren speziellen Auftrag erhalten hatte, zeigte ich mich einverstanden. Ich konnte es auch als eine Art Urlaub betrachten, da ich eine gut eingearbeitete Mannschaft übernehmen sollte.

Zwei Tage später ging es über die Salzstraße an der Küste entlang Richtung Norden, an der Ortschaft Henties Bay vorbei zur Salzpfanne bei Cape Cross. Die Küste Südwestafrikas war für ihren Fischreichtum bekannt und dort befanden sich die besten Fischgründe. Die kleine Ortschaft Henties Bay war bei den Angelsportlern aus Südafrika und Südwestafrika wohl bekannt. Ein kleiner Flugplatz ermöglichte den Angelsportlern, den Platz schnell zu erreichen. Preisgünstige Zimmer vermietete ein kleines Hotel. Für Reisende mit Geländewagen und Anhänger gab es einen Campingplatz am Strand. Die Campingplätze in Südafrika und auch in Südwestafrika waren vorbildlich eingerichtet. Tankstelle und Einkaufsmöglichkeiten für Lebensmittel waren ebenfalls vorhanden.

Auf zwei Lkw war die Ausrüstung verladen und die Arbeiter suchten sich ihre Sitzmöglichkeiten zwischen und auf der Ausrüstung, so wie es in Afrika üblich war und wir starteten zur Salzpfanne. Ich fuhr mit dem geländegängigen Toyota inclusive meiner persönlichen Ausrüstung, die ich für diese Zeit brauchte, hinterher. Der Boss Boy war mein Beifahrer um mir den Weg zu weisen und mich während der Fahrt über den Arbeitsablauf zu unterrichten. Er war ein sehr netter und aufgeschlossener junger Mann und wir konnten uns auf Deutsch unterhalten. Die deutsche Sprache hatte er auf einer Missionsschule im Owambo Land erlernt. Nach gut einer Stunde Fahrt erreichten wir unser Ziel und bogen auf einen kaum erkennbaren Weg, der am Rande entlangführte, ab.

Lukas, der Boss Boy, fungierte als Vorarbeiter und gab mir zu verstehen, wir sollten diesen Weg erst auf Fahrbarkeit und Sicherheit erkunden und dann die beladenen Lkw später nachholen. Der Zielpunkt wäre nur zwei km weit entfernt. Der Weg stellte sich für schweres Gerät als befahrbar heraus und wir konnten die Lkws nachziehen. Von weitem erkannte ich schon die Unterkünfte. Es war recht ungewöhnlich für mich, am Ende der Reise, nach einer Fahrt durch Wüste und Sand, plötzlich auf Holzhäuser zu treffen. Ich war allerdings entsetzt über den penetranten Geruch, der uns entgegenwehte.

Lukas beruhigte mich und gab mir zu verstehen, dass ich mich schnell daran gewöhnen würde und außerdem war dieser Gestank heilend gegen Erkältungen oder wenn man Probleme mit der Lunge hatte.

Überrascht stellte ich fest, dass alle Arbeiter christliche Namen hatten. Durch die Missionierung der einheimischen Bevölkerung erhielten sie damals Vornamen von Heiligen, wie ich in Erfahrung brachte. Der Name Lukas ist ein gutes Beispiel dafür.

Die Guano-Inseln hatte man durch Brücken verbunden, die auch aus Brettern bestanden. Da der Vogelkot verschieden dick auf den Inseln lag, lud man ihn mit der Schaufel auf Karren. Diese Karren bestanden aus einer Holzplattform mit erhöhten Seitenteilen, die man abnehmen konnte. Rechts und links befanden sich Räder von Personenwagen. Gezogen wurden sie von einem VW-Käfer, der nur noch aus einer Plattform mit Rädern, dem Lenkrad, einem Sitz und dem Motor bestand. Der so genannte Volkswagen konnte drei bis vier beladene Karren mit Guano ziehen. Er war ein einfaches, aber effektvolles Transportmittel. Den auf der Salzpfanne abgekippte Guano verlud man mit einer großen Ladeschaufel auf Lkw und transportierte ihn nach Swakopmund.

In den späten Nachmittagsstunden mussten die Menschen die Inseln verlassen, da die Kormorane vom Fischfang zurückkehrten. Tausende von Vögeln boten ein gewaltiges Schauspiel, das ich zum ersten Mal mit großem Erstaunen betrachtete. Bei Tagesanbruch verließen die Vögel die Insel um Fische zu fangen und flogen hinaus auf das Meer. Dies war ihr täglicher Rhythmus und wir stellten uns arbeitsmäßig darauf ein. Damit der Aufenthalt der Vögel bei Nacht nicht gestört wurde, hatte man die Inseln so abgesichert, dass keine Verbindung zum Festland bestand. Unter Festland ist die riesige Salzpfanne zu verstehen. Das abgelagerte Salz wies eine Dicke von zwanzig bis dreißig Meter auf. Dort befanden sich unsere Unterkünfte, die Trinkwasserbehälter, das notwendige Gerät und die Maschinen. Außerdem befuhren Lkw die Salzpfanne und der Chef der Firma landete und startete einmal in der Woche mit seinem zweimotorigen Flugzeug auf dieser Pfanne, um den Ablauf der Arbeit zu überprüfen und erforderliches Material zu bringen.

Mein Lebensbereich befand sich in einer viereckig angelegten Baracke, mit separater Küche und einigen Schlafmöglichkeiten. Es waren eine Toilette und auch eine Dusche vorhanden, die von einem erhöht stehenden Frischwasserbehälter gespeist wurden. Gasflaschen sorgten für Licht, warmes Wasser, Kochmöglichkeit und Kühlung des Kühlschrankes. Ich kam mir ans Ende der Welt versetzt vor, wenn auch mit allen mir notwendigen Einrichtung versehen.

Die Schwarzen Mitarbeiter hatten ihre eigene Lebensart. Sie schliefen auf mitgebrachten Schaumstoffmatten, die auf dem Boden ausgelegt wurden und zwar in einen gemeinsamen Schlafraum in einer lang gezogenen Baracke. Der Mannschaft standen vier Toiletten zur Verfügung. Gekocht wurde in einem großen gusseisernen Topf, der über einer offenen Feuerstelle vor der Baracke hing. Gutes Holz war ausreichend vorhanden und diese Feuerstelle diente ihnen gleichzeitig als Lichtquelle. Zum Trinken und Waschen gab es einen hochstehenden Wassercontainer. Soweit ich von Lukas erfuhr, war jeder mit den gegebenen Lebensumständen zufrieden, da zu

211

ihren Heimatdörfern kaum Unterschiede in der Lebensqualität bestanden. Auch waren sie mit dem Arbeitsablauf einverstanden.

Ich hatte genügend Zeit, mich mit der Umgebung vertraut zu machen. Die Salzpfanne lag in einer Bucht abgegrenzt vom Meer und von der Sandwüste, die mit einigen Felsformationen Richtung Osten allmählich ansteigt. An diesem Randbereich der Wüste verlief die Salzstraße, die nach Cape Cross zur nah gelegenen Robbenkolonie führte und weiter nach Norden zur Skelettküste. Mit meinem Geländewagen fuhr ich einmal zur Robbenkolonie. Es war ein außergewöhnlicher Anblick, so viele Tiere auf einem Felsenbereich eng beieinander zu sehen und der Gestank und Lärm, der von diesen Tieren ausging, war extrem. Da war Vogellärm in den frühen Morgenstunden und am Abend und der Gestank an meinem Arbeitsplatz noch weit besser auszuhalten. Ältere und kranke Tiere kamen vereinzelt in unseren Strandbereich, um hier zu verenden. Das Reinigen der Strände von Seehundkadaver übernahmen die Schakale und Hyänen, sie waren die Polizei der Strandbereiche. Später machte ich, um meine Neugierde doch noch zu befriedigen, einen Abstecher in das für mich verbotene militärische Sperrgebiet und fuhr an einigen gesperrten Salzpfannen vorbei. Hinter der Robbenkolonie beginnt die sagenumwobene Skelettküste. Eine Weiterfahrt, um diesen Landstrich zu erkunden, war leider nicht erlaubt, da dieses große Gebiet eine militärische Sperrzone bildete. Die nördliche Grenze Südwestafrikas mit dem am Nordrand fließenden Kunenefluss, der die Grenze zu Angola bildet, liegt von hier noch zirka achthundert km entfernt. Dort sind auch die Ruacano-Wasserfälle, mit dem umkämpften Wasserkraftwerk. Südwestafrika wollte unabhängig von der Stromversorgung von Windhoek aus werden und Terroristen aus Angola sabotierten das.

In den Abendstunden kehrte ich von der Tour zurück und konnte noch den wunderschönen Sonnenuntergang bewundern.

Viele wichtige Unterlagen fand ich während meines Aufenthaltes dort bei einer Nachtermittlung in Ondangwa im Regierungsviertel über das Wasserkraftwerk und den Stützpunkt und fotokopierte die Dokumente.

Der Arbeitsablauf beim Guanoabbau hatte inzwischen seinen Prozess aufgenommen und die Arbeitsleistung der Mannschaft erwies sich als gut. Als Vorarbeiter teilte Lukas mir immer mit, wenn schon genügend Guano bereitlag. Über Funk verständigte ich dann die Firma in Swakopmund, um diesen mit Lkw abholen zu lassen. Ich selbst kontrollierte in den nächsten Tagen den Zustand der Guano Inseln und ließ die erforderlichen Reparaturen durchführen.

An den Wochenenden, also am Samstag und Sonntag, besuchte mich meine Freundin Juanita und verstärkte dadurch mein Urlaubsgefühl noch. Sie war über meinen Arbeitsplatz und den Geruch nicht entsetzt, da sie diesen von Walvis Bay gut kannte, ihr waren die Gerüche der dortigen Fischfabriken wohl vertraut. Noch am gleichen Tag erkundeten wir die nähere Umgebung und sie zeigte mir die Welt der Edelsteine, die hier in der Wüste gefunden wurden. Unser erster Stein, den wir fanden, war ein Rosenquarz. Begeistert von diesem rosaroten Mineral, durchsuchte ich wie ein Besessener den

Sand und die Felsen, um noch andere Mineralien zu entdecken. Vom Suchen nach Mineralien ging eine Faszination aus, die ich kaum beschreiben kann. Das Sammeln und die Beschäftigung mit Mineralien wurde von diesem Tag an mein Hobby, welches mir später sogar finanzielle Vorteile brachte.

Am nächsten Tag erlebten wir beide etwas, dass man nur in der Wüste zu sehen bekommt. Am vorhergehenden Tag war es frisch, nebelig und erst ab 10.00 Uhr setzte sich die Sonne durch, aber an diesem Tag begann ein warmer und stiller Morgen. Wir fuhren mit dem Geländewagen Richtung Osten in die Wüste, um dort meinem neuen Hobby, dem Suchen von Edelsteinen nachzugehen. Plötzlich sah ich in weiter Ferne einen Gebirgszug und vor den Bergen erkannte ich Elefanten in der Wüste. Sofort stoppte ich das Auto und zeigte sie meiner Freundin. Was wir sahen, wäre eine so genannte Fata Morgana, also eine Luftspiegelung. Luftspiegelungen bilden die Wirklichkeit ab, die aber noch sehr weit entfernt und nur bei gutem Wetter und warmer aufsteigender Luft möglich wäre, erklärte sie mir. Diese Spiegelung zeigte das Brandbergmassiv, das ungefähr über hundert km von unserm Standpunkt aus entfernt lag und sonst nicht zu erkennen gewesen wäre. Vor dem Bergmassiv befand sich eine Herde seltener Wüstenelefanten, die Richtung Norden zogen. Ich war so aufgewühlt von diesem Naturerlebnis, dass ich mich nicht mehr auf das Suchen von Mineralien konzentrieren konnte. Große Elefantenherden hatte ich während meiner Zeit in Rhodesien gesehen. Aber Wüstenelefanten konnte man nur mit viel Glück in Südwestafrika beobachten und das war in der Namibwüste möglich, wo diese Tiere zu Hause waren. Sie hatten sich den harten Bedingungen der Wüste angepasst und dass ich diese Tiere gesehen hatte, war für mich ein besonderes Erlebnis.

Im Salzplateau ging der Abbau und das Reinigen der Guano Inseln weiterhin zügig voran. Routine und Erfahrung der Arbeiter zeigten, dass die anstrengenden Arbeiten erfolgreich waren und ich wollte meine Mannschaft mit Produkten des Meeres dafür belohnen. Da ich mich im Paradies für Angler befand, ließ ich mich an den Wochenenden von einem Bekannten aus der Firma in diese Sportart einweisen. Eine Angelrute mit Zubehör besaß jeder männlich Weiße Einwohner, der an der Küste lebte und außerdem einen Geländewagen, um damit an den Strand zu fahren, dort seine Angelschnur auszuwerfen und so viele Fische wie nur möglich zu fangen. Das Angeln erwies sich als eine harte sportliche Tätigkeit. Der elastische Angelstock war über vier Meter lang, an dessen unterem Ende eine Rolle angebracht war, in der die Hochleistungsschnüre aufgerollt wurden. Die Angelrolle mit der über einhundertfünfzig Meter langen Schnur wog über fünf kg. An der Schnur konnten bis zu sechs Angelhaken mit Zwischenräumen befestigt und auf den Haken Würmer aufgezogen werden, die man in den frühen Morgenstunden am Strand bei Ebbe aus dem nassen Sand zog. Um erfolgreich Fische zu fangen, ging man in die Meeresbrandung und warf mit Unterstützung der Angelrute die Angelschnur mit dem Haken und dem Bleigewicht in hohem Bogen aus. Die Wurfentfernung musste über dreißig Meter liegen, um die dort schwimmenden Fische zu erreichen. Gefangen wurden Kabeljau, Galjoen und Steenbras. Ein Fisch hatte ein Durchschnittsgewicht von zirka ein bis zwei kg. Hatte man in einer Stunde nicht über dreißig Fische gefangen, befestigte man die Angel am Geländewagen und fuhr weiter, um einen besseren An-

gelplatz, mit der Möglichkeit mehr Fische zu fangen, zu erreichen. Das Angeln bedeutete hier keine erholsame Tätigkeit,
sondern ein harter Kampf mit der Natur. Es brauchte seine
Zeit um dies zu erlernen und richtig zu beherrschen. Mein
erster Fisch während meiner Lernzeit in Swakopmund mit
Freunden war ein über zwei Meter langer Haifisch. Um
meine Mannschaft im Salzplateau mit Fisch zu versorgen,
brauchte ich viel Glück und Erfahrung, die mir aber noch
fehlte. Jedoch nach etwa drei Wochen mit arbeitsmäßigen Unterbrechungen konnte ich so viele Fische fangen, dass eine
Versorgung meiner Mannschaft möglich war und genügend
zum eigenen Verzehr übrigblieb. Aus Dankbarkeit luden
mich die Arbeiter zum Essen bei ihnen ein. Angeboten wurde
mir gekochtes Seehundfleisch, das man von den verendeten
Tieren, die noch nicht von den Schakalen ganz aufgefressen
waren, abgeschnitten hatte. Dieses Angebot lehnte ich dan-
kend ab und nahm dafür gebratenen Fisch, den ich ja selber
gefangen hatte. Die Essensgewohnheiten der Schwarzen Bevölkerung waren mit unseren nicht vergleichbar. Erlegte
Tiere wurden, außer Knochen, Fell oder Federn, vollständig
verzehrt. Unser Magen konnte dies nicht durchhalten. Leider
verschlechterte sich der Gesundheitszustand der Eingebore-
nen mit der Zeit immer mehr, da sie das für sie ungesunde
Konsumverhalten der Weißen übernahmen. Sie litten vermehrt an Kreislauferkrankungen und hohem Blutdruck. Der
Arbeitseinsatz in Cape Cross blieb weiterhin erfolgreich und
auch die angesetzte Zeit wurde eingehalten. Außer kleinen
Verletzungen, die man mit Jod und Pflaster behandeln
konnte, traten bei meiner Mannschaft beim Guanoabbau
keine Probleme auf. Zurück im Heimathafen reinigten wir
das Gerät, wenn es erforderlich war, wurde es auch repariert

und für den Einsatz im nächsten Jahr eingelagert.

Die Verantwortlichen für meine Tätigkeit im Ermittlungsbereich hatten sich zwischenzeitlich auch gemeldet und ich wurde zu einer wichtigen Unterredung nach Windhoek eingeladen, da der Ort Swakopmund zu klein und übersichtlich war, um nicht aufzufallen, wenn man sich mit nicht Einheimischen in einem Lokal traf. Also fuhr ich in die Hauptstadt nach Windhoek, um hier abzutauchen. Es fand eine hoch interessante Besprechung statt. Südafrika sollte mit Unterstützung von Israel, Frankreich und auch der Bundesrepublik Deutschland an Atomsprengkörpern arbeiten. Um diese Atomsprengkörper zu testen, würde in der Kalahari Wüste ein Testgelände entstehen. Wo gab es einen geeigneten Bereich dafür, war die Frage. Im Osten von Südwestafrika befindet sich das Land Botswana mit dem Großteil der Kalahari Wüste. Der südliche Teil dieser Wüste wird Südafrika zugeschrieben. Meine Ermittlungen müssten, um etwas in Erfahrung zu bringen, im südlichen Teil von Südwestafrika oder auch in Südafrika stattfinden. Ich hatte einen festen Arbeitsplatz und da ich jetzt bereits über ein Jahr bei dieser Firma arbeitete, beantragte ich meinen mir zustehenden Jahresurlaub. Juanita bekam auch die Möglichkeit Urlaub zu nehmen und begleitete mich. Die Kinder würden wir in unserer Abwesenheit bei Freunden unterbringen oder Liege könnte die Kinder betreuen.

Der Süden von Südwestafrika bietet Urlaubern zahlreiche historische, geologische und botanische Sehenswürdigkeiten. Es war also nicht ausgeschlossen oder seltsam, einen Urlaub dort zu verleben. Wir mieteten uns einen geländegängigen Wohnanhänger, um bei unseren Bewegungen im südlichen

217

Teil des Landes unabhängig zu sein. Von einem Bekannten kaufte ich mir einen preisgünstigen Toyota Land Cruiser, der mich bei all meinen weiteren Ermittlungen sicher und zuverlässig unterstützte. Mit Land Cruiser und Anhänger ging es auf der Hauptverkehrsstraße durch die Wüste zu den Ortschaften Usakos und Karibib. Dort legten wir unsere erste Rast ein und kauften uns in einer deutschen Bäckerei leckeren Obstkuchen. Karibib war wegen seines hochwertigen Marmors bekannt, der im Tagebau abgebaut wurde. Der nahe gelegene Steinbruch lieferte seine vorzügliche Ware auch nach Europa. Wir fuhren weiter durch das hügelige Farmland nach Okahandja, wo wir in der nächsten uns bekannten Bäckerei eine Pause einlegten und den geschätzten Apfelkuchen bestellten. In den späten Abendstunden erreichten wir Windhoek und richteten uns dort auf dem Campingplatz ein. Für die Hauptstadt hatten wir zwei Tage eingeplant, um unsere Einkäufe von Lebensmittel für unseren „Urlaub" zu tätigen, da die Auswahl, verglichen mit Swakopmund, vielseitiger und auch die Preise günstiger waren. Vielleicht könnte ich auch einige nützliche Informationen erhalten. Ich erfuhr jedoch nichts Neues und Wichtiges.

Juanita wollte unbedingt nach Marienthal, um dort eine Freundin zu besuchen, die sie schon seit einigen Jahren nicht mehr gesehen hatte und Marienthal lag auf unserer Fahrstrecke. Der kleine Ort Marienthal ist etwa zweihundertfünfzig km in südlicher Richtung von Windhoek entfernt und dort befindet sich der größte Stausee Südwestafrikas mit einem wunderschönen Campingplatz und einem sich anschließenden Tierpark mit Antilopen, Kudus, Springböcken und Strauße. Der Stausee gibt die Möglichkeit her, ein Bewässerungssystem anzulegen um Getreide, Gemüse und Weintrauben anzubauen. Eine ertragreiche Farmindustrie war bei den guten Voraussetzungen möglich. In diesem grünen Paradies wurden wir bereits erwartet, da Juanita uns telefonisch angemeldet hatte. Die Freundin bewohnte mit ihrem Ehemann einen schönen Bungalow mit riesigem Garten, wo wir unseren Wohnanhänger einparken konnten. In den Abendstunden lernten wir den Ehemann kennen, der als Steiger für die Bergwerksgesellschaft Tsumeb Coperation arbeitete. Diese Gesellschaft betrieb den Abbau von Kupfer in Südwestafrika. Die noch größere Kupfermine in der Ortschaft Tsumeb wurde in alter Zeit von den deutschen Kolonisten aufgebaut. Gut erreichbare Vorkommen in Südafrika und in den anderen Ländern wurden durch die Bergbaugesellschaft American Coperation erschlossen.

Wie es im südlichen Afrika so Brauch war, veranstalteten John, der Hausherr und Maria, seine Ehefrau, eine Grillparty mit viel gegrilltem Fleisch und kaltem Bier aus eigenem Lande. Das Gesprächsthema unter uns Männern betraf natürlich den Bergbau, nur, dass jeder von anderen Voraussetzungen aus diskutierte. Unsere Gastgeber stammten aus Südafrika. John war in Johannesburg geboren und wie seine Vorfahren mit dem Goldbergbau verwachsen und setzte diese Arbeit fort. Nach der Schule absolvierte er eine Ausbildung zum Bergmann und dann ein Studium zum Steiger.

In Südafrika war eine Klassifizierung zum Bergmann notwendig. Es gab nämlich den Bergmann erster und zweiter Klasse. Die Bergmänner mit der Klassifizierung Nummer „eins" waren Bergleute mit einem Sprengschein für den Untertagebetrieb. Diesen Schein durfte nur ein Weißer erwerben und er war zuständig für alle anfallenden Arbeiten, die

Sprengungen im Untertagebereich ergaben. Auch war er verantwortlich für die ihn unterstellten Schwarzen Bergleute und dem Boss Boy. Klasse „zwei" bestand ebenfalls aus Weißen Bergmännern, die sich noch in der Ausbildung befanden oder ausgebildete Mechaniker oder Elektriker waren und andere wichtige Arbeiten, die nur Weiße Personen ausführen durften, verrichteten. Der nächste Weiße Vorgesetzte in der Hierarchie des Bergbaus war der Schichtboss oder auch Vorarbeiter. Er beaufsichtigte mehrere Weiße Bergleute, die den Sprengberechtigungsschein besaßen, teilte deren Arbeit ein und kontrollierte diese. Der Gesamtablauf in dem Revier unterlag dem Steiger. Die Befehlskette entsprach dem deutschen Bergbau, nur dass die Schwarzen Bergleute hier Hilfskräfte waren und nur für eine Tätigkeit ausgebildet wurden. Die Schwarzen Arbeiter warb man aus dem ländlichen Bereich an. Sie kamen aus Südafrika, Lesotho, Swasiland, Mosambik, Rhodesien oder Botswana. Diese Menschen hatten zum Teil keine Schulbildung und gehörten unterschiedlichen Volksgruppen an, die jeweils ihre eigene Sprache hatten. Nach einer Eignungsprüfung und einem Gesundheitstest erhielten sie einen befristeten Arbeitsvertrag und mussten nach Ablauf des Vertrages wieder zurück in ihr Heimatland. Schwarze, gesunde Männer setzte man nur für eine bestimmte Arbeitszeit ein. Untergebracht und versorgt wurden sie in kasernenähnlichen Unterkünften. Da sie aus oft primitiven Verhältnissen kamen, mussten sie erst einmal lernen, mit einfachem Arbeitsgeräten umzugehen, wie zum Beispiel einer Schaufel oder auch mit der Kreuzhacke. Um sich mit dem Vorgesetzten und auch untereinander zu verständigen, erlernten sie eine neue und einfache Bergmannssprache mit Wörtern aus dem Englischen, Afrikaans, Zulu, Xhosa und weiteren Begriffen aus der vielseitigen Bantusprache. Diese „Bergmannsprache" war aber nur in den Bergwerken von Südafrika notwendig. Auf den wenigen Untertageanlagen in Südwestafrika arbeiteten hauptsächlich Wanderarbeiter aus dem Stamm der Owambos und man verständigte sich mit der Hauptsprache Afrikaans, die sie in der Schule erlernten.

In Südafrika, Südwestafrika, Rhodesien und Botswana bestand Schulpflicht, in den anderen Nachbarstaaten Südafrikas gab es keine. Ich stellte fest, dass Südwestafrika in seiner Apartheidspolitik viel großzügiger war. Coloured people Nachkommen, die man hier als „Baster" bezeichnete, konnten bei guter Arbeitsleistung die Prüfung für einen Sprengschein für den Untertagebergbau ablegen und wurden somit Bergleute erster Klasse. Diese Ausnahmen waren aber nur in Südwestafrika möglich. Dieser Trend, dass jeder Mensch, egal welcher Abstammung, jede Arbeit ausrichten kann, war auch schon in anderen Berufsgruppen zu erkennen. Vielleicht gab die langsame Umsetzung die Garantie zum Erfolg, um diese unnötige Apartheid abzuschaffen. Die neue Partei der DTA befand sich auf dem richtigen Weg die Apartheitsgesetze zu normalisieren.

John war sehr aufgeschlossen für einen politischen Wandel und unterstützte die Gedanken der neuen Partei. Seine Firma betrieb bei Windhoek die Otjihase Mine und diese war mit neuen und modernen Abbaugeräten ausgerüstet. Das Wort „Mine"(Bergwerk) wies darauf hin, dass die Mineralien im Untertagebetrieb abgebaut wurden. Die Kupfervorkommen waren vielversprechend und es sollte auch Gold als Nebenprodukt im Kupfer vorhanden sein. Er arbeitete mit seiner Mannschaft in der Ortschaft Rehoboth, etwa zweihundert km von Marienthal entfernt und führte dort Probebohrungen nach Kupfer durch. Dabei unterstütze ihn ein Team Geologen. Ich musste meine Fragen so stellen, dass sich mein Interesse für die bergbaulichen Tätigkeiten nur auf Südwestafrika beschränkten und gezielte Fragen zu Vorhaben in der Kalahari Wüste konnte ich deshalb nicht äußern. Als ich über mein neues Hobby erzählte, war John so begeistert, dass er mir seine eigene Mineraliensammlung zeigte. Er besaß Mineralien von unbeschreiblicher Schönheit, die zum größten Teil aus der Grube Tsumeb stammten. Wenn dort gesprengt wurde, suchte er immer im gesprengten Haufwerk nach seltenen Mineralien. Die Steine, die in seinen Regalen lagen, waren sehr wertvoll und besaßen einen hohen Sammlerwert. Er zeigte mir Fachzeitschriften, in denen diese Mineralien abgebildet und deren Geldwert angegeben war. Nun konnte ich doch noch Fragen stellen ohne aufzufallen, wo denn in Südafrika Mineralien gefunden und abgebaut wurden. Ich hatte sein Hobby entdeckt und er beantwortete erfreut meine Fragen zum Bergbau und den Produkten in Südafrika. Mein Ermittlungsinteresse erstreckte sich ja auf die Kalahari Wüste. Um in diese Richtung zu kommen, fand ich Fragen nach Mineralien in dieser Wüste für angebracht. Auch diese beantwortete er mir erfreut. Entlang der alten deutschen Grenze nach Südafrika fließt der Oranje Fluss. Auf beiden Seiten des Flusses, beginnend von der Ortschaft Upington bis zum Atlantik waren Vorkommen von Halbedelsteinen zu finden. Im südlichen Teil durchläuft der Oranje Fluss die Namibwüste und dort fand man Diamanten. Dieser Teil war Sperrgebiet und für uns somit das Betreten verboten. Nördlich von Upington beginnt die Kalahari Wüste und dort fanden rege Aktivitäten verschiedener Bergbaugesellschaften statt, die nach

Mineralien prospektierten. Nun war ich begeistert, durfte es nur nicht zeigen. Das Suchen oder auch Prospektieren nach Mineralien konnte ein Vorwand sein, um die wahren Absichten zu verschleiern, dachte ich. John hatte einen Freund in Upington, der mit Halbedelsteinen handelte. Beide hatten vor Jahren in der gleichen Goldmine in Südafrika gearbeitet. Dort lernte sein Freund seine Frau kennen und die beiden heirateten und lebten glücklich in dieser heißen Wüstenstadt. Sie betrieben eine Pension und er führte zudem Touren mit Touristen zu den Sehenswürdigkeiten der Umgebung durch, wie zum Beispiel zum großen Wasserfall des Oranje Flusses, den Wildtieren in der Kalahariwüste und den verschiedenen Halbedelsteinen am Oranje Fluss und in der Wüste. Bereits am folgenden Tag meldete John uns bei dieser Familie zu Besuch an. Das war die wunderbare Art der Südafrikaner, Freunde oder liebgewordene Bekanntschaften wurden weitergereicht. Nach einer zünftigen Grillparty mit diesen lieben Menschen wanderten meine Gedanken bereits voraus nach Upington.

Unsere Fahrt am nächsten Tag führte Richtung Süden über die Ortschaft Keetmanshoop nach Karasburg direkt nach Upington. Es war eine fast unheimlich gerade Strecke von Mariental bis Keetmanshoop und wir fuhren über dreihundert km durch eine flache, trostlose Wüstenlandschaft. Diese Autostrecke erinnerte mich an alte amerikanische Filme, in denen man endlose gerade Autostraßen zeigte, die nicht zu enden schienen. Erst hinter Keetmanshoop veränderte sich die Landschaft und wir kamen durch eine Berglandschaft mit vielen Kurven. Von Upington aus konnten wir mächtige Tafelberge erkennen. Die Kleinstadt Upington am mächtigen

Oranje Fluss ist die heißeste Kleinstadt in Südafrika. An ihrem nördlichen Rand beginnt die Kalahari Wüste. Die Temperaturen lagen dort oft bei vierzig Grad Celsius, wobei das Klima aber wegen der geringen Luftfeuchtigkeit und der Lage am Fluss gut zu ertragen war. An der linken und rechten Flussseite gab es in einer Breite von hundert bis zweihundert Metern Weintrauben und aus diesen kelterte man einen sehr bekannten Sherry und Dessertwein. Weiterhin war der Anbau von Gemüse und verschiedenen Obstsorten ebenso wie von Sonnenblumen und Erdnüssen möglich. Im Bereich von Upington waren einige einträchtige Wein- und Gemüsefarmen zu finden. Das Anwesen von Johns Freunden war ein wirkliches Paradies. Nach der Fahrt durch die trostlose Landschaft bedeutete es eine Augenweide, solch eine Oase zu sehen. Sie hatten an der rechten Uferseite des Flusses einen Garten Eden mit kleinen Ferienhäusern, einem Wohnwagenpark und einem erfrischenden Schwimmbad aufgebaut. Im Schatten eines großen Baumes stellten Juanita und ich unseren Wohnwagen ab und hatten genügend Zeit, an einer Grillparty mit anderen Urlaubern aus Südafrika teilzunehmen. Cliff und Sarah waren jetzt unsere Gastgeber und sie hatten zwei Söhne, die schon die Schule besuchten. Cliff war ein Riese und Sarah eine kleine, lustige Person. Bei Cliff konnte ich es mir kaum vorstellen, dass er bei seiner Körpergröße im Untertagebereich gearbeitet hatte. Er liebte sein Land und war mit den herrschenden politischen Gegebenheiten zufrieden. Wie viele Leute, die dort im Wohlstand lebten, machte auch er sich keine Gedanken über die unterdrückte Schwarze Bevölkerung. Lediglich die Menschen mit einer Verbindung zu Deutschland bemerkten zu dieser Zeit, dass etwas nicht stimmte und die Schwarzen deshalb unzufrieden wurden.

Cliff versuchte mir zu erklären, dass die Unzufriedenheit nur auf gezielte Propaganda der Kommunisten basierte und meinte:

- Ausgebildete Agenten würden in das Land eingeschleust, um die Bevölkerung gegen die Weißen Bewohner aufzuhetzen.
- Junge Schwarze, oft noch Kinder, wurden entführt und als Freiheitskämpfer ausgebildet. Sie sollten bei ihrer heimlichen Rückkehr ihr aufgezwungenes Gedankengut den eigenen Leuten vermitteln und wer nicht kooperierte, wurde vernichtet.
- Durch diesen gezielten Terror sollte das Land von der Weißen Herrschaft befreit werden.

Weiter erklärte er mir, dass, damit dieser Terror sich nicht ausweitete, Kontrollgesetze gegen die Schwarze Bevölkerung notwendig wären. Die Schwarzen wären wie Kinder, die vor der eigenen Unvernunft geschützt werden müssten. Die anderen anwesenden Gäste aus Südafrika teilten die gleiche Meinung und bestätigten sie mit ähnlichen Beispielen. Ich durfte mich auf eine solche Diskussion nicht einlassen oder meine eigene Meinung äußern, da meine Aufgabe darin bestand, Neuigkeiten zu sammeln. Es war für mich schon eine seltsame Vorstellung, aber ich musste „mit den Wölfen heulen", um Ermittlungsergebnisse zu erhalten. Erst die Hausfrau rettete mich unbewusst aus meiner verzwickten Situation. Sie war von den deutschen Ingenieuren in der Ferienanlage, die ihre Freizeit hier verbrachten, so begeistert, erzählte sie. Soweit ich aus ihren Schilderungen entnehmen konnte, grub eine deutsche Bergbaufirma drei tiefe Brunnen in der Kalahari Wüste. Diese Brunnen sollten fünfhundert

Meter tief werden. Nach meinem bergmännischen Verständnis bedeutete das, dass drei Schächte in der Wüste abgeteuft wurden. Weiterhin erfuhr ich, dass diese deutschen Ingenieure keine Buchung mehr vorgenommen hätten, was bedeuten könnte, dass die Arbeit abgeschlossen war. Der Arbeitsplatz dieser Ingenieure lag zirka drei Stunden Fahrt mit dem Geländewagen entfernt und wenn sie die Ferienanlage verließen, fuhren sie in nördlicher Richtung, berichtete sie mir weiter. Bei drei Stunden Fahrt war dies eine Entfernung von etwa zweihundert km in die Wüste. „Wurde dort mit deutscher Unterstützung ein Testgelände für atomare Versuche gebaut?", überlegte ich. Upington besaß einen großen Flugplatz, erfuhr ich noch. Dieser wurde von South African Airlines benutzt, um auf den Flügen nach Europa einen Tankstopp einzulegen, da sie auf dem afrikanischen Kontinent keine Überflug- oder Landerechte hatten. Außerdem war dieser Flugplatz ideal für die logistische Versorgung des Testgeländes, mutmaßte ich. Die Entfernung von zirka zweihundert km zur Kleinstadt Upington war nach meiner Auffassung für eventuelle Tests zu gering. Bei Atomversuchen würden ungeheure Kräfte freigesetzt, die auch dieses Gelände verstrahlen würden. Soviel hatte ich jedenfalls während meiner Zeit als Soldat bei der Bundeswehrzeit gelernt. Oder wurden hier kleine taktische Atomsprengkörper getestet, die man mit einer Haubitze abschießen konnte? Testversuche im Untertagebereich waren eine gute Maßnahme um die Umwelt nicht nachhaltig zu verstrahlen. Zudem konnte ein Satellit einen Lichtblitz so nicht erkennen um damit den Standort zu ermitteln. Nach den Versuchen konnte man die Schächte wieder auffüllen, versiegeln und das Gelände rekultivieren. Ich musste unbedingt versuchen, diesen Geländebereich zu finden, nahm ich mir vor.

An einer von Cliffs Tagestouren teilzunehmen schien mir die beste Möglichkeit, mich unverdächtig meinem Ziel zu nähern. Juanita und ich beteiligten uns deshalb an einer Tour zu den Wasserfällen. Es war toll, den Wasserfall von Angabies zu erleben. In einer Breite von über hundert Meter fällt das Wasser des Oranje über sechzig Meter tief in eine Granitschlucht, die selbst über zwanzig km lang war. Nach einem anschließenden Fischessen und einer Weinprobe auf einem Weingut kehrten wir nach dieser Tour zurück in unser kleines Urlaubsparadies und kühlten unsere Körper im Schwimmbad. Bei einem vorzüglichen Abendessen und einigen Drinks genossen wir den Abend. Der nächste Tag war für das Suchen von Halbedelsteinen vorgesehen. In den frühen Morgenstunden fuhren wir zum Oranje Fluss im Bereich von Kakamas, wo wir seltene Steine suchen wollten. Cliff hatte mit einigen Schwarzen Helfern ein großes Zelt am Fluss aufgebaut und das sollte für uns Touristen als Stützpunkt dienen. Angeboten bekamen wir kalte Getränke und kleine Speisen, wie belegte Brote oder selbst Gebackenes. Jede Familie oder auch jedes Pärchen erhielt einen Geländeteil zugewiesen, in dem sie die Suche beginnen konnten. Es herrschte eine Goldgräberstimmung und jede Gruppe suchte erfolgreich. Gefunden wurden Steine wie Amethyst, Tigerauge, Rosenquarz, Topaz und Rauchquarz. Ich fand mit Unterstützung meiner Freundin ein faustgroßes Tigerauge und wir verbuchten diesen Tag für uns alle als ein großer Erfolg, da er gut organisiert war und jeder einen oder mehrere Halbedelsteine gefunden hatte.

Zwei Tage später sollte eine Safaritour in die Kalahari Wüste stattfinden. Vielleicht konnte ich noch mehr Anhaltspunkte finden, die meine Vermutungen, dass hier ein Testgelände bestand, nur noch bestätigten. Wir fuhren etwa zwanzig km bis zu einem Buschcamp mit einem Trinkwasserbrunnen in die Wüste. In diesem Bereich beobachteten wir Springböcke, Antilopen und eine Gnu Herde. Leider lief uns hier der schwarzmähnige Kalahari Löwe nicht über den Weg. Nicht weit vom Buschkamp lebten einige Völkergruppen mit ihren Familien. Sie waren kleinwüchsig und wiesen eine fast gelbe Hautfarbe mit hohem Wangenknochen und mandelförmigen Augen auf. Als Jäger und Sammler lebten sie seit Jahrhunderten in den weiten Ebenen von Südafrika und hielten ihre Lebensart immer bei. Von der Schwarzen und Weißen Bevölkerung vertrieben, leben sie heute in den abgelegenen Gebieten von Südafrika, Südwestafrika und Botswana als Nomaden. Die Südafrikanische Armee benutzte ihre naturgegebenen Fähigkeiten als Kundschafter und Spurenleser, um Terroristen zu finden und zu vernichten. Bei militärischen Einsätzen wurden einige Buschmänner vorgeschickt, denn sie schafften es, ohne gesehen zu werden, das Gebiet auszukundschaften und als Spurenleser den Feind frühzeitig zu entdecken. War dies der Fall, legten sie sich flach auf den Boden und die nachrückenden Soldaten zogen an ihnen vorbei und kreisten den Feind ein um ihn zu vernichten. An den Kämpfen brauchten sie sich nicht zu beteiligen, da sie als Kundschafter für die Armee zu wertvoll waren. Wie die Indianer in Nordamerika waren sie leider auch dem Alkohol verfallen. Diese kleinen Kundschafter musste ich unbedingt kennen lernen. Cliff und seiner Frau erklärte ich, dass wir unbedingt einen Kalahari Löwen sehen möchten. Da unsere Urlaubzeit sich langsam dem Ende näherte, wollten wir mit meinem Land Cruiser und dem Wohnmobil nochmals in die Wüste fahren, um dort im Buschkamp zwei Tage zu bleiben. Vielleicht würden wir in dieser Zeit die Löwen, für mich reichte das Testgelände, finden, und wir konnten von den Buschmännern etwas über die Veränderung in der Wüste erfahren. Löwen hatte ich in Rhodesien schon erlebt und hatte sehr großen Respekt vor diesen Tieren. Bei einer Militärpatrouille verloren wir einen Soldaten durch einen Löwen. In der Nacht wurde er in seinem Schlafsack verschleppt. Bei der Suche am nächsten Tag fanden wir nur noch einen zerrissenen, mit Blut getränkten Schlafsack.

Diese Löwen hatten sich durch den Buschkrieg in Rhodesien an Menschenfleisch gewöhnt. In Afrika kann man viele wilde Tiere beobachten und aus sicherer Entfernung besteht auch keine Gefahr. Cliff und Sarah zeigten für unser Vorhaben Verständnis und wiesen uns nochmals darauf hin, außerhalb des Buschcamps unser Auto nicht zu verlassen um einen Löwen oder andere Wildtiere zu suchen. Von Windhoek sollten wir uns jedenfalls bei ihnen melden, um mitzuteilen, dass die Rückfahrt gut verlaufen war. Gegen Mittag erreichten wir das Buschcamp, stellten unser Wohnmobil ab und fuhren weiter Richtung Norden. Löwen sahen wir leider nicht, aber nach einer Fahrzeit von etwa drei Stunden teilte uns ein Hinweisschild mit, dass es sich ab da um ein Militärgelände handelte und eine Weiterfahrt streng verboten war. Da sich Südafrika in einem Kriegszustand befand, waren diese Schilder sehr ernst zu nehmen. Die Mitteilung auf dem Schild war in Afrikaans und Englisch geschrieben. Wir legten eine Pause ein und ich beobachtete mit dem Fernglas das Militärgelände. Ungewöhnliche Ereignisse in dieser Wüstenlandschaft stellten wir keine fest und so fuhren zurück zum Buschcamp. Verantwortlich für das Buschcamp war ein alter Afrikaaner, der mit den Buschleuten sehr vertraut war. In den Abendstunden luden wir ihn zu einem Umtrunk am Lagerfeuer ein. Nur wenige Touristen kamen dort vorbei und man merkte sofort, dass eine Unterhaltung mit Weißen nicht alltäglich für ihn war. Er zeigte sich überglücklich, dass sich Juanita mit ihm in seiner Sprache, dem Afrikaans, unterhalten konnte. Seine Eltern bewirtschafteten eine Farm nicht weit entfernt. Bei Buschleuten aufgewachsen, beherrschte er deren Sprache und kannte ihre Lebensgewohnheiten. Er fühlte sich für sie verantwortlich und unterstützte sie mit aller Kraft. Nach seinen Erzählungen hasste er die Engländer und wollte sich in deren Sprache nicht gerne unterhalten.

Der Burenkrieg gegen die Engländer war bei vielen älteren Afrikaanern noch nicht vergessen und da sie abseits auf ihren Farmen lebten, ohne sich die täglichen Informationen aus Nachrichten oder Zeitungen zu holen, hatte der große Hass auf die bösen Engländer Bestand. Uns Touristen erschienen sie oft als rückständig, aber auch glücklicher und zufriedener.

Nach dem Zweiten Weltkrieg hatte die neue Afrikaans Regierung einen Truppenübungsplatz in der Kalahari Wüste aufgebaut und entwickelte eine neue Waffe gegen die Engländer. Von dieser Vorstellung war er voll überzeugt. Seine Buschleute kannten das Gebiet in und auswendig und beobachteten auf ihren Streifzügen die Tätigkeiten in der Wüste. Es wären dort viele große Fahrzeuge zu sehen und es würden große Erdmassen bewegt. Ihnen waren seltsame Ereignisse aufgefallen und sie erklärten diese mit folgenden Worten:

„Der Weiße Mann spielt mit der Sonne"!

Auch hatten sie in verschiedenen Nächten helle Blitze und Donner wahrgenommen, als würde ein Gewitter aufziehen.

Gewitter in der Wüste waren aber sehr selten. Dieser seltsamer Kautz und auch seine Buschleute konnten diese Tätigkeiten nicht einschätzen und versuchten sie so zu berichten, wie es sich in ihrer Vorstellungswelt darstellte. Für mich waren die Erzählungen allerdings sehr aufschlussreich und ich konnte mir aus allen Hinweisen ein Bild machen. Der Verdacht, dass ein Testgelände entstand, nahm mehr Wirklichkeit an. Dies teilte ich meinen Auftraggebern mit und wir verabredeten uns für ein baldiges Treffen in Windhoek.

Am nächsten Morgen verabschiedeten wir uns von den Buschleuten und fuhren zur Ortschaft Karasburg in Südwestafrika. In einem neu gebauten Hotel übernachteten wir und genossen dort die Bequemlichkeiten. Nach dem Aufenthalt in der Wüste war das kühle Wasser im Schwimmbad eine wahre Wohltat. Dann verspeisten wir ein köstliches Essen und gingen frühzeitig zu Bett. Nach einem genussvollen Frühstück fuhren wir zurück nach Windhoek. In Windhoek richteten wir uns auf dem Campingplatz ein und am folgenden Tag traf ich, wie vereinbart, meine Auftraggeber und übermittelte meine Kalahari Erkenntnisse.

Unsere Reise ging für uns weiter nach Groß Barmen zu den warmen Quellen. Etwa dreißig km von der Ortschaft Okahandja entfernt, liegt das Ressort mit einem überdachten Thermalbad. Das Wasser wies eine Temperatur von vierzig Grad auf und übte eine entspannende Wirkung auf den Körper aus und sollte auch gegen einige Krankheiten vorbeugend wirken. Welche Krankheiten es waren, war uns jedoch nicht bekannt. Für uns war alleine schon die Atmosphäre und Entspannung wichtig. In den Abendstunden war es einfach nur wohltuend ein leichtes Getränk zu genießen und vielleicht interessante Leute kennen zu lernen. Sehr bedeutend wurde für mich eine Unterhaltung mit einem Major der Südafrikanischen Armee, der sein Wochenende mit seiner Familie dort verbrachte. Er kommunizierte sehr offen seine Vorstellung über den militärischen Einsatz in Südwestafrika. Vielleicht hatte der Alkohol seine Zunge etwas gelöst oder er wollte sich vor uns profilieren. Der Major führte eine militärische Entwicklungsgruppe, die chemische Mittel in Kampfgebiete einsetzen wollte. Das Ziel war die Entlaubung der dicht wachsenden Büsche, um Verstecke und Versorgungspfade der Terroristen zu erkennen. Vielleicht auch Anbauflächen zu besprühen, um dem Feind die Nahrungsgrundlage zu entziehen. Die Amerikaner hatten dies mit viel Erfolg in Vietnam angewandt und es wurden Restbestände von diesem Gift auf dem internationalen Markt angeboten. Ich hielt diese Darstellung der Kriegsführung nicht für sinnvoll, da Südwestafrika eine Halbwüste ist und ein dichter Busch oder Wald gar nicht vorhanden war. Vielleicht wollte Südafrika seine Kampfhandlungen in das Landesinnere von Angola verlegen, da dort günstige Möglichkeiten vorhanden waren, diese chemischen Mittel einzusetzen. Für mich war es immer wieder erstaunlich, mit welcher Offenheit Weiße, die ein wichtiges Amt bekleideten, sich mit einer zivilen Person über Dinge unterhielten, die der Geheimhaltung unterlagen.

In Südafrika bedeutete der Schwarze Mann für viele der Feind, aber nicht alle sahen ihn als feindlichen Kämpfer, der durch die Kommunisten ausgebildet war. Schwarze waren für sie wie selbstverständlich immer nur der Hausboy, der Gärtner oder auch die Hilfskraft, die nicht in der Lage waren, selbstständig Entscheidungen zu treffen. Sie kannten es nicht anders.

Auch hier lief unsere Zeit ab und es ging zurück nach Swakopmund. Vorher besuchten wir die deutsche Bäckerei in
Okahandja, tranken dort einen Kaffee und kauften frisch ge-
backenen Apfelkuchen, um unseren Kindern damit eine
Freude zu bereiten. Nach diesem erfolgreichen Urlaub konnten wir mit neuer Kraft die gewohnte Arbeit beginnen.

Bereits für das nächste Wochenende, an einem Samstag, war
ich mit einigen Bekannten auf dem Segelboot eines Unterneh-
mers eingeladen. Wir machten eine kleine Seereise von Swakopmund nach Walvis Bay und zurück auf dem Atlantischen
Ozean. Trotz einer feucht fröhlichen Seefahrt bei rauer See
musste niemand seine genossenen Speisen mit dem guten
Bier über Bord spucken. Auf der Rückfahrt erreichte uns ein
Funkspruch, der uns mitteilte, eine Bombe sei in Swakopmund explodiert. Betroffen sei die Bäckerei Putensen. Alle
waren völlig entsetzt, ich besonders, denn Juanita arbeitete
als Buchhalterin in dieser Bäckerei. Bei der Einfahrt mit dem
großen Segelboot in die Badebucht von Swakopmund,
sprang ich sofort ins Wasser um so schnell wie möglich den
Strand zu erreichen. Die Bäckerei lag etwa zwei km vom
Strand entfernt. Mit großer Erleichterung traf ich meine
Freundin vor der abgesperrten Bäckerei. Sie erzählte mir,
dass sie etwa eine halbe Stunde vor diesem hinterhältigen
Anschlag zur Bank musste und erst durch den lauten Knall
aufmerksam auf dieses schreckliche Ereignis wurde. Viele
Menschen rannten in Richtung ihres Arbeitsplatzes, wo diese
Explosion stattgefunden hatte und sie konnte aufsteigenden
Rauch erkennen. Schreiende und weinende Menschen stürz-
ten aus dem Café, setzen oder legten sich auf den Bürgersteig
und die Straße. Sie waren mit Blut besudelt und sahen fürch-

terlich aus. Die gewaltige Explosion hatte die Schaufenster-scheiben zerfetzt und die Menschen in der Bäckerei hatten durch diese Glassplitter zum Teil schwere Verletzungen er-halten. Es war ein grausamer Anblick und sie wusste nicht wie und wem sie helfen sollte. Rettungskräfte waren erstaun-lich schnell vor Ort und die Feuerwehr und Polizei sperrten den Tatort ab. Die Verletzten wurden versorgt und zum Krankenhaus abtransportiert. Sie kümmerte sich um einige Verletzte und verstörte Menschen und suchte dann ihr Büro auf, in dem alles in Ordnung war, teilte sie mir verstört mit. Zu den Polizeikräften gehörte mein Freund, der Kripomann Uwe, der gerade die Leute befragte, um Hinweise über den Tatablauf zu bekommen. Er ermittelte schnell, erfolgreich und fand direkt Zeugen, die zweckdienliche Angaben mach-ten. Eine brauchbare und gute Aussage erhielt er von einer Nichtweißen Angestellten des Cafés, die bei der Explosion nur leicht verletzt wurde. Sie sprach von einem Weißen schlanken und etwa dreißig Jahre alten Mann. Er trug einen Safarianzug als er das Café betrat und hielt eine Papiertüte in der Hand. Diese Tüte stellte er unter einen Tisch und verließ kurze Zeit später, ohne Tüte, das Café. Eine Schwarze Person kam alleine deshalb schon nicht in Frage, da nach den Geset-zen des Landes solche Einrichtungen nur Weiße betreten durften. Weiterhin wurde beobachtet, dass eine Weiße Per-son, passend zur Beschreibung, nicht weit vom Tatort in ei-nen weißen Ford eingestiegen war, in dem drei Schwarze sa-ßen und dieser Wagen hatte sich in Richtung Mondesa entfernt. Ungewöhnlich war, dass eine Weiße Person in ein Fahrzeug stieg, dass von einer Schwarzen Person gefahren wurde und dann in Richtung Township von Swakopmund fuhr. Dort wohnte ausschließlich die Nichtweiße Bevölkerung. Uwe befand sich in seinem Element. Diese Hinweise ließen ihn als erste Maßnahme Kontakt zu einem ihm bekannten Informanten in Mondesa suchen. Da alle Polizeikräfte im Einsatz waren, sollte ich ihn begleiten. Mit seinem Dienstwagen, ausgerüstet mit Funk, fuhren wir hin. Während der Fahrt reichte er mir eine Pistole, die er als Ersatz am Körper versteckt hatte. Das Township, eine Siedlung, bestand nur aus kleinen und einfachen Hütten. Bewohnt wurden sie von drei ethnischen Gruppen, den Damaras, Owambos und Hereros. In der Siedlung lebten etwa achttausend Menschen. Davon bildeten die Owambos die Mehrzahl und hatten ihren eigenen Wohnbezirk. Diese Volksgruppe stand unter Verdacht, die SWAPO aktiv zu unterstützen. Das Oberhaupt dieser SWAPO-Organisation war der Owambo mit Namen Sam Nujoma. Er lebte und arbeitete auch mehrere Jahre in Swakopmund. Uwes Informant, ebenfalls ein Owambo, unterstützte diese Organisation nicht, da seine Eltern im Owamboland mit ihrem Kleinwagen auf eine Landmine gefahren waren und getötet wurden. Er war davon überzeugt, dass Terroristen der SWAPO für diese Tat verantwortlich waren. Unser Informant saß versteckt im hinteren Bereich des Dienstwagens und erklärte uns, wo das Fluchtauto versteckt sein könnte. Wir verließen die Siedlung, fuhren zur Strandpromenade, wo der Informant ohne aufzufallen, aussteigen und sich entfernen konnte. Vorher steckte Uwe ihm noch einen Geldbetrag zu. Das Auto stellten wir auf einem Parkplatz ab und gingen zu Fuß in Richtung Polizeistation. Wir betraten die Post und gelangten durch eine versteckte Seitentür in die Polizeistation. Uwe machte über Funk an die südafrikanische Sicherheitspolizei eine Lagemeldung. Er bekam die genaue Anweisung, wo und wann er in Swakopmund von Hubschraubern aufgenommen werde um die Täter festzunehmen. Am nächsten Tag berichtete mir Uwe, dass bei einbrechender Dunkelheit zwei Hubschrauber auf dem Flugplatz Swakopmund gelandet waren und sie mit bereitgestellten Fahrzeugen Richtung Mondesa gefahren waren und dort den Ort einkreisten. Vorher waren alle Zufahrtsstraßen im Großraum Swakopmund abgesperrt worden. Das versteckte Fahrzeug und die vermutlichen Täter wurden beim Haus, das der Informant genannt hatte, festgenommen. Es handelte sich um sechs Schwarze SWAPO Mitglieder und eine Weiße Person. Die SWAPO Mitglieder brachten sie nach Windhoek zur weiteren Vernehmung, der Weiße Beteiligte, der die Tüte mit Sprengstoff im Café abgestellt hatte, wäre „entsorgt" worden. Er hätte diese Tat nicht aus politischen Gründen begangen, sondern, wie er bei der Vernehmung angab, brauchte er das Geld. Zu meiner Frage, was bei der Sicherheitspolizei „entsorgt " bedeutete, konnte oder wollte er mir keine genaue Erklärung geben. Ein Hubschrauber wäre in Richtung Atlantik geflogen und nach einer Stunde wieder zurückgekehrt. In Kriegszeiten gab es verschiedene Methoden, um Feinde einfach nur zu vernichten. Die Zeitungen berichteten später, dass bei diesem Anschlag vierzig Personen verletzt wurden und die Festnahme von sechs SWAPO Mitgliedern erfolgt war.

Nach diesem ereignisreichen Wochenende war ich froh, meine normale Arbeit als Sprengmeister wieder aufzunehmen zu können. Diese Sache war mir buchstäblich „auf den Magen geschlagen", da Juanita nur durch einen Zufall nicht verletzt oder sogar getötet worden war. Die verzwickte Situation für mich, persönlich involviert zu sein und die Ermittlungsereignisse waren einfach zu viel auf einmal.

Am folgenden Samstag fuhr ich nach Walvis Bay, da ich von dort ein günstiges Angebot für eine elektrische Autowinde hatte. Für meine Fahrten in die Wüste war sie unbedingt erforderlich. Am darauffolgenden Wochenende wollte ich meinem neuen Hobby, Sammeln von Mineralien, nachgehen. Sollte ich mit meinem Geländewagen einmal in der Wüste stecken bleiben, konnte ich mich mit der Winde wieder frei ziehen, hoffte ich. Über die schnelle Montage und den günstigen Preis war ich so angetan, dass ich mir anschließend einen kleinen Drink genehmigte. Aus dem Drink wurden einige mehr. Ich teilte Juanita mit, dass ich das Auto stehen lassen und mit einem Taxi nach Hause kommen würde. Sie zeigte sich darüber nicht begeistert. In meinem benebelten Schädel fühlte ich mich nicht mehr verstanden und setzte das Trinken fort. Aufgewacht war ich am nächsten Tag in einer Zelle bei der örtlichen Polizei. Ich lag auf dem Boden, hatte keine Schuhe mehr an und es fehlte mein Gürtel. Neben mir lag laut schnarchend auf einer Liege ein anderer Mann. Was war passiert? Ich konnte mich lediglich an eine Kneipe erinnern, in der ich einige Drinks genossen hatte. Plötzlich öffnete sich die Zellentür und ein junger Polizeibeamter schaute mich lächelnd an und fragte mich, wie es uns Säufern ginge. Ich fragte zurück, warum ich denn überhaupt einsäße. Er erzählte, dass der Wirt des Hotels ihn angerufen hätte, da ich einige Gäste mit körperlicher Gewalt bedrohte und sie hätten mich zur Ausnüchterung mitgenommen. Meine Freundin käme mich in einigen Stunden abholen. Meine Autoschlüssel und andere persönliche Gegenstände befänden sich in seinem Schreibtisch. Er schloss die Zellentür wieder ab und ging zurück in sein Büro. Während des Gesprächs mit dem Polizeibeamten erwachte mein Zellenpartner. Nach einigen grunzenden Geräuschen stellte er sich vor und sagte, er wäre der Norweger und bei der Polizei ein bekannter Gast, aber nur, wenn er zu viel getrunken hatte. Er war nie gewalttätig, sondern nur betrunken und würde zur eigenen Sicherheit zur Ausnüchterung eingeliefert. Dies geschah schon seit Jahren. Er lebte seit über zehn Jahren in Walvis Bay und war Besitzer von mehreren Fischerbooten. Wenn die großen Fischschwärme auftraten, begann seine Arbeit mit dem Fischfang. Die Fischfabriken verarbeiteten die Fische und füllten sie in Dosen ab. Zu dieser Zeit lag ein starker Fischgeruch über Walvis Bay. Für die Bewohner bedeutete dieser Geruch Arbeit und Geld. Walvis Bay war bei vielen norwegischen Fischern bekannt. Seine Vorfahren hatten hier schon Wale gefangen und verarbeitet. Als Kind fuhr er bereits mit seinem Vater auf Fischfang in die Fjorde von Norwegen. Später erlernte er den Beruf Seemann und befuhr die weite Welt. In Walvis Bay hatte er die richtige Lebenspartnerin gefunden und sein Leben so eingerichtet, wie es ihm gefiel und er sich wohl fühlte. Etwa eine Stunde später wurden wir entlassen. Juanita wartete vor der Polizeistation mit meinem Auto auf mich. Ihr Gesicht hellte sich auf, als sie den Norweger erkannte. Wir setzten den Norweger zu Hause ab und fuhren Richtung Swakopmund. Auf der Heimfahrt erklärte ich ihr, warum ich so viel getrunken hatte und außer Kontrolle geraten war. Anlass wäre meine Angst gewesen, dass sie diesen Anschlag vielleicht nicht überlebt hätte. Nach diesem Gespräch verlief unser Wochenende noch sehr schön und harmonisch. Später erklärte Juanita mir, dieser Norweger wäre eine in Südwestafrika bekannte Persönlichkeit. Er war ein alter Bekannter von ihr und er lebte mit einigen finanzkräftigen

Freunden in der besten Wohnlage von Walvis Bay. Mich interessierten diese Freunde, die ich unbedingt kennenlernen wollte und mit denen ich später geschäftliche Kontakte aufbaute. Sie alle hatten besondere Spitznamen:

Der Stolze Werner war der Besitzer der größten Maschinenfabrik von Walvis Bay, die auch Schiffe Instand setzten. Er wanderte vor etwa zehn Jahren nach Südafrika ein und kam aus Frankfurt am Main.

Der Schweizer Klaus, ein Künstler aus der Stadt Bern, betrieb einen Juwelierhandel in Walvis Bay und fertigte nebenbei Holzschnitzarbeiten an. Momentan schnitzte er Hitlerstatuen und verkaufte sie mit großem Erfolg an Farmer in Südwestafrika und an Kapitäne und Schiffsoffiziere der einlaufenden Schiffe im Hafen.

Schweine Hermann, ein Österreicher, stammte aus der Stadt Graz. Ihm gehörten zwei Schlachthöfe, einen in Walvis Bay und den anderen in Windhoek.

Der Schöne Ottmar war ein Schwabe aus Deutschland und leitete ein gutgehendes Transportunternehmen.

Diese geschäftlich erfolgreichen Männer waren nicht verheiratet und lebten mit Coloured Frauen zusammen. Die Frauen waren sehr hübsch und kaum noch äußerlich von Weißen Frauen zu unterscheiden. Ihre Lebensart jedoch war sehr verschieden, denn sie gaben sich ihrem Lebenspartner voll und ganz hin und erfüllten alle seine Wünsche. Sie vereinten mehr oder weniger Eigenschaften der beiden Kulturen.

Das Zusammenleben mit Juanita und den beiden Kindern entwickelte sich gut. „Ich könnte ihr auch erklären, welche Aufgabe ich in Südafrika hätte", überlegte ich. Zu meiner Überraschung gab sie mir daraufhin zu verstehen, dass dies für sie in Ordnung war und sie so etwas bereits vermutet hatte. Sie wollte mich gerne heiraten und außerdem möchte sie ein Kind von mir. Das war schon mehr als eine Überraschung; die Verantwortung im Ausland eine neue Familie zu übernehmen oder auch zu gründen, bedeutete eine große Herausforderung für mich. Ich musste die Vor- und Nachteile erst einmal überdenken. Wenn ich heiratete, könnte ich meine Aufenthaltserlaubnis sofort bekommen, wäre somit ein Bürger dieses Landes und könnte mich frei bewegen. Für meine Ermittlungsarbeit gäbe es viele Vorteile und ich bekäme von Juanita, meiner Frau, viel Unterstützung bei dieser nicht immer leichten Arbeit. Ich beschloss, da ich einen Ermittlungsauftrag der Organisation erhalten hatte und diese Verpflichtung eingegangen war, mich mit meinen Betreuern in Verbindung zu setzen, um den anstehenden Sachverhalt zu klären. Ich bat um einen sehr dringenden Besprechungstermin. Bereits zwei Tage später traf ich an einem Wochenende meine Betreuer in Windhoek. Das Gespräch verlief etwas eigenartig, fand ich. Mir wurde erklärt, dass bei diesem ausgefallenen Beruf eine Bindung hinderlich war. War ein Auftrag beendet, konnte man sich jederzeit absetzen und sich einer neu gestellten Aufgabe zuwenden, mit einer Familie war es schwieriger zu arrangieren. So einfach war das.

Am 12. März 1977 heiratete ich Juanita in Swakopmund. Nach dem Standesamt hatten wir zu einer kleinen Feier im Strandhotel eingeladen. Es kamen Freunde aus Juanitas und meinem Lebenskreis, auch mein Chef. Er überreichte uns ein großzügiges Geldgeschenk und ich erhielt eine Woche Sonderurlaub. Nach der Hochzeitfeier übernachteten wir im Strandhotel und mein neuer Schwager Liege betreute unsere

Kinder. Meine Frau hatte auch die Möglichkeit, einige Tage frei zu bekommen, da sie aufgrund unserer Heirat an ihrer Arbeitsstelle schon alle wichtigen Terminsachen aufgearbeitet hatte. Wir entschlossen uns, mit den Kindern nach Cape Town zu fahren. Juanita wollte mir ihren geschiedenen Ehemann vorstellen, und die Kinder konnten so ihren Vater wiedersehen. Sein Name war John und er arbeitete als Manager in einem großen Hotel. Da es keine Ermittlungsfahrt in die Wüste werden sollte, benutzten wir den geräumigen PKW von Juanita. In Südwestafrika besaß jede Familie zwei Autos, einen Geländewagen für Touren in die Wüste oder zum Angeln an der Küste und einen PKW für allgemeine tägliche Fahrten, wie zum Beispiel für das Einkaufen oder den Besuch von Freunden.

In den frühen Morgenstunden starteten wir unsere Reise nach Cape Town. Bei einem kurzen Halt auf einem Parkplatz bei Windhoek traf ich noch einen meiner Betreuer, der uns zur Hochzeit gratulierte und ein Geldgeschenk überreichte. Weiter Richtung Süden übernachteten wir in der Kleinstadt Springbock in Südafrika. Am nächsten Tag, spät nachmittags, nach einer Gesamtstrecke von über zweitausend km, erreichten wir Cape Town, die schönste Stadt Südafrikas. Auf Empfehlung von Freunden mieteten wir uns in einer kleinen Pension ein, die nicht weit entfernt vom berühmten Tafelberg lag. Erst am nächsten Morgen konnten wir die wunderbare Lage dieser Pension genießen. Unser Frühstücktisch stand auf einer erhöhten Terrasse umgeben von blühenden Büschen. Unterhalb der Terrasse befand sich ein ovales Schwimmbad mit tiefblauem Wasser. Der Höhepunkt für uns bedeutete das Bergpanorama „Tafelberg", das wir von unserem gedeckten

Frühstücktisch aus betrachten konnten. Es herrschte Urlaubswetter mit viel Sonnenschein ohne Wolken. Nach dem Frühstück sprangen wir mit den Kindern in den Pool und nach dem erfrischenden Bad riefen die Kinder ihren Vater an, der sie mit seinem Auto abholte. Sie und Juanita stellten mir John vor. Er war etwa fünf Jahre älter als Juanita und mir sofort sympathisch. Wenn wir wieder nach Swakopmund zurückfuhren, sollten wir die Kinder im Hotel abholen. Er war überglücklich, einige Tage mit den Kindern verleben zu können. Wir fuhren mit bis zum Stadtzentrum und er fuhr mit den Kindern zu einem Spielplatz, der nicht weit von seinem Arbeitsplatz entfernt war. Juanita und ich besichtigten zuerst das geschichtsträchtige „Castle of Good Hope" in dieser wunderbaren Stadt. Ein Fremdenführer zeigte und erklärte uns die geschichtlichen Besonderheiten dieser Festung und der Stadt Cape Town. Nach dieser Führung bewegten wir uns in Richtung Stadtmitte und waren etwas enttäuscht über die vielen Baustellen. Unsere Stimmung verbesserte sich aber, als wir den Stadtpark mit seinen wunderschönen Gartenanlagen und den subtropischen Blumen und Pflanzen besichtigten. Um noch einen besseren Einblick in die Stadt zu bekommen, bräuchten wir eigentlich einen Reiseführer, eine Person, die in der Stadt geboren war oder schon einige Zeit hier lebte. Es gab einfach sehr viel zu entdecken. John wäre dafür die richtige Person, aber er war mit den Kindern beschäftigt. Somit begaben wir uns auf unseren Rückweg, der durch die berühmte und bekannte Long Street mit ihren vielen kleinen Cafés und Bars führte. Wir erreichten etwas ermüdet, aber noch sehr angetan von den vielen Sehenswürdigkeiten unsere kleine Pension. Juanita erinnerte sich, dass sie noch eine Cousine hatte, die uns diese Stadt zeigen könnte. Sie hieß

Nicole, war Krankenschwester und lebte schon seit vielen Jahren in Cape Town. Die Wohnadresse kannte Juanita jedoch nicht. Ein Einwohnermeldeamt gab es nicht, aber vielleicht könnte John uns weiterhelfen. Er war jedoch nicht erreichbar, da er mit den Kindern unterwegs war. Um ihre Adresse zu ermitteln, fragten wir deshalb bei den verschiedenen Krankenhäusern telefonisch nach und wir fanden sie tatsächlich im Groote Schuur Krankenhaus und Juanita nahm Verbindung zu Nicole auf. Da Nicole an diesem Abend keinen Dienst im Krankenhaus hatte, luden wir sie zum Abendessen ein. Unsere kleine Pension lag nicht weit weg von der berühmten Long Street. Ihre Cousine empfahl uns, sich dort in einem guten Restaurant zu treffen. Im Gegensatz zu Juanita war sie eine kleine und lebhafte Person, aber sehr angenehm. Die Beiden hatten sich schon seit Jahren nicht mehr gesehen und somit gab es sehr viel über die Familie und der Vergangenheit zu erzählen. Ihr Gespräch dauerte über eine Stunde. Meine Aufgabe war es lediglich, die ausgetrunkenen Weingläser immer wieder nachzufüllen. Bei einer Nachfrage, wie ihr die oft schwere Arbeit in einem Krankenhaus gefiele, bekamen wir interessante Dinge zu hören. Sie arbeitete seit einem Jahr in der pathologischen Abteilung und sie hatten dort seit einiger Zeit Tote aus den nördlichen Kriegsgebieten zu untersuchen. Diese Schwarzen Männer wären total abgemagert und bei ihren Untersuchungen musste herausgefunden werden, an welcher Krankheit sie gestorben waren. Die ersten Leichen dieser Art entdeckte man in Sambia. Berichtet wurde, dass bei der Bevölkerung seltsame Krankheiten auftraten, die nicht heilbar waren. Auch die Sangomas, bei der Schwarzen Bevölkerung als Naturheiler anerkannt und geschätzt, waren entsetzt und sprachen von einer Katastrophe oder auch vom erwarteten Weltuntergang. Bei der Schwarzen Bevölkerung war der Glaube an rituelle Handlungen oder der Verzehr von tierischen, aber auch menschlichen Körperteilen, um dadurch die eigene Lebenskraft oder die Gesundheit zu erhalten, weit verbreitet. Im Allgemeinen beschränkten sich solche Praktiken auf das Opfern und Ausschlachten von Tieren. Die Schwarzen verzehrten Speisen, die viele Weiße als ekelhaft bezeichnen würden. Ein erlegtes Tier wurde vollständig verwertet und mit Genuss gegessen. Dies hatte ich ja schon bei meiner Arbeit in Cape Cross kennen gelernt. Im Extremfall jedoch, so hörte man immer wieder, gab es Menschenopfer und bei polizeilichen Ermittlungen sprach man von Muti-Morden. Die traditionellen Sangomas stellten Heilmittel aus pflanzlichen und tierischen Teilen her und diese bezeichnet man als „Muti". Sie wurden öffentlich verkauft. Es existierten allerdings auch verbotene Einkaufslisten, die menschliche Körperteile anboten. Diese mussten roh verzehrt werden. Die kriminellen Sangomas hatten oft sehr unterschiedliche Angebote von menschlichen Körperteilen und konnten damit sehr viel Geld verdienen. Hier einige Beispiele dieser angepriesen „Heilmethoden":

- Eine weibliche Brust, die man roh essen sollte, steigere das Mutterglück und Nachwuchs kann erwartet werden.
- Bei Potenzproblemen sollte man männliche Genitalien essen. Dazu wurden Genitalien von Kindern oder männlichen Babys angeboten, da die unverbrauchte Potenz noch vorhanden war.
- Das Essen und das Trinken von menschlichem Fettgewebe, Urin und Sperma fördere das Glück und Wohlbefinden.

- Eine abgeschnittene Zunge ebene den Weg zu einer ersehnten Frau.
- Ein menschliches Auge könne einen Blick in die Zukunft ermöglichen.

Ich erinnerte mich an einen Vorgang in Rhodesien. Wir waren auf einer Patrouille schon über der Grenze nach Mosambik und dort fielen uns damals in einem Kraal sehr abgemagerte Schwarze Männer auf. Ein Informant, den wir dort trafen, bezeichnete diese abgemagerten Gestalten als Aussätzige. Sie hätten eine Affenkrankheit und würden bald sterben. Eine unbekannte Seuche im afrikanischen Kriegsgebiet hätte allerdings unvorstellbare Folgen für die gesamte Bevölkerung gehabt. Vor meinem Einsatz in Rhodesien hatte ich zwar zehn Injektionen gegen verschiedene Tropenkrankheiten bekommen, aber bestimmt nicht gegen diese Erkrankung. Meine Wahrnehmungen über eine seltsame Krankheit in Rhodesien behielt ich allerdings Nicole gegenüber für mich.

Die Weiße Regierung von Rhodesien und Südafrika betrieb meines Erachtens nach eine vorbildliche Gesundheitskontrolle in allen Landesteilen und arbeitete mit den Schwarzen Naturheilern aus allen Stammesbereichen eng zusammen und das mit großen Erfolg. Die medizinische Betreuung der Bevölkerung konnte ich als gut bezeichnen.

Nach dem hoch interessanten Gespräch brachten wir Nicole nach Hause und verabredeten uns wieder für den nächsten Tag. Nicole bekam von ihrer Dienststelle für unseren Besuch mehrere Tage frei und außerdem wollte sie unbedingt auch

John und die Kinder sehen. Ich selbst wollte gerne das „Kap der Guten Hoffnung" besichtigen. Der Cape Point liegt nicht weit vom Kap der Guten Hoffnung entfernt und ist touristisch erschlossen. Man wandert zu einer erhöhten Plattform und hat dort einen wunderbaren Rundumblick zum Atlantischen und Indischen Ozean und in Richtung Cape Town mit seinem gewaltigen Tafelbergmassiv. Nicole erklärte uns, dies wäre nicht der südlichste Punkt von Afrika. Dieser läge zweihundert km in östlicher Richtung am Cape Agulhas. Erst dort träfen der Atlantische und der Indische Ozean zusammen. Ich war mit dem Cape Point und der guten Aussicht schon recht zufrieden. Juanita gab mir nach der Rückkehr in unsere Pension zu verstehen, dass sie Cape Town schon vorher ins Auge gefasst hatte und sich vorstellen könnte, auch hier zu leben. Leider hatte diese Stadt eine gute und eine schlechte Seite und das liegt am Wetter. In den Wintermonaten, die oft bis über sechs Monate anhielten, gibt es viel Regen, Sturm und Kälte. So dachten auch einige Südafrikaner und verlebten ihren Urlaub in den warmen Sommermonaten in Cape Town und verbrachten die Winterzeit in den subtropischen Zonen, wie im Küstengebiet bei der Stadt Durban oder in Windhoek mit dem angenehmeren Klima.

Am nächsten Tagen fuhren wir zu der Ortschaft Hermanus, damit Nicole die Kinder und John sehen konnte. John ist in Hermanus geboren und er zeigte uns die Aussichtspunkte, um Walfische zu beobachteten. Für mich und den Kindern stellten diese riesigen Walfische einen unvergesslichen Anblick dar. Danach ging es in die sanfte Landschaft der Weinberge. In Stellenbosch probierten wir den berühmten Wein und die Kinder tranken den süßen und alkoholfreien Traubensaft. Leider waren unsere schönen Tage am Kap viel zu schnell vorbei und wir verabschiedeten uns von den vorbildlichen Pensionsleuten und von Nicole und John, die uns bald in Swakopmund besuchen wollten.

Wir traten die Rückfahrt Richtung Osten zur Garden Route am Indischen Ozean entlang zur Ortschaft Knysna an. Dort verlebten wir drei Tage mit erholsamem Baden im warmen Wasser des Indischen Ozeans und machten leichte Wanderungen am Meeresstrand. Die Kinder waren begeistert von der schönen Landschaft mit den vielen Felsen und kleinen Buchten. Unserer Rückfahrt führte weiter über die alte historische Stadt Graaff Reinet zu der Diamantenstadt Kimberley, um das weltgrößte, von Menschenhand geschaffene Loch bzw. den Krater zu besichtigen. Hier hatten im 19. Jahrhundert tausende Menschen nach Diamanten gegraben und eine Vertiefung von zweihundertvierzig Meter mit einer Ausdehnung von vierhundertsechzig Meter geschaffen. Sie war zum Teil mit Wasser gefüllt. Heute werden, so wie das Gold bei Johannesburg, die Diamanten in Kimberley unter Tage abgebaut. Auf meiner Fahrt nach Südwestafrika hatte ich hier bereits einen Halt eingelegt und diese Stadt mit ihren Bergwerksanlagen besichtigt. Als gelernter Bergmann war es für mich eine Selbstverständlichkeit, dort nochmals einen Halt einzulegen. In Upington, der bekanntlich heißesten Stadt in Südafrika, legten wir bei unseren Freunden eine zweitägige Rast ein. Die Kinder tobten sich nochmals im Pool aus. Dann ging es weiter nach Windhoek und wir legten ebenfalls einen Ruhetag ein.

Meine Betreuer hatte ich von Südafrika aus verständigt und übergab ihnen meinen Bericht über die seltsame Krankheit in den Kampfgebieten von Sambia, Angola und Mosambik, die im Krankenhaus Groote Schuur untersucht wurde. Ich erhielt einen weiteren Auftrag, der mein Leben sehr interessant gestaltete. Ich durfte nur kein Mitleid aufkommen lassen oder die Orientierung verlieren und der Auftrag musste meine Leitlinie sein.

In den Morgenstunden verließen wir Windhoek, nachdem wir uns vorher mit deutschem Gebäck eingedeckt hatten, um so mit einigen erholsamen Pausen in den Abendstunden Swakopmund zu erreichen. Alles in Allem war es ein erholsamer und schöner Kurzurlaub mit den Kindern.

Zuhause wartete die nächste Überraschung, eine Einladung zur Geburtstagsfeier des Norwegers, aber ohne Kinder. Auf der Feier trafen wir eine erstaunliche Ansammlung verschiedener Nationen und Berufsgruppen, die jedoch aufgrund der politischen Situation des Landes gut zusammen harmonierten. Angetroffen hatten wir Schwarze Geschäftsleute aus Angola, Offiziere der Südafrikanischen Streitkräfte, Geschäftsleute und Anwälte aus ganz Südafrika, auch aus Deutschland und Frankreich. Vielleicht waren Vertreter der UNO und der SWAPO oder auch Vertreter der verschiedenen Geheimdienste anwesend. Über Politik wurde nicht diskutiert, sondern genossen wurde das gute Essen, Alkohol und die Unterhaltung mit den Frauen, die reichlich in unterschiedlichem Äußeren und politischen Ansichten vertreten waren. Juanita kannte diese Art von Partys und wir fanden großen Gefallen an dieser außergewöhnlichen Geburtstagsfeier des Norwegers.

Einige Zeit später, am 14. Juli 1978, wurde unser Sohn Storm in Swakopmund geboren, für mich ein wunderbares Ereignis. Mein lang ersehnter Wunsch, einen Sohn zu bekommen, war in Erfüllung gegangen. Seine Geburt feierte ich mit Liege ausgiebig am Strand von Swakopmund. Wir wohnten zu dieser

Zeit in einem großen Haus, welches mir meine Firma zur Verfügung stellte. Juanitas Bruder Liege war unser Mitbewohner, der zuvor einige Jahre auf Hawaii gelebt hatte. Er war gelernter Schreiner und baute Segelboote aus Holz in Südafrika auf Bestellungen, die meist aus Australien, Neuseeland und den USA erfolgten und übergab den Kunden das Boot in ihrem Heimatland. Die Überfahrt mit dem fertigen Segelboot dauerte immer mehrere Wochen. Sein letztes Boot war für Hawaii bestimmt und er blieb dort über zwei Jahre. Damals baute er für die Krimiserie „Magnum" das oft gezeigte Blockhaus auf. Für Liege blieb dies eine stete Erinnerung an einen schönen Aufenthalt in Hawaii.

Etwa zwei Monate später nach der Geburtstagsfeier folgte eine andere Überraschung. Ein französischer Geschäftsmann unterbreitete mir ein tolles Angebot. Ich könnte als Subunternehmer, also als selbstständiger Unternehmer, für ihn Arbeiten in der Wüste verrichten. Bestimmt hatte er Hinweise von einer bestimmten Person, ich vermutete vom Norweger, erhalten, dass ich mit Arbeiten in der Wüste vertraut war. Seit einiger Zeit wurde darüber gesprochen, in der Wüste im Bereich der Trekkopie, nicht weit von der Rössing Uranmine entfernt, nach weiteren Uranvorkommen zu prospektieren. Die Namib Wüste weist ein Gefälle von Osten nach Westen auf und endet somit am Atlantischen Ozean. Am östlichen Anfang der Wüste, nicht weit von der Ortschaft Usakos, befindet sich die markante Berggruppe „Spitzkoppe." Laut geologischer Auswertung waren Teile der Spitzkoppe uranhaltig und durch gewaltige Umwelteinflüsse in der Vorzeit waren diese uranhaltigen Stellen Richtung Trekkopie abgetragen worden. Es sollte nun festgestellt werden, in welcher Ausdehnung, Mächtigkeit und Tiefe dieses Urangestein noch vorhanden war. Ich setzte mich mit dem Norweger in Verbindung, der über das Vorhaben der Franzosen in der Wüste gut unterrichtet war und er vereinbarte für mich ein Treffen mit dieser Firma. Meine Aufgabe sollte es sein, an den vom Geologen festgelegten Punkten bis in eine Tiefe von zirka zwanzig Meter in den Boden vorzudringen und das anfallende Erdreich in Säcken zu verpacken, die per Schiff über Walvis Bay nach Frankreich zur Auswertung verschifft werden. Der Arbeitsbeginn war in vier Wochen und ich sollte mich über weitere Einzelheiten zum Arbeitsablauf mit dem Geologen in Verbindung setzen. Nach dieser Besprechung erfolgte eine Ortsbesichtigung und sie gaben mir eine Woche Zeit um einen Arbeitsplan vorzulegen. Der mir zugewiesene Geologe, ein junger Südafrikaner, der erst vor einigen Monaten sein Studium mit Erfolg abgeschlossen hatte, sah mit Begeisterung dieser für ihn ersten Aufgabe entgegen. Sie sollte ein voller Erfolg werden und ich konnte seine Begeisterung nur noch unterstützen, um Vorteile und Information aus diesem Unternehmen zu erhalten. Er erklärte mir genau, wie die senkrechten Schächte aussehen sollten. Der Schachtumfang lag bei zwei Meter Länge und einen Meter Breite und wurde nochmals in zwei Sektionen unterteilt. Die Erde mit dem Urangestein wurde dann 0,5 m tief abgegraben, abgefüllt und jeder Sack gekennzeichnet. Man konnte dann erkennen, aus welcher Sektion und welchem Schachtbereich dieser Sandsack stammte. Sie wurden von LKW abgeholt und nach Walvis Bay transportiert, wo sie verladen und nach Frankreich verschifft wurden. War die Tagesarbeit an den Schächten beendet, stellte man mit einem Messgerät die Strahlenstärke an den freigelegten Wänden fest und trug sie in einer Zeichnung ein. Die Informationen, die ich vom Geologen erhielt, waren für mich sehr wertvoll und ich konnte mir diese Arbeitsabläufe gut vorstellen. Nach der Ortsbesichtigung mit der Firma kümmerte ich mich um das notwendige Arbeitsgerät und versuchte über den Norweger Unterstützung zu finden, da seine guten Verbindungen für mich sehr hilfreich waren. Wichtig für diese neue Arbeit war ein fahrbarer Kompressor, an den ich zwei lange Schläuche anschließen konnte, die die Pressluft zu dem jeweils erforderlichen Abbauhammer oder dem Bohrgerät brachte. Des Weiteren benötigte ich Hacken, Schaufeln, Bohrstangen, Bohrkronen und diverses Werkzeug. Wenn ich diese notwendigen Arbeitsgeräte im Fachhandel kaufen müsste, dann würde es sehr teuer. Ein Kompressor kostete damals mehr als ein neues Auto. Der Norweger hatte auch hier eine Lösung, nämlich eine Adresse, bei der ich die erforderlichen Geräte und sogar den Kompressor preisgünstig ausleihen konnte. Ich brauchte meine Kündigungsfrist bei meiner alten Firma nicht einhalten, da mein Chef Verständnis zeigte und mir viel Erfolg wünschte. Wenn ich Hilfe benötigte, egal welcher Art, sollte ich mich bei ihm melden. Vielleicht hatte auch hier der Norweger seine Hände im Spiel? Da ich jetzt meine eigene Firma leitete, hatte ich meine Firmenunterkunft gekündigt und ein kleineres Haus in Vineta gemietet. Vineta ist ein Ortsteil von Swakopmund und liegt nicht weit vom Strand entfernt. Zur Freude der Kinder schaffte ich einen Schäferhund an, da ich nicht mehr täglich zuhause war. Heute können sich meine Kinder ein Leben ohne Tiere nicht mehr vorstellen. Eingestellt hatte ich sechs Arbeitskräfte, die nicht älter als dreißig Jahre waren. Sie gehörten zum Stamm der Owambo. Mit dieser Auswahl an Arbeitskräfte hatte ich eine gute Entscheidung getroffen. Niemand wurde krank und es gab auch keine Unfälle. Ich reichte meinen Arbeitsplan bei der zuständigen Stelle ein, der auch genehmigt wurde und einige Tage später startete unsere Arbeit in der Wüste. Zuerst bauten wir ein großes Zelt für die Arbeiter auf und ich bezog meinen Wohnwagen, der mir vom Auftraggeber gestellt wurde. Einen erforderlichen und beweglichen Container, der mit Trinkwasser gefüllt war, erhielten wir auch. Der erste Spatenstich begann und die ersten Sandsäcke wurden mit den Proben verfüllt. In einer Abbautiefe von über zehn Meter mussten wir den Abbau mit dem Presslufthammer einstellen, da der Boden zu hart und mit Felsen durchzogen war. Mit Sprengungen setzten wir unsere Arbeit fort. Der Geologe war begeistert über die Messwerte und dem im Boden befindlichen Uranerz. Es waren gelbe Streifen mit einer Mächtigkeit von 0,1 bis 0,2 cm im Gestein zu erkennen.

Etwa siebzig km entfernt von unserem Arbeitsplatz in südlicher Richtung wurde in der größten und modernsten Uranmine der Welt Uranerz abgebaut. Dort war es im festen Gestein eingeschlossen und musste im Tagebau durch Großraumsprengungen abgebaut werden. Das abgesprengte Gestein wurde dann durch ein Mahlverfahren zu Pulver zerkleinert. Durch Zugabe von Wasser entstand ein Schlamm. Chemische Mittel lösten das Uran aus diesem Schlamm heraus. Das gewonnene Produkt nennt man „Yellow Cake" und das ist das gewinnbringende Produkt, das die Kraft besitzt, „die Welt zu erobern oder zu vernichten!" Die gelben Streifen, die wir bei unserer Arbeit vorfanden, waren bereits Uranerz mit einer vielleicht für den Körper gefährlichen Strahlenstärke. Über diese Strahlenstärke machten wir uns jedoch keine unnötigen Gedanken und eindeutige Beweise lagen uns nicht vor. Unsere Arbeit ging zügig voran und wenn keine arbeitsmäßigen Probleme auftraten, wäre dieser Job in einigen Monaten beendet.

Über den sogenannten Kleinschächten hatte ich einen Dreibock aus kräftigen Holzbalken mit einer Seilrolle aufgebaut und durch diese verlief ein Drahtseil, das mit meiner Winde verbunden war und so die Sandsäcke hochzog. Diese Winde befand sich an meinem Geländewagen und war ursprünglich für meine Wüstentouren als Notbehelf vorgesehen. Nun war sie für uns ein sinnvolles Arbeitsgerät. Bis zu einer Tiefe von über drei Meter konnten wir mit einer Leiter in die Schächte einsteigen und bei zunehmender Tiefe benutzten wir eine Strickleiter. Wenn notwendige Sprengungen anstanden, besetzte ich die gebohrten Sprenglöcher mit Sprengpatronen, die untereinander verbunden und mit einer kurzen Zündschnur per Hand gezündet wurden. Danach verließ ich über die Strickleiter den Sprengplatz. Das war zwar die schnellste und einfachste Art und Weise, aber nicht ungefährlich, da die Zündschnur nur ca. zwanzig cm lang war. Wäre dies bekannt geworden, hätte ich in Südafrika meinen gewerbemäßigen Sprengschein verloren. Da ich gutes Geld verdiente, wollte ich mir deshalb eine elektrische Zündmaschine kaufen, die ich unbedingt benötigte. Wir arbeiteten vier Wochen und legten eine Pause von vier Tagen ein. Die Sprengmunition nahm ich mit nach Hause und versteckte sie unter meinem Bett. Den Arbeitsplatz ließ ich von einem Schwarzen bewachen, der aus der Volksgruppe der Hereros kam und als zuverlässige Person bekannt war. Viele Unternehmer befanden eine Bewachung als nicht notwendig, da der Begriff „Eigentumskriminalität" nicht so bekannt war. Den Südafrikanern war die mir bekannte Kriminalität aus Europa nicht Realität und ihr Verhalten konnte man als „sorglos" einstufen. Häuser oder auch geschäftliche Einrichtungen wurden selten verschlossen. Aber ein Umdenken musste aufgrund der terroristischen Gefahren erfolgen. Die Presse bemühte sich durch Beispiele auf die anstehende Gefahr aufmerksam zu machen. In den größeren Städten von Südafrika hatte man jedoch diese Gefahr bereits erkannt. Zudem hatten wir Weißen den Kontinent mit Gewalt untergeordnet und die dort lebenden Schwarzen Menschen versklavt. Dies würde in der Zukunft große Probleme bringen.

Der Einsatz in der Wüste endete nach zweieinhalb Monaten mit einem angenehmen Ergebnis für mein Portemonnaie. Meine Arbeiter konnte ich mit gutem Gewissen entlassen, da ich ihnen eine hohe Erfolgsprämie zahlte. Mit einer Party bedankte ich mich bei meinem Auftraggeber, dem Norweger und bei den Leuten, die mich unterstützt hatten. Meinen ehemaligen Chef hatte ich auch eingeladen, aber er befand sich zu diesem Zeitpunkt im Südteil von Südwestafrika bei einem Projekt nach der Suche von Smaragden und war somit nicht erreichbar.

Und schon erhielt ich einen nächsten Auftrag vom Großunternehmen Rössing Uranium. Ich sollte in Swakopmund drei große Sprengungen ausführen, da dort die Tankanlage für den Busbetrieb vergrößert werden sollte. Die Gesellschaft besaß im Ort einen Busbahnhof mit zwei großen Hallen für das Unterstellen der Busse und für den Transport der Bergleute zur Mine und zurück. Aufgrund der anwachsenden Zahl von Fahrzeugen stieg der Kraftstoffbedarf und die Tankanlage musste vergrößert werden. Drei weitere Kraftstoffbehälter sollten in den Erdboden eingebaut werden und da der Boden aus sehr festem Gestein bestand, waren Sprengungen erforderlich. Bei diesen Sprengungen durften die vorhandenen Tankanlagen und die umliegenden Gebäude nicht beschädigt werden. Weiterhin bestand die Gefahr, dass bei einer Sprengung eine Zündübertragung auf vorhandene Kraftstoffbehälter erfolgen konnte und das wäre eine Katastrophe. Um das zu vermeiden, mussten einige Vorbereitungen getroffen werden. Ich besorgte mir Sprengstoff, der diesen Anforderungen gerecht wurde. Das Gestein durfte nicht zerschmettert, sondern nur in sich zerrissen werden und nicht über den Sprengbereich hinausfliegen. In Walvis Bay konnte ich mir im Hafen gebrauchte Gummimatten von Förderbändern besorgen und in passende Stücke schneiden. Die Oberfläche der Sprengstelle deckten wir mit den starken Matten ab und bedeckten sie mit einer dicken Sandschicht. Die Gummimatten mit dem aufliegenden Sand bildeten so eine elastische Abdeckung und verhinderten, dass bei der Sprengung Gesteinsbrocken durch die Luft flogen. Den Zeitpunkt der Sprengungen hatte ich bei der örtlichen Polizei angemeldet und den Sprengplatz selbst durch Wachposten besetzt. Diese waren mit Funkgeräten ausgerüstet, die ich mir bei der Armee auslieh. Täglich erfolgte eine Sprengung. Sie wurden elektrisch mit meiner neuen Zündmaschine gezündet. Die dabei anfallenden Gesteinsbrocken und das Planieren der ausgesprengten Grube erfolgte mit Hilfe von Hacken, Schaufeln und schweren Hämmern. Dafür hatte ich mir vier Strafgefangene aus dem Gefängnis Swakopmund für diesen dreitägigen Job ausgeliehen, die die Arbeiten verrichteten. Das positive Verhalten und den Arbeitseinsatz der extremen Straftäter beeindruckte mich sehr. In der angesetzten Zeit beendeten sie diese Arbeit zufriedenstellend und ohne besondere Vorkommnisse. Für das

Ausräumen der Sprengstelle hatte ich mir einen Schaufellader und einen Lkw geliehen. Mit dem Lader verlud ich die Gesteinsmassen auf den Lkw, der die Steine auf einen vorgeschriebenen Platz in der Wüste abkippte. Ich war vorschriftsmäßig ausgerüstet und beachtete die erforderlichen Gesetze.

Das Gefängnis von Swakopmund stammte noch aus der alten deutschen Kolonialzeit und war um das Jahr 1900 erbaut worden. Es ist heute noch in einem sehr guten Zustand. Es liegt außerhalb der Ortschaft Swakopmund und war nicht weit von meinem Arbeitsplatz entfernt. Damals konnte man sich im Gefängnis Straftäter für Arbeiten ausleihen, wenn man als unbescholtener Bürger eine Waffe besaß und eine Bewachung möglich war, um eine eventuelle Flucht zu verhindern. Man stellte einige Tage vor Arbeitsbeginn den Antrag an die Gefängnisleitung und berichtete, welche Arbeiten durchgeführt würden und wie lange man dafür benötigte. Wurde der Antrag genehmigt, holte man die Gefangenen in den früheren Morgenstunden ab und zu einer festgelegten Zeit wurden sie wieder abgeliefert. Als Arbeitgeber war man in der Zeit für die Versorgung mit Essen und Getränken der Gefangenen verantwortlich.

Nach diesem Arbeitseinsatz bekam ich von meinen Auftraggebern, den Betreuern, vier Wochen Zeit, meinen Wohnsitz nach Windhoek zu verlegen. Erst seit Kurzem hatte ich mir eine geschäftliche Basis in Swakopmund aufgebaut und musste nun in kurzer Zeit diesen vertrauten Platz mit all meinen Freunden und Geschäftspartnern verlassen. Für Juanita war dies kein Problem. Sie wollte in einer Stadt wie Windhoek, mit einem etwas breiterem Angebot, gerne leben. Für unsere Kinder bedeutete dieser Wechsel allerdings ein Problem, da sie die gewohnte Umgebung und ihre Freunde verloren. Meinen Freunden und Geschäftspartnern musste ich zudem einen triftigen Grund nennen, warum wir Swakopmund verließen und unseren Wohnsitz nach Windhoek verlegten. Immerhin besaß ich eine eingetragene Firma mit guter Ausrüstung und konnte als Sprengmeister jeden Auftrag annehmen. Ich musste aber flexibel bleiben und diese Veränderung sorgfältig planen. Zunächst fuhren wir erst einmal nach Windhoek, um uns dort zu orientieren. Auf der Fahrt unterbreitete Juanita mir den Vorschlag, um bei unseren Freunden in Swakopmund und Walvis Bay das Vertrauen nicht zu verlieren, zum Beispiel ein kleines Geschäft zu kaufen oder zu mieten um dort eine neue Existenz aufzubauen. In den letzten Monaten hatten wir uns finanziell gut saniert. Diese hervorragende Idee gefiel mir und würde bei unseren Freunden gut ankommen, nahm ich an. In Windhoek angekommen, mieteten wir uns in eine Pension ein. Wir besorgten die notwendigen Tageszeitungen, um die Verkaufsangebote anzuschauen. Mit Interesse studierten wir die Zeitungen, aber leider ohne Erfolg. Warum nicht eine kleine Pension eröffnen? Wir konnten doch bei der Vermieterin unserer Unterkunft gleich nachfragen? Sie war schon etwas älter und vielleicht suchte sie einen Käufer. Aber auch hier hatten wir keinen Erfolg. Die guten und lang eingesessenen Pensionen wurden selten verkauft, sondern die Kinder übernahmen das Geschäft ihrer Eltern, da sie schon von Kindesbeinen mit dieser Arbeit vertraut waren. Wir ließen uns nicht unterkriegen und bereiteten uns zum Auszugehen vor, um in den bekannten Gaststätten Freunde zu treffen und mit ihnen über unsere Ideen zu diskutieren. Es wurde ein lustiger, wenn auch für unser Vorhaben erfolgloser Abend und wir kamen spät ins Bett. Morgens gegen 9.00 Uhr, als wir noch in unseren Betten lagen, läutete das Telefon und eine Freundin Juanitas erklärte uns aufgeregt, sie hätte etwas Interessantes für uns gefunden und wir sollten um 10.30 Uhr im Restaurant Thüringer Hof sein. Rechtzeitig erreichten wir das Hotel und trafen dort ihre Freundin in Begleitung einer netten älteren Dame beim Frühstück an. Wir wurden der Dame, die die Tante der Freundin war, vorgestellt. Sie besaß ein kleines Geschäft in der Kaiserstraße, das zu vermieten war. Es handelte sich um ein Schreibwarengeschäft und auch Andenken für Touristen wurden dort verkauft. Dieses Geschäft hatte sie als junge Frau von ihren Eltern übernommen. Ihr Ehemann war vor zwei Jahren verstorben und ihre beiden Kinder lebten in Südafrika und hatten somit kein Interesse daran, das Geschäft zu übernehmen. Sie wollte nur an solche Personen vermieten, die das Geschäft gut weiterführten und ihr auch sympathisch waren. Nach dem gemeinsamen Frühstück schauten wir uns das Geschäft an. Es lag nur fünf Minuten vom Thüringer Hof entfernt. Juanita und ich waren erstaunt über dieses Geschäft. Zur Straßenseite erkannte man ein bestens eingerichtetes Schreibwarengeschäft. Hinter dem Geschäftsraum folgte ein kleines Büro mit einer Toilette. Über einen kleinen Flur erreichte man eine Wohnung mit einem Hof, der von den rechts und links liegenden Nachbargrundstücken durch hohe Mauern abgegrenzt war. Rebstöcke wuchsen an den Wänden hoch und den Abschluss des Grundstücks bildete ein Lager, das in eine Nebenstraße mündete und Platz für drei PKW bot. Dieses Geschäft mit dieser Wohnung, dem schönen Hof zur Entspannung und dem Lagerraum für unsere Fahrzeuge und meinen Arbeitsgeräten machte einen gepflegten Eindruck. Wir erhielten die Möglichkeit, alles schon in zwei Wochen zu übernehmen und zu beziehen. Juanita war begeistert und sie hatte schon ein freundschaftliches Verhältnis zu der alten Dame aufgebaut.

Zurück in Swakopmund nahm unser Freundes- und Bekanntenkreis die Entscheidung, ein Geschäft in Windhoek zu mieten, mit Verwunderung auf. Vielleicht spielte bei einigen sogar etwas Neid eine Rolle. Meine wichtigsten Geschäftspartner, wie zum Beispiel der Norweger, waren jedoch begeistert und wünschten uns viel Glück. Die Verbindung zu Freunden, Bekannten oder Geschäftspartnern ging trotz der unbeschreiblichen Größe des Landes nie verloren. War man einmal in den Freundeskreis aufgenommen, gehörte man zu dieser großen Familie.

Drei Wochen später lebten wir schon in unserer neuen Unterkunft in Windhoek. Die Hauptstadt Windhoek bildete mittlerweile den Schwerpunkt der politischen Entwicklung des Landes Südwestafrika. Die Apartheidgesetze waren zwar stark korrigiert, was aber von der Bevölkerung kaum wahrgenommen wurde. Das Leben in Afrika unterschied sich einfach zu Deutschland. Nur die Südafrikaner, die Springbock Deutschen, hatten hier in den Dörfern oder Städten meist ihr eigenes Geschäft oder auf dem Lande ihre eigene Farm. Diese Farmen waren oft so groß wie ein Regierungsbezirk von Aachen in Deutschland. Die deutsche Gemeinschaft hatte sich trotz der beiden Weltkriege und dem politischen Wechsel behauptet und ihre Eigenständigkeit, die deutsche Sprache und ihre Kultur erhalten. Die anderen Einwohner englischer Abstammung verdienten meist ihren Lebensunterhalt als Händler, Handwerker oder waren im Bergbau beschäftigt. Viele davon waren nicht ansässig und wechselten oft ihren

Arbeitsplatz. Die Afrikaaner waren wesentlich bodenständiger, ebenfalls Besitzer von Farmen oder arbeiteten in der Fisch- und Bergbauindustrie.

Meine Betreuer zeigten sich sehr überrascht über unsere neue Wohnung und ihren Möglichkeiten. Meine guten Beziehungen waren eine wichtige Voraussetzung für eine erfolgreiche Ermittlungsarbeit und die Quellen hatte ich in meinen Ermittlungsberichten eindeutig klar ausgewiesen. Vielleicht war ich ja ein guter Ermittler und konnte somit mehr Geld verlangen? Eine Erhöhung wurde tatsächlich in unserem Gespräch bewilligt und meine Berichte wurden ab diesem Zeitpunkt besser honoriert. Der Schwerpunkt sollte sich ab jetzt auf das Personal der UNO-Delegation beschränken, die im Safari Hotel untergebracht war. Das Hotel lag am südlichen Rand von Windhoek und war, wie der Name es sagt, eine Erholungslandschaft. Die Hotelbewohner waren in großzügigen Unterkünften untergebracht, die den Charakter einer Safari Lounge vermittelten. Im Hauptgebäude befand sich eine große Empfangshalle mit Speisesaal, Außenterrasse und Küche. Nicht weit davon entfernt lag auch der Campingplatz. An den Wochenenden kamen die Familien mit ihren Kindern, um das große Freibad und die gute Küche zu genießen. Das UNO-Personal fiele dort kaum auf, wäre da nicht der südamerikanische Einschlag im Aussehen und in der Kleidung gewesen. Untergebracht waren die sieben Personen, davon drei weibliche und vier männliche, alle zusammen in einem Nebengebäude. Die Frauen hatten harte Gesichtszüge und ich konnte sie nicht als hübsch bezeichnen. Aber dafür hatten sie sehr sportliche Figuren. Die Männer sahen so aus, als hätten sie gerade ihre Uniform abgelegt und sich einfache Zivilkleider angezogen. Ihre Unterhaltung führten sie in einer Mischung aus Spanisch oder Portugiesisch, wie bei uns in Deutschland die Gastarbeiter aus den südeuropäischen Ländern. Ihre Englischkenntnisse würde ich als befriedigend benoten. Um über ihre Lebensweise mehr herauszufinden, trafen wir uns an den Sonntagen mit unseren Freunden im Safari Hotel und ich konnte dabei unauffällig meine Beobachtungen machen. Dabei fand ich heraus, dass die UNO-Gruppe von der südafrikanischen Polizei observiert wurde. Außerdem erhielt ich diesen Hinweis von meinem Freund Uwe, dem Kripomann. Ich musste also sehr vorsichtig vorgehen, um weitere Hinweise zu ergattern. Die ersten Erkenntnisse teilte ich meinen Auftraggebern umgehend mit, die auf weitere aussagekräftige Ermittlungsergebnisse hofften.

Juanita war von ihrer neuen Arbeit absolut begeistert. Jetzt war sie Chefin im eigenen Betrieb und konnte nach ihren eigenen Vorstellungen Schalten und Walten. Außerdem hatte sie von der alten Dame die Verkäuferin übernommen und beide konzentrierten sich auf afrikanische Kunst. Diese Anregung unterstützte die Verkaufskraft, die aus der Volksgruppe der Hereros stammte und künstlerische Talente im Anfertigen von afrikanischen Kleidern und eine gute Hand zum Zeichnen und Malen hatte. In dem Laden wehte ein frischer Wind und das machte sich am steigenden Umsatz bemerkbar. Die alte Dame, die mehrmals in der Woche kurz vorbeischaute, zeigte sich über diese positive Veränderung des Geschäfts sehr begeistert und war stolz auf die Entscheidung, Juanita das Geschäft vermietet zu haben.

Ich hatte nun Zeit, mich auf die komplizierte Ermittlungsarbeit UNO zu konzentrieren. Herausgefunden hatte ich, dass diese Gruppe nur einmal in der Woche geschlossen das Hotel verließ und mit zwei Pkw Richtung Stadt fuhr. Weiter konnte ich ermitteln, dass sie auf der Fahrt in die Stadt einen so genannten „Schwanz" hatten, d.h., dass sie von der Sicherheitspolizei überwacht wurden, so wie Uwe es mir mitgeteilt hatte. Es musste auch eine Observationsgruppe im Hotel geben, die den außerhalb der Hotelanlage befindlichen Kollegen mitteilte, wann sie das Hotel verließen. Ich musste nur noch diese Überwachungsgruppe finden. In der fast vollbesetzten Lounge beobachtete ich von meinem Platz aus den lebhaften Hotelbetrieb. Mein Hauptaugenmerk richtete ich auf die Rezeption, da dort die Gäste ein- oder ausbuchten und ihre Zimmerschlüssel in Empfang nahmen oder abgaben. Dabei fielen mir eine junge Frau und ein junger Mann besonders auf, da sie als Pärchen getarnt von einem anderen Paar nach 18.00 Uhr abgelöst wurden und sich dieser Vorgang später wiederholte. Beim Erscheinen der UNO-Angehörigen wurden sie immer aktiv. Eine Person machte schriftliche Notizen, die andere war vorgebeugt und verdeckte mit einer Hand einen Gegenstand und Mundbewegungen waren zu erkennen. Wenn die UNO-Delegierten das Hotel verließen, blieb das Pärchen auf seinen Plätzen sitzen. Dies war also die Hotelüberwachung der Sicherheitspolizei, da war ich mir sehr sicher. Um das herauszufinden, brauchte ich zwei Tage. Ich hielt mich zu verschiedenen Uhrzeiten in der Hotelanlage als Gast getarnt auf und nutzte dabei den regen Betrieb im Hotel aus. Nun hieß es, den Zeitpunkt finden und ausnutzen, zu dem die UNO-Entsandten gemeinsam das Hotel verließen. Juanita begleitete mich abwechselnd, da ich als Einzelperson nicht auffallen wollte. Und dann war es soweit. Die UNO-Leute gingen in einer Mittagspause gemeinsam aus dem Hotel und das Observationspaar nahm wieder auf seine eigene Art Aktivität auf. Als die Arbeit der Zimmermädchen in den einzelnen Gebäuden beendet war, wurde das Paar um 18.00 Uhr abgelöst. Ich verließ unauffällig das Hauptgebäude und begab mich zur Unterkunft der UNO-Delegation. In einem langen Flur des Gebäudes lagen rechts und links die Hotelzimmer. Die einzelnen Zimmer waren nummeriert und die Zimmernummern der sieben Personen kannte ich schon. Für mich war das Zimmer des Einsatzleiters am interessantesten und ich hoffte, dort Unterlagen zu finden, die Aufschlüsse über ihre normalen Tätigkeiten oder nicht erlaubten Ermittlungen in Südwestafrika gaben. Zuerst überprüfte ich die Eingangstür zum Hotelzimmer auf unauffällige Merkmale, die sich beim Öffnen der Tür verändern würden, entdeckte aber nichts. Das Öffnen verschlossener Türen mit verschiedenen Schwierigkeitsstufen hatte ich erlernt und dieses Zimmerschloss besaß keinen großen Schwierigkeitsgrad. Mein Spezialbesteck brauchte ich noch nicht einmal einzusetzen. Vorsichtig betrat ich das Zimmer. Es wirkte bewohnt und geordnet. Die Zimmertür verschloss ich und öffnete ein Fenster, indem ich den Fensterriegel verstellte, ohne dass es von außen erkennbar war, um mir einen Fluchtweg zu schaffen. Die Zeit stellte einen wichtigen Faktor dar. Ich fand versteckte Unterlagen, die in Spanisch oder Portugiesisch abgefasst waren. Jedes einzelne Blatt fotografierte ich mit meiner Spezialkamera. Zerrissene Blätter entdeckte ich einer Hosentasche und im Papierkorb, strich sie glatt, fotografierte sie ebenfalls und legte sie an den Fundorten zurück. Außerdem spürte ich gut versteckte Geldscheine in verschiedenen Währungen und ein Kampfmesser auf. Den Wert der Geldscheine hielt ich fest und vom Kampfmesser machte ich ein Foto. Mein mir gestelltes Zeitlimit konnte ich einhalten. Das Fenster verriegelte ich, die Tür öffnete ich zunächst nur leicht, um sicher zu sein, dass sich niemand auf dem Flur aufhielt. Lautlos schlich ich aus dem Zimmer und schloss die Türe wieder ab. Ohne dass ich einer Person begegnete, erreichte ich unser Auto auf dem Parkplatz, in dem Juanita bereits auf mich wartete. Wir fuhren auf Umwegen nach Hause und ich beobachtete dabei den rückwärtigen Verkehr.

Später rief ich von einer öffentlichen Telefonzelle meinen Auftraggeber an und verabredete ein Treffen. Es sollten nur in sehr wichtigen Fällen Anrufe getätigt werden und ich entschied, dass es diesmal notwendig war. Noch am späten Nachmittag flog ein Betreuer ein und übernahm den Film. Eine Woche später überreichte man mir eine hohe Geldprämie und sagte mir, ich sollte weiter am Ball bleiben.

Da ich für meine Sicherheit nur alleine verantwortlich war, verfolgte ich die Arbeit der UNO-Delegation über die Pressemeldungen und versuchte bei der Bevölkerung deren Meinung über diese Weltorganisation zu ermitteln. Ein großes Interesse bestand bei den Bewohnern nicht. Nach etwa vier Wochen wurde die UNO-Gruppe im Safari Hotel ausgewechselt. Später erfuhr ich, dass die meisten Mitglieder dieser Gruppe aus Kuba stammten und vor ihrer Tätigkeit bei der UNO einer Spezialeinheit angehörten. Die „neuen" Mitglieder der UNO waren nun in einer angemieteten Wohnung in der Stadt Windhoek untergebracht und stammten aus dem asiatischen und europäischen Raum. Sie hatten sich ein Büro eingerichtet und nach Anmeldung konnte jeder Bürger dort Fragen über die Arbeit der UNO in Südwestafrika stellen, die ausführlich beantwortet wurden.

Unsere alte Dame hatte sich in der Zwischenzeit einen persönlichen Wunsch erfüllt und im Ortsteil Klein Windhoek ein kleines Haus im Grünen gekauft. An einem Sonntag lud sie uns ein und wir bewunderten diese wunderschön gelegene Anlage. Im Wohnzimmer hatte sie Fotos ihrer Familie aufgestellt und was uns besonders auffiel, waren die vielen Fotografien, die ihren verstorbenen Ehemann zeigten. Sie hatte ihren Mann sehr geliebt und aufgrund seines Berufes waren sie meist nur etwa fünf Monate im Jahr zusammen. Sie führten eine so genannte Seemannsehe. Die Zeiten der Trennung hatte ihre Ehe sehr gefestigt und beim Wiedersehen waren sie jedes Mal neu verliebt. Langeweile kam deshalb nie auf, wie sie sagte. Weiter erzählte sie uns, dass ihr Mann als Landvermesser und Wasseringenieur bei der südafrikanischen Regierung angestellt war. Er arbeitete an Projekten in Rhodesien, Südwestafrika, Botswana, Lesotho und Südafrika. Dies bedingte oft monatelange Trennungszeiten, die sie zu ertragen hatten. Sie schrieben sich lange Briefe und später, als das Telefonnetz ausgebaut war, telefonierten sie und konnten wenigstens ihre Stimmen hören. Er unterhielt sich dann auch mit den Kindern. Die Beschäftigung mit den Kindern und ihr Geschäft waren ein guter Zeitvertreib für sie. Seine Vorstellung war es, nach seiner Pensionierung dieses Grundstück zu kaufen. Nun hatte sie es getan und fühlte so eine tiefe Verbundenheit mit ihrem verstorbenen Ehemann, der leider zu früh verstarb. Ihr Mann hatte einen sehr interessanten Beruf, der für den Kontinent Afrika eine wichtige Rolle spielte.

In Afrika herrscht in vielen Landesteilen eine gravierende Trinkwassernot. Südwestafrika ist hier ein gutes Beispiel. Im Norden des Landes fließt der Kunene Fluss und der Südteil des Landes wird durch den Oranje Fluss begrenzt. Westlich befindet sich der atlantische Ozean und im Osten liegt die Kalahari Wüste. Im Landesinneren fließen einige Flüsse, wie zum Beispiel der Swakop Fluss, der aber nur in der Regenzeit Wasser führt. Ansonsten sind alle Flüsse in Südwestafrika ausgetrocknete Reviere. Wenn im Inland, besonders im nördlichen Teil des Landes, die Regenzeit beginnt, laufen die Flüsse Richtung Westen zum Atlantik und dann durch die Wüste. Aber meistens versickert das Wasser in der Wüste ohne den Ozean zu erreichen. Vielleicht haben sich unter der Wüste große Wasserreservate angesammelt, wer weiß? Auf den bewirtschafteten Farmen und in den Städten und Ansiedlungen wurde Trinkwasser benötigt. Eine ausgezeichnete Planung für den Wasserhaushalt schuf die damalige Deutsche Kolonialgesellschaft. Wo Trinkwasser benötigt wurde, baute man Brunnen und das Wasser förderte man zum Teil durch Windkraft (Windmühlen). Später übernahmen die Förderung des Wassers Elektromotoren, die die Pumpen antrieben. Diese elektrische Energie stammte aus einem Kraftwerk bei Windhoek. Die Turbinen des Kraftwerkes wurden durch das Verbrennen von Kohle angetrieben. Die Kohle wurde aus Südafrika mit der Eisenbahn angeliefert. Mit dem Wasserkraftwerk am Kunene Fluss bei Ruacano konnte eine Versorgungslücke geschlossen werden. Die Versorgungsleitungen waren zum Teil schon verlegt und am Weiterbau wurde gearbeitet.

Die alte Dame stellte uns einen ehemaligen Kollegen ihres verstorbenen Ehemannes vor, der noch im aktiven Dienst stand. Bei unserem angeregten Gespräch über die Situation, den Wasserproblemen und die Stromversorgung des Landes war er über mein Interesse an diesem Thema so angetan, dass er mir den Vorschlag unterbreitete, mich bei seiner anstehenden Inspektionsreise zum Wasserkraftwerk nach Ruacano, mitzunehmen. Er versuchte für mich eine Genehmigung zu erhalten, da es sich um ein abgesperrtes Kriegsgebiet handelte. Ich erklärte ihm, dass ich schon als Wahlhelfer im nördlichen Kriegsgebiet meine Erfahrung mit den Terroristen hatte und erzählte ihm meine Geschichte. Er war beeindruckt, weil mir somit schon bekannt war, wie ich mich in diesem Teil des Landes zu verhalten hätte. Ein Begleitschutz seitens der Armee würde auch gestellt. Start dieser Kontrollfahrt, die für mich eine außergewöhnliche Besichtigungstour wurde, war in etwa vierzehn Tagen. Er wollte mich aber zwischenzeitlich informieren, was ich an Ausrüstung mitnehmen sollte. Da ich für meine P 1 Pistole einen Waffenschein besitze, sollte ich diese Waffe unbedingt mitnehmen. Genau nach zwei Wochen fuhren wir ab Windhoek in zwei Geländewagen Richtung Norden. Die Strecke war mir vertraut. Nach der Ortschaft Tsumeb begann das militärische Sperrgebiet und uns wurde Begleitschutz durch Angehörige der Armee zugeteilt. Ab der Ortschaft Oshakati im Owambo Land ging es in nordwestlicher Richtung nach Ruacono. Nach zirka hundert km, etwa auf halbem Wege zum Ziel, blieb das vorausfahrende Militärfahrzeug Casspir plötzlich stehen, die Besatzung sprang ab und sicherte in Fahrrichtung. Gleichzeitig stoppten auch die beiden anderen Casspirfahrzeuge und ihre abgesessene Besatzung baute blitzschnell eine Rundumsicherung mit auf. Unsere beiden Fahrzeuge befanden sich mitten im abgesicherten Bereich. Wir verließen unsere Fahrzeuge und suchten eine Deckung auf. Der leitende Offizier, der sich im zweiten Casspir befand und sich somit in der Mitte der Kolonne bewegte, teilte uns mit, dass das Kraftwerk von feindlichen Kräften angegriffen wurde und wir unter Schutz eines Militärfahrzeuges zurück nach Oshakati fahren sollten. Er setze mit dem Rest seiner Soldaten die Fahrt nach Ruacono weiter fort. Das war über Funk von der Militärführung so angeordnet worden. Bei mir baute sich eine innere Enttäuschung auf. So gerne hätte ich dieses Kraftwerk besichtigt, da ich schon bei meinem letzten Aufenthalt als Wahlhelfer wertvolle Unterlagen aus dem Kriegsgebiet fotografieren konnte, in denen auch das Kraftwerk mit Zeichnungen umschrieben war. Vielleicht bekäme ich ja nochmals eine Gelegenheit dazu. Wir übernachteten in Oshakati und kehrten am späten Nachmittag des folgenden Tages zurück nach Windhoek. Juanita freute sich sehr über meine vorzeitige Rückkehr, da sie von diesem Angriff mit der Unterstützung kubanischer Kräfte bereits im Radio gehört hatte. Das südafrikanische Militär wehrte diesen Angriff erfolgreich ab und nahm kubanische Gefangene.

Das Leben in Windhoek ging seinen gewohnten Gang weiter und die militärischen Handlungen an der nördlichen Grenze von Südwestafrika beachtete die Bevölkerung kaum. Ich hatte einen neuen Auftrag, informierte mich täglich und versuchte nicht bekannte Quellen aufzustöbern. Da mein Wohnsitz nicht weit vom Bahnhof der Stadt entfernt war, gelang es mir, eine gute Informationsquelle aufzubauen, die anzeigte, welche Züge zu welchem Zeitpunkt von Südafrika kommend Richtung nördlicher Grenze ins Kampfgebiet fuhren. Die militärische Logistik herauszufinden, spielte eine große Rolle. Mit welchen Zügen aus dem Kampfgebiet kamen die erbeuteten schweren Waffen oder auch eigenes beschädigtes Kriegsgerät nach Südafrika? Auch die Anzahl der Soldaten, der Verletzten und der getöteten Soldaten, die zum Kampfgebiet und zurückfuhren, wollte man wissen. Aus dem logis-

tischen Bewegungsablauf ließ sich auf die Härte der Kampfhandlungen im Kampfgebiet schließen. So erhielt man auf jeden Fall bessere Informationen als durch die freie Presse, die
lediglich gezielte Angaben über militärische Einsätze und Erfolge oder Nichterfolge über das militärische Presseamt erhielt. In Windhoek beschäftigte man sich weiter mit der UNO.
In diesem politischen Spiel wurde der UNO nur eine schwache Rolle zuteil, denn sie erhielt keinerlei Machtbefugnisse.
Alleine der UNO Sonderbeauftragte Ahtisaari wurde schon
aufgrund seiner Fettleibigkeit von vielen in Windhoek nur
belächelt. Die UNO war hier ein zahnloser Tiger, also ohne
Entscheidungsberechtigung und es war bekannt, dass in den
vorliegenden unruhigen Zeiten bei ihren Einsätzen chaoti-
sche Verhältnisse herrschten. Die beiden Weltmächte über-
trugen bestimmt mit Absicht an die UNO keine Vormacht-
stellung. Ihnen ging es nicht um die Menschen in diesem
Land, sondern allein um den günstigen Zugang zu den Rohstoffen Südwestafrikas. Der seltene Rohstoff, den die beiden
Weltmächte benötigten und wollten, war das URAN. Die
größte Uranmine der Welt lag in der Namib Wüste und ich
hatte, als ich für eine französische Firma in der Wüste nach
Uran prospektierte, aus eigener Erfahrung gesehen, wie
reichhaltig dort die Vorkommen waren. Man muss auch wissen, dass Südafrika dieses wertvolle Mineral nicht ohne hohen Gegenwert verkaufte.

Bei der monatlichen Besprechung mit meinen Betreuern
wurde ich über meinen neuen Einsatz in Südafrika und zwar
nach Durban in Kenntnis gesetzt. Diese Aufgabe war auf
zirka ein Jahr festgelegt. Ich sollte dort ermitteln, welche militärischen Tätigkeiten von Durban aus starteten. Es bestand

der Verdacht, dass im Hafenbereich U-Boote und Schnellboote gebaut wurden. Ich sollte herausfinden, ob dieser Verdacht auf Tatsachen beruhte. Für die Aufkündigung des Ge-
schäftes und der Lagerung der Möbel wurde eine Zeitspanne
von einem Monat festgelegt. Juanita regelte die Kündigung
recht schnell, da eine gute Bekannte mit dem Einverständnis
der alten Dame das Geschäft übernahm. Unsere Möbel konnten wir in einem Lager unterstellen, was ich mit einigen
Freunden organisierte und nach drei Tagen war alles erledigt.
Außerdem mussten wir aber einen plausiblen Grund finden,
um Juanitas Eltern zu erklären, warum wir für ein Jahr plan-
ten. Mit Marcelle und Lenny fuhr Juanita schon eine Woche
vorher zu ihren Eltern, da für die Kinder die Schul- und Kin-
dergartenfrage geregelt werden musste. Den Eltern nannten
wir folgende Begründung: Ich hätte ein gutes Angebot um in
Durban meine Sprengkenntnisse zu verbessern, die für meine
Geschäfte in Südwestafrika noch notwendig waren. Die letzte
Nacht in Windhoek verbrachte ich mit meinem kleinen Sohn
Storm im Kalahari Hotel. Hier wurden wir bestens versorgt
und mir blieb noch genügend Zeit, mich bei all meinen Freunden und Bekannten persönlich oder telefonisch zu verabschieden.

Am nächsten Tag startete ich mit Storm im Geländewagen
zeitig um 7.00 Uhr nach dem Frühstück Richtung Südafrika
über Upington, Kimberley, Bloemfontein nach Salt Rock bei
Durban. Das Auto war mit Kleidern, Mineralien und Ge-
schenken vollgepackt und auf diesem Gepäck war noch ausreichend Platz für Storm. Mit Decken und Kissen hatte ich
ihm ein Spielbett ausgebaut, in dem er krabbeln und schlafen
konnte. Bei einem Halt zum Tanken, fragte der Schwarze
Tankwart erstaunt: „Mister, wo ist die Nanni oder die Mutter

von diesem kleinen Kerl?" Er schüttelte den Kopf und murmelte Unverständliches. Ich erwiderte: „Die Mutter ist in Amerika." Für mich stellte diese Autofahrt mit meinem Sohn ein unvergessliches Erlebnis dar. Ohne Vorkommnisse erreichten wir nach zwei Tagen Salt Rock, übernachtet hatten wir zwischendurch in Kimberley, das ungefähr auf halber Strecke lag. Mit großer Freude empfingen uns Juanita, die Kinder und die Schwiegereltern. Marcelle weinte vor Freude und Lenny fragte mich mit ernstem Gesicht: „Dad, wie oft habt ihr euch verfahren?" Lachend gab ich zur Antwort, nur einmal und das war in den Drakensbergen. Ich wollte eine Abkürzung nehmen und bin zu früh abgebogen. Lenny war ein wirklich erstaunliches Kind mit einer hohen Begabung für Sprachen. Er beherrschte Englisch, Deutsch und Afrikaans fast perfekt und das in einem Alter von nur fünf Jahren. Sehr erstaunt war ich einmal bei einer meiner Fahrten, bei der Lenny und Storm dabei waren, zu meinem Arbeitsplatz in die Wüste. Im Auto unterhielt Lenny sich wie selbstverständlich mit den Schwarzen Arbeitnehmern in ihrer Landessprache. Soweit ich später erfahren konnte, erkundigte er sich nach ihren Familien. Aufgenommen und gelernt hat er die Owambosprache bestimmt von unserem Haus- und Gartenboy. Storm wurde von seiner Mutter, der Oma und den Kindern sehr umsorgt. Die Kinder waren glücklich wieder zusammen zu sein. Ich fühlte mich bei meinen Schwiegereltern herzlich aufgenommen, aber den Mittelpunkt bildete unser Sohn Storm, den sie jetzt erst kennenlernten. Wir waren vom Club der Hotelanlage mit einem Speisesaal und einer angelegten Bar, die auf zwei großen Zuluhütten aufgeteilt und mit Rieddächern bedeckt waren, sehr hingerissen. Vor den Hütten befand sich eine moderne Außenanlage für den Bowling-sport, die von älteren Clubmitgliedern aus Salt Rock, getrennt nach Männern und Frauen, genutzt wurde. Dieser Club lag etwas abseits vom Hotel, wurde aber auch von den Schwiegereltern geleitet. Für Familien mit Kindern gab es eine Liegewiese und einen mit Natursteinen ausgelegten Pool, der ebenfalls zum dazu gehörte. Ein idealer Spielplatz für die Kinder und vom Wohnhaus bei den Schwiegereltern schnell erreichbar. Unsere Kinder und wir waren gut versorgt und ich konnte mich auf meine tatsächliche Arbeit vorbereiten. Zuerst versuchte ich, meinen alten Kumpel, der in Durban ein Sicherheitsunternehmen leitete, anzurufen. Ich erhielt die Auskunft, er habe seine Firma verkauft und in Cape Town eine neue Firma aufgebaut. In den Abendstunden erreichte ich ihn dann. Er machte mir sofort wieder ein Angebot, als Verantwortlicher einen Bezirk zu übernehmen, da in Cape Town, viele gut betuchte Unternehmen angesiedelt waren und Sicherheit sehr geschätzt wurde. Ich musste ihm nochmals erklären, dass mein geschäftliches Interesse in der Sprengarbeit lag und ich in Durban mein Wissen noch weiter ausbauen wollte. Er nannte mir eine Firma und die Telefonnummer, die mir diese Möglichkeit in Durban bieten könnte. Ich sollte aber unbedingt zurückrufen, wenn alles gut verlaufen war.

Am nächsten Tag trat ich mit dieser Firma in Durban in Verbindung. Es handelte sich um ein Großunternehmen mit mehreren Steinbrüchen in Südafrika und davon lag ein Steinbruch mit einem Kalkwerk in Durban und einer in Verulam nicht weit von Salt Rock entfernt. Bereits für den nächsten Tag war ich zum Einstellungsgespräch eingeladen. Gesucht wurde ein erfahrener Sprengmeister für den Steinbruch

Verulam. Das Einstellungsgespräch verlief für mich erfreulich und ich wurde für den kommenden Monat engagiert. Mein neuer Chef war auch deutscher Abstammung und wir unterhielten uns in Englisch und Deutsch. Erst sollte ich unter Aufsicht eines Sprengmeisters auf der Anlage Durban zwei Sprengungen durchführen und wenn diese problemlos verliefen, würde ich in Verulam eingesetzt. Die Sprengscheinprüfung für die Provinz Natal sollte ich später beim Bergamt in Dundee ablegen. Außerdem würde mir ein Geländewagen für den dienstlichen und privaten Gebrauch zur Verfügung gestellt. Das mir angebotene Gehalt entsprach meinen Vorstellungen. Diese formalen Dinge waren also erledigt und ich konnte mich meiner wahren Tätigkeit, meinen Ermittlungen, zuwenden. Für diese Arbeit musste ich meine Ortskenntnisse im Hafenbereich von Durban aufbauen. Es bestand die Möglichkeit, eine Hafenbesichtigung mit einem sachkundigen Reiseführer der Stadtverwaltung zu machen. Ich meldete gleich unsere Familie für diese Besichtigung an. Mit zwanzig weiteren Touristen aus den verschiedenen Provinzen Südafrikas waren wir nun Teilnehmer dieser Veranstaltung. Die Touristengruppe bestand nur aus Weißen Personen, die fast alle in Südafrika lebten oder aus dem englischsprechenden Raum kamen, wie zum Beispiel aus England, Neuseeland oder Australien. Wir bildeten eine große und auch neugierige Gruppe, die viele Fragen stellte. Unser Reiseführer war ein junger Mann, der sich uns sehr selbstsicher vorstellte. Die Fragen der Teilnehmer waren für mich bedeutungsvoll, da sie viel den militärischen Bereich betrafen. Wurde ein Schiff gesehen, das sich von den anderen Schiffen unterschied, erläuterte der Reiseführer dazu einiges ausführlich. Gefragt wurde zum Beispiel: „Ist das ein Marineboot? Was hat es für eine

Aufgabe? Wieviel Männer sind an Bord? Mit welchen Waffen ist das Boot ausgerüstet? Wo liegen diese Boote im Hafen?" Mit Stolz und Eifer beantwortete der Reiseleiter sie den Touristen alle. Ich konnte mir aus den Antworten gedanklich einen guten Zusammenhang aufbauen und brauchte selber keine Fragen zu stellen, sondern nur normales Interesse bekunden. Südafrika befand sich in einem Krieg gegen die nichtweiße Bevölkerung, die von der kommunistischen Seite unterstützt und instruiert wurde. Mit Sicherheit waren dort Aktionen militärischer Art im Gange. Zu Hause hatte ich bereits einen Grundriss der Hafenanlage und konnte das mit Planen abgedeckte Trockendock einzeichnen. Die für Marineschiffe abgesperrte Kaianlage, die außerhalb unserer Sichtweite lag, durfte nur von den Marinesoldaten betreten werden. Für die Kinder und auch für mich war es ein Ereignis, so einen großen Hafen zu besichtigen, aber ein noch viel größeres Erlebnis stellte für die Kinder, das Zuckerterminal im Hafen von Durban dar. Drei riesige, überdeckte Hallen, in denen bis zu einer halben Million Tonnen weißer Zucker frei gelagert wurde, bildeten das größte Zuckerlager der Welt im Hafen von Durban. „Die Salzberge in Swakopmund sind aber viel weißer und größer.", bemerkte Lenny und zeigte sich nicht beeindruckt. Erst als der Reiseführer die Erlaubnis gab, das weiße Gold zu testen, war auch Lenny begeistert und stopfte sich heimlich alle Taschen mit dem Zucker voll. Juanita, zum Teil in der Provinz Natal im Umkreis von Durban aufgewachsen, hatte diese Hafenanlage bereits während ihrer Schulzeit zweimal besichtigt.

Mit meinen Betreuern fand das erste Treffen in einem Restaurant in Durban an der Strandpromenade statt. Sie staunten über meine Berichte und über die Ereignisse in der Hafenanlage und ich sollte dorthin meine Arbeitsschwerpunkte legen.

Marcelle hatte im Internat von Hermannsburg einen Schulplatz gefunden. Lenny besuchte einen Kindergarten in Salt Rock und für Storm war eine von der Familie bekannte Nanny (Kindermädchen), eine ältere Zulufrau eingestellt worden, die meinen Sohn sehr gut betreute.

Marcelle wurde vom Schulbus von Hermannsburg aus in Salt Rock abgesetzt und begann gerade ihre Weihnachtsferien. Die Schwiegereltern betreuten die Kinder im Club Salt Rock und sie konnten dort ungestört spielen. Im angehenden Weihnachtsgeschäft erhielt Juanita das Angebot, in bester Lage von Durban von einer Bekannten, die nach Johannesburg versetzt wurde, ein Geschenkeartikelgeschäft zu übernehmen. Es lag kein Zeitdruck vor, da die Entscheidung zur Übernahme erst im Januar in Frage kam. So sollte das kommende Jahr nach unserer Vorstellung viele positive Dinge und gute Erfahrungen bringen.

Durban und die Provinz Natal waren für mich eine andere, noch zum Teil unbekannte Welt mit einem subtropischen Klima, den Palmenwäldern, der Hügellandschaft mit Zuckerrohrfeldern und der mir unbekannten Blumen- und Pflanzenpracht, die noch für mich zu entdecken war. Dort bestand die Möglichkeit, in den Morgenstunden im Meer zu baden und in den Nachmittagsstunden in den Bergen zu wandern. Die berühmten Drakensberge waren mit dem Auto für uns in zwei Stunden erreichbar. Was für gute Aussichten.

Leider erschütterte ein schwerwiegendes Ereignis unsere positiven Vorstellungen. Unser Sohn Lenny verunglückte im

Salt Rock Club tödlich. Solche entsetzlichen Ereignisse ließen sich in Südafrika oft nicht vermeiden. Die meisten Familien bewohnten ein Haus mit großen Gartenanlagen und Pool und der Pool war der ideale Tummelplatz für Kinder. Eine hundertprozentige Überwachung der Kinder war oft nicht möglich und Unfälle dieser Art waren leider keine Seltenheit. Auch Lenny und Marcelle spielten mit anderen Kindern am Schwimmbad und stießen sich dabei gegenseitig ins Wasser. Lenny musste bei einem Stoß mit seinem Kopf am Beckenrand aufgeschlagen sein, wurde dadurch bewusstlos und ertrank. Die spielenden Kinder bemerkten diesen Vorgang nicht und erst nach gut einer halben Stunde wurde Lenny von Marcelle vermisst. Sie suchten zunächst im Clubbereich, in der Unterkunft und auch im Hotel. An eine Suche im Schwimmbad dachten die Kinder nicht. Lenny war ein guter Schwimmer und hatte sich bestimmt irgendwo versteckt, vermuteten sie. Ein Kellner entdeckte dann seinen Körper unter Wasser im Pool. Die eingeleiteten Erste Hilfe Maßnahmen blieben ohne Erfolg und sein Tod wurde im Krankenhaus bestätigt. Der Arzt stellte bei Lenny eine Verletzung an der Schläfe fest und er hatte Wasser in seiner Lunge, das vom Pool stammte. Nach unserer Rückkehr aus Durban übermittelte uns Juanitas Vater das schreckliche Ereignis. Es war für uns eine sehr schlimme, schwere Zeit, die große Wunden hinterließ, aber „das Leben geht weiter", heißt es doch.

Da ich familiäre und berufliche Verpflichtungen hatte, wollten wir danach nach Durban umziehen, damit ich all meinen Aufgaben besser nachkommen konnte. Juanitas Schwester fand ein möbliertes Haus in Durban Nord für uns. Der Umzug erfolgte einige Tage später. Unser neues Haus besaß kein Schwimmbad. Ich nahm meine Arbeit auf und Juanita wollte das Geschäft im Januar übernehmen. Die Ermittlungen verlegte ich auf sonntags, da am Samstag gearbeitet wurde und ich in meinem neuen Job sehr beschäftigt war. Für private Unternehmungen fanden wir kaum Zeit und vielleicht war es auch gut so und wir würden uns gedanklich nicht anhaltend mit dem schrecklichen Verlust beschäftigen.

Die Schulferien für Marcelle endeten Ende Januar und der Schulbus brachte sie zum Internat nach Hermannsburg zurück. Juanita war im neuen Geschäft sehr stark eingebunden und wir konnten uns glücklich schätzen, dass Storm von der Nanny vorbildlich versorgt wurde. Sie hielt auch das Haus mit seiner kleinen Gartenanlage in Ordnung. Für private Zwecke hatte ich mir ein kleines Ruderboot zugelegt und kreuzte in meiner knappen Freizeit als Angler getarnt im Hafenbecken herum und legte mir Beobachtungsschwerpunkte fest. Nach meiner dritten Fahrt stellte ich diese kraftanstrengenden und auch sinnlosen Erkundigungen ein. Der Hafen war viel zu groß, um ihn gezielt und erfolgreich zu erkunden. Ich studierte nochmals die Karte, in der die Hafenanlage eingezeichnet war und stellte fest, dass der Ein- und Ausfahrtskanal zum Hafen für mich der bessere Beobachtungspunkt sein müsste. Dort befand sich direkt am Kanal eine Gaststätte mit einer weiten Terrasse. Von dort aus konnte ich die ein- und ausfahrenden Schiffe sehr gut beobachten und vielleicht ihre Ladung, aber bestimmt ihre Nationalität, erkennen. Ich sah Frachtschiffe aus Israel, Taiwan, Japan, Deutschland oder aus anderen Staaten. Schiffe, die aufgrund ihrer politischen Einstellung eine Sonderstellung einnahmen, waren solche aus Portugal, Griechenland und einigen südamerikanischen Staaten, wie zum Beispiel Argentinien. Für meine Ermittlung waren vor allem argentinische und deutsche Schiffe wichtig.

Leider hatte ich nicht die Zeit, täglich auf Beobachtungsposten zu sein und sicher wäre es auch aufgefallen, wenn ich es getan hätte. Ich musste, um Informationen zu bekommen, in die Männerwelt abtauchen und das waren, wie in allen Hafenstädten, die Kneipen. Nach einigen glücklosen Versuchen fand ich endlich eine Kneipe, die von ausländischen Seefahrern sehr stark besucht wurde. Dort lernte ich einen Holländer kennen, der als leitender Ingenieur für die sehr komplizierte Wassertechnik der Hafenanlage in Durban zuständig war. Die Holländer haben die größte Erfahrung im Deichbau, dem Anlegen von Hafenanlagen und dem Bau von Wasserstraßen. In den Niederlanden liegt jetzt schon bis zu dreißig Prozent Land unterhalb des Meeresspiegels und das Land wird erfolgreich durch sinnvoll angelegte Dämme geschützt. Der Holländer war sehr stolz auf seine Tätigkeit und erklärte mir ausführlich, welche Bauvorhaben in der Hafenanlage geplant waren. Er war von kleiner Gestalt, was nicht dem üblichen Erscheinungsbild eines Holländers entsprach. Vielleicht war er von meinem freundlichen Verhalten und der Bereitschaft, seinen Erzählungen zu lauschen, sehr angetan. So wie ich war er auch mit einer südafrikanischen Frau verheiratet und sofort lud er uns für das nächste Wochenende zu einem zünftigen Grillen zu sich nach Hause ein. Wie schon oft in Südwestafrika wurde das Grillfest wieder ein voller Erfolg für meine Aufgabe. Die Ehefrau des Holländers hatte die Familie ihres Bruders und noch einige Nachbarn aus der unmittelbaren Umgebung eingeladen. Es stellte sich heraus, dass ihr Bruder für mich der richtige Gesprächspartner im Sinne der Ermittlungsarbeit war. Er gab mir sehr wertvolle Hinweise über die Arbeit der Südafrikaner in Mosambik. Sein

Name war Hennie und er erklärte mir voller Stolz, welche berufliche Verantwortung er trug. Er war für den Einsatz der Spezialkräfte von Natal nach Mosambik verantwortlich. Auch musste er ehemalige portugiesische Soldaten aus Mosambik betreuen, die sich nach der Machtübernahme durch die marxistische FRELIMO (Befreiungsfront für Mosambik) nach Südafrika absetzten. Weiter gab er zu verstehen, dass viele der ehemaligen Soldaten aus Lorenzo Marques kamen. Das war die Hauptstadt der portugiesischen Kolonie, bevor die marxistische Befreiungsbewegung die Macht übernahm. Im Jahre 1975 wurde das Land Mosambik eine Volksrepublik und die Hauptstadt umbenannt nach Maputo. Danach bauten Rhodesien und Südafrika eine Widerstandsorganisation mit dem Namen RENAMO (Nationaler Widerstand Mosambik) auf, die im Nationalpark Gorongosa, nördlich der Hafenstadt Beira, ihr Hauptquartier hatte. Diese Kämpfer stammten aus verschiedenen Volksgruppen der nichtweißen Einwohner Mosambiks. Sie waren gut organisiert und naturverbunden. Der Nationalpark war durch Berge und Buschland gut geschützt und die Versorgung wurde durch das Abschießen von Wildtieren des Wildparks gesichert. Sie waren brutale Kämpfer und sehr gefürchtet bei der Bevölkerung, die mit der sogenannten Befreiungsfront FRELIMO sympathisierten. Diese Widerstandsgruppe kämpfte mit den Spezialeinheiten der Südafrikaner, den Spezialkräften der noch übrig gebliebenen Portugiesen und Rhodesier gegen die FRELIMO, die von der UDSSR, DDR und Kuba versorgt wurde. Die Machtverhältnisse waren sehr ungleich verteilt, da die westliche Welt Südafrika und Rhodesien nicht im Kampf gegen den Kommunismus unterstützte.

Der Einsatzleiter Hennie befehligte einen kleinen Teil der verzweigten Organisation in dem großen Südafrika. Für mich war es aber von Vorteil, über Hennies Erzählungen in seiner Bierlaune einen Teil seiner Arbeit kennen zu lernen. Ich besaß genug Erfahrung, um für meine Ermittlungen die wichtigen Aspekte zu erkennen und diese dann richtig anzusprechen. Der Standort Durban war auf Grund seiner guten Logistikmöglichkeit durch den Hafen für die Versorgung der Spezialkräfte in Mosambik verantwortlich. Auch die Entfernung nach Mosambiks südlicher Grenze beträgt nur ca. sechshundert km von Durban aus. Die Südafrikaner stellten gut ausgebildete Einzelkämpfereinheiten, die unter dem Namen Recce bekannt waren, auf und auch einige ehemalige Soldaten aus Mosambik gehörten dazu. Die Rhodesier operierten mit den erfolgreichen SAS, Selous Scouts und der Rhodesien Light Infantry. Diese Einheiten wurden in kleinen Kampfgruppen von Hubschraubern abgesetzt und es gab Absprünge mit Fallschirmen in vorbestimmte Landesteile von Mosambik, gezielte Operationen oder Überfälle, um den Feind zu verunsichern. Aufgrund ihrer guten Erkundungsergebnisse und ihrer verdeckten und getarnten Aktionen verzeichneten sie große Erfolge. Obwohl die Unterstützung und Versorgung des Feindes durch das kommunistische Russland, Ostdeutschland und Kuba so stark war, zeigte der Kampf in Mosambik nicht den erwarteten Erfolg. Die Erkenntnisse über die Kampfhandlungen im südlichen Afrika, die mir dieser Grillnachmittag eingebracht hatte, übermittelte ich den Betreuern.

Mehr interessante Informationen erhielt ich jedoch später durch den Holländer. Ich hatte bereits zwei Großraumsprengungen im Steinbruch Durban mit Erfolg durchgeführt und wurde zum Steinbruch Verulam versetzt. In Durban hatte ich Arbeitsbeispiele in der Sprengtechnik erlernt und setzte diese bei den Sprengungen in Verulam ein.

Die Ortschaft liegt etwa dreißig km in fast nördlicher Richtung von Durban entfernt, umgeben von Zuckerrohrfeldern. In ihr lebten seit mehreren Generationen nur Inder, die als Arbeitskräfte auf den Zuckerrohrfarmen und auch zum Teil im Steinbruch arbeiteten. Der Manager der Verulamer Anlage war ein älterer Weißer Mann, der im folgenden Jahr seine Pensionierung erwartete. Er hatte in letzter Zeit den Steinbruch etwas vernachlässigt, da er keine Erfahrung mit Sprengungen hatte und keinen Sprengberechtigungsschein besaß. Nach seinen Angaben war er nur für den Verkauf von Steinen zum Straßenbau zuständig. Später erfuhr ich, dass ein junger Inder den Verkauf von Steinen erfolgreich durchführte.

Im Steinbruch Durban waren zwei Sprengmeister beschäftigt, aber keiner wollte in Verulam arbeiten, da dort nur Inder eingesetzt waren. Bis dato gab es also vor Ort keinen Sprengmeister und die beiden Sprengmeister aus Durban mussten abwechselnd Sprengungen in Verulam durchführen. Das war für sie und dem Betrieb eine Belastung. Nun übernahm ich dort die Arbeit. Einige Tage später teilte mir mein Chef telefonisch mit, ich sollte mich in zwei Tagen zur Prüfung zum Sprengbeauftragten um 9.00 Uhr in der Ortschaft Dundee beim Bergamt einfinden. Laut Kartenstudium liegt Dundee zirka dreihundert km im Inland von Natal in nordwestlicher Richtung in einer Hügellandschaft. Hermannsburg, wo Marcelle die Schule besuchte, lag auf der Fahrstrecke dorthin und ich hatte Gelegenheit, auf meiner Rückfahrt meine Tochter Marcelle zu besuchen. Um 5:00 Uhr in den Morgenstunden verließ ich unser Haus in Durban. Ich fuhr am Indischen

Ozean entlang, an Salt Rock vorbei Richtung Nordosten bis zur Ortschaft Stanger. Dort verließ ich die Küstenstraße, fuhr durch den Ort und gelangte auf die steile kurvenreiche Straße, die durch hohe Felsenabschnitte führte. Nach einer etwas längeren Fahrzeit über sehr steile Straßen erreichte ich die Höhenzüge. Als ich Durban verließ, war es noch warm mit einer hohen Luftfeuchtigkeit. Auf einem Parkplatz auf der Höhe sah ich weit unter mir den blauen gewaltigen Indischen Ozean und die schon seit Stunden scheinende Sonne. Was für eine überwältigende Aussicht! Es war hier angenehm warm und die für viele belastende Luftfeuchtigkeit war verschwunden. Ich hatte in kurzer Zeit eine andere Klimazone erreicht und fühlte mich in dieser klimatischen Veränderung ausgesprochen gut.

Im Februar herrscht im südlichen Afrika die Sommerzeit und an der östlichen Seite des Kontinents ging für uns die Sonne schon um vier Uhr in den frühen Morgenstunden auf. Es blieb immer ein wunderbares Erlebnis, den Sonnenaufgang zu erleben. Man steht noch in der Dunkelheit der Nacht auf und plötzlich erkennt man fern im Osten, über dem Indischen Ozean, einen hellen Lichtschein, der sich schnell vergrößert und als großes rundes Gebilde aus dem Meer steigt. Diese helle Sonne bringt uns Licht und Wärme.

Auch die Landschaft hatte sich verändert. Richtung Nordwesten waren große Tannenwälder, durchzogen von einer leichten Hügellandschaft, zu erkennen. Diese Landschaft erinnerte mich an die mir bekannte Eifel in Deutschland. Schnell stieg ich in mein Auto und fuhr Richtung Dundee, um noch mehr zu entdecken. Nach kurzer Zeit fuhr ich an der kleinen Ortschaft Hermannsburg vorbei, in der Marcelle das Internat besuchte und konnte die kleine Kirche erkennen. Am

Nachmittag, nach meiner Prüfung am Bergamt von Dundee, erwartete sie mich. In einer weiten Kurve tauchte ich in ein großes Waldgebiet ein und fuhr über Eisenbahnschienen. Auf der rechten Seite wurden große Baumstämme mit einem Kran auf Eisenbahnwagen verladen. Nach einer längeren aber wohltuenden Fahrt hatte ich den Tannenwald durchquert und erkannte rechts und links der Straße Häuser und Geschäfte. Am Ortseingang stand ein großes Straßenschild mit der Aufschrift „Greytown". Dieser Ort war wichtig für die großen, umliegenden Farmen, die dort ihren Farmbedarf wie Maschinen, Saatgut oder andere notwendige Dinge einkauften. Der Ort war auch für Urlauber interessant. Man konnte der Hitze der Küstenlandschaft entfliehen und sich bei Wanderungen durch die Wälder erholen und entspannen. Als Gast fand man in Greytown ein Hotel, mehrere Pensionen und einen Campingplatz. Ich durchquerte Greytown und fuhr weiter durch das Zululand mit den vielen Wäldern und großen Wiesen. Vor einem Zuludorf mit den kunstvoll geflochtenen Rundhütten, die so gut in die Landschaft passten, stand ein junges Zulumädchen am Straßenrand und gab mir durch ein Handzeichen zu verstehen, ich sollte sie mitnehmen. Ich hätte vielleicht angehalten, aber ihr Oberkörper war nicht bedeckt und man konnte ihre schönen Brüste sehen. Ich winkte ihr zu, fuhr aber weiter. Ich befand mich im Zululand und die Zulus sind ein geschichtlich bekanntes Kriegervolk und Konflikte konnte ich nicht gebrauchen. Im Zululand kleideten sich die Frauen noch traditionell. Unverheiratete Mädchen trugen nur einen Rock und ein Halsband aus bunten Glasperlen und der Oberkörper blieb frei. Die Brust einer Frau war für den männlichen Zulu nicht sexuell aufreizend und das ist für uns Weiße Männer kaum zu verstehen. Hatte das Mädchen einen Freund, bedeckte es die Brust mit einem Oberteil und bunten Glasperlen. Die Farbe der Glasperlen stellte eine Geheimsprache dar, einen Liebesbrief an ihren Freund. War eine Frau verheiratet, dann musste ihr Körper komplett bedeckt sein.

Pünktlich um 9.00 Uhr betrat ich in Dundee das Bergamt. Es waren noch drei andere Prüflinge eingeladen. Wir saßen im Vorraum und wir wurden um 9.30 Uhr vom Prüfer zusammen in den Prüfungsraum vorgeladen. An einer Wand hingen große Bilder mit Sprenghilfsmittel, Munition, Bohrmaschinen, Bohrgestänge und Ladegeräte und ein großes Modell eines Steinbruchs stand auf einem Tisch. Mit einem langen Stock zeigte der Prüfer auf diese Wandtafeln und wir mussten dann diese Geräte beschreiben. Ich konnte ihre Funktion erklären, nur die anderen drei Prüflinge hatten Probleme. Zuletzt musste ich noch am Modell des Steinbruchs die Lage der Sprenglöcher angeben, sowie die Bohrtiefe und die zu verwendende Munition. Der Prüfer zeigte sich mit meinem Vortrag sehr zufrieden und ich hatte die Prüfung bestanden. Die anderen Teilnehmer wurden für einen Monat später nochmals zur Nachprüfung eingeladen. Im Anschluss an die Prüfung suchte ich die Kantine auf, um einen heißen Kakao zu trinken. Dort traf ich auf den Prüfer, der mir erklärte, in Dundee wären große Kohlevorkommen, die abgebaut würden und die Firmen benötigten gute Sprengmeister. Eine Anstellung wäre jederzeit möglich. Aufgrund der Apartheidgesetze waren Sprengmeister zu dieser Zeit Mangelware, aber ich ließ mich nicht abwerben.

Im Tagebau wurde ein Förderband von den Zechen bis zum Hafen von Richards Bay gebaut, um damit die großen Transportschiffe aus Europa schnell mit Kohle zu beladen. Von den

Kohlefeldern im Raum Dundee bis zum Hafen Richards Bay waren es mehr als zweihundert km, eine sehr große Entfernung um sie mit Förderbändern zu überbrücken. Mittlerweile war ich jedoch der Überzeugung, dass in diesem riesigen Land Entfernungen keine Rolle spielten und in anderen Dimensionen gedacht und gehandelt wurde. Der Hafen von Richards Bay wurde so ausgebaut, dass Schiffe mit einem hohen Tiefgang mit Kohle aus Südafrika beladen werden konnten. Die Kohle bedeutete für Südafrika ein gutes Geschäft, aber für unseren Bergbau in Deutschland eine Katastrophe. Viel effektiver wurde sie abgebaut und auch preisgünstiger vermarktet.

Ich erhielt also nicht nur meinen Sprengschein für die Provinz Natal, sondern auch wichtige Informationen für meine Betreuer. Mit einem guten Gefühl fuhr ich die kaum befahrene Strecke Richtung Durban zurück. Am späten Nachmittag schloss ich in der Schule Hermannsburg meine Tochter in die Arme. Sie hatte für mich heißen Kakao und Kuchen vorbereitet und ich wurde allen Mitschülern und dem Lehrpersonal vorgestellt. Es war eine sehr schöne Schule und Marcelle fühlte sich dort richtig wohl. Wir machten einen Rundgang und ich war überrascht über die Lehr- und Freizeiteinrichtungen, die hier den Schülern geboten wurden. Das Schulgeld war richtig angelegt, bemerkte ich. Gegen Abend machte ich mich auf die Heimreise und erreichte Durban noch vor Einbruch der Dunkelheit. Freudig empfingen Juanita und Storm mich.

Am kommenden Wochenende wollte ich mich wieder um meinen holländischen Freund kümmern, da er mir bestimmt weitere aufschlussreiche Informationen geben konnte. Bei meinem Anruf war seine Frau am Telefon und sie gab mir zu verstehen, ihr Ehemann wäre in Cape Town und er besuchte dort einen Lehrgang. Seine Rückkehr nach Durban erwartete sie erst in vier Wochen. Nun hatte ich mehr Zeit um mit Juanita und Storm den Tag am Badestrand zu verbringen. Zum Schluss besuchten wir ein Ausflugslokal, das mit seiner großen Terrasse direkt am Kanal lag, an dem die großen Schiffe durch Lotsen gesteuert in den Hafen einliefen. Wir beobachteten zwei einfahrende Schiffe, einen deutschen Frachter mit abgedeckter Fracht und ein griechisches Tankschiff. Ein südafrikanisches Schnellboot verließ den Hafen. Mein Sohn war so hingerissen, als er diese großen Schiffe erblickte, dass ich ab diesem Zeitpunkt regelmäßig mit Storm Schiffe beobachten musste.

Nach gut vier Wochen traf ich den Holländer in der bekannten Kneipe im Hafenviertel. Gegen 23.00 Uhr war er bereits leicht angetrunken, in guter Stimmung und wie zu erwarten sehr mitteilungsbedürftig. Da ich ein hervorragender Zuhörer war und er diese Eigenschaft an mir schätzte, erzählte er mir einiges über seinen Lehrgang in Cape Town. Es war sein zweiter Besuch in dieser Stadt und er hatte für Durban einen großen Auftrag erhalten. Es sollten für die Marine mehrere Schnellboote und vielleicht ein U-Boot gebaut werden.

Bei Cape Town liegt Simons Town und dort findet man den größten Marinestützpunkt von Südafrika. Trotz des bestehenden Embargos hatte Südafrika mit Israel und auch mit Deutschland einen Vertrag abgeschlossen. Und um dieses Embargo zu umgehen, wurden diese Schiffe als Forschungsschiffe deklariert. Die Deutschen würden Blaupausen zum Bau von Antrieben für U-Boote, die für lange Tauchfahrten geeignet wären, liefern. U-Boote könnten mit diesem Antrieb wochenlang unter Wasser bleiben. Für den Bau der U-Boote lieferte Israel Materialpakete per Schiff. Durban begann mit dem Bau von Kriegsschiffen und nahm somit eine sehr wichtige Stellung ein. Für mich war das Ganze nur Gerede einer angetrunkenen Person, aber ich durfte keine speziellen Fragen stellen. Vielleicht wäre ich damit dem Holländer aufgefallen. Wenn solche Aufträge erfolgen sollten, dann müssten Bauvorhaben in der nächsten Zeit im Hafen von Durban zu erkennen sein. Der Bau von Booten könnte nur in der Werft durchgeführt werden. Ich musste nur wieder meine mir unbeliebten Angeltouren mit dem kleinen Boot aufnehmen. Und Schiffe beobachten mit meinem Sohn war an freien Wochenenden eine tolle Sache. In der Woche legte ich meinen Schwerpunkt auf die bürgerliche Arbeit als Sprengmeister, um so meine tatsächliche Tätigkeit, die Ermittlungen, nicht erkennen zu lassen. Mit der Sprengberechtigung für Natal konnte ich den Steinbruch in Verulam umgestalten und so die Produktion erhöhen. Der noch zuständige Manager zeigte sich sofort mit meinen Plänen einverstanden. Der Steinbruch war soweit abgebaut, dass Bohrarbeiten für weitere Sprengungen kaum noch möglich waren. Eine dreißig Meter hohe Felswand, auf der die Bohrmaschine stehen müsste, war noch vorhanden. Leider ging dies nicht einfach so, denn die Fläche war mit Buschwerk bewachsen. Auf der fünfhundert Meter breiten Felswand musste erst eine Arbeitsfläche von 150000 Quadratmeter geschaffen werden. Von der Felswand aus in rückwärtiger Richtung musste die neue Abbaufläche bis zu dreihundert Meter von Buschwerk und Erde bis zum Felsgestein befreit werden. Mit dem Einsatz einer Planierraupe brauchten wir zwei Wochen und konnten dann mit den Bohrarbeiten beginnen. Es wurde auf einer Breite von dreihundert Meter und einer Bohrtiefe von dreißig Meter gebohrt. Die

Bohrlöcher waren in drei Reihen versetzt, mit einem Abstand von jeweils zwei Metern. Der Abstand von der Bruchkante bis zur letzten Reihe der Bohrlöcher betrug sechs Meter. Für die Bohrarbeiten war ein älterer Zulumann zuständig, der schon über zwanzig Jahre dieses Gerät mit viel Erfahrung bediente. Das Bohrgerät bestand aus einer Plattform mit einer fast senkrechten Bohrsäule, in die die zwei Meter langen Bohrstangen eingesetzt und verbunden waren und es besaß zum Antrieb einen Dieselmotor. An der Plattform befanden sich zwei Räder und eine Zugstange. Mit der Zugstange konnte das Bohrgerät bewegt und ohne große Kraftanstrengung zur nächsten neuen Bohrung angesetzt werden. Ich teilte die anfallenden Arbeiten so ein, dass ein geordneter Ablauf möglich und ich mein Wochenende für mich sinnvoll planen konnte. Der bestehende Hang musste phasenweise abgesprengt werden um den benötigten Platz zu schaffen. Die gelungene Sprengung beobachteten der Geschäftsführer und zwei Vertreter vom Bergamt Dundee, die eine Messung der Lautstärke der Sprengung durchführten. Diese lag im Normbereich. Die gesprengten Steine verluden wir auf Lkw und brachten sie zum Brecher in das fünf km entfernte Verulam, damit sie zerkleinert und nach verschiedenen Steingrößen ausgesiebt wurden. Der Steinbruch konnte also die geforderten Steinmengen für den Straßenbau und der Bauwirtschaft fristgerecht liefern. Leider musste ich dennoch meine Freizeit überdenken, da der Samstag ein voller Arbeitstag war. Wir hatten nur die Möglichkeit, uns sonntags an der Schönheit des Landes zu erfreuen und unsere Freizeit nach unserem Ermessen einzuteilen. Da meine Frau manchmal am Sonntag im Geschäft sein musste, fuhr ich diesen Tagen mit meinem Sohn zum Hafen, wo er neugierig und gespannt die Schiffe beobachtete. Ich betrachtete sie dabei aus einem anderen Blickwinkel als Storm, nämlich um festzustellen, ob diese Schiffe aus Europa kamen und welche Fracht sie geladen hatten. Waren auf Deck Frachtgüter erkennbar, die mit großen Planen abgedeckt waren oder hatte man sie im Frachtraum untergebracht? Am Tiefgang dieser Schiffe konnte ich in etwa abschätzen, ob schwere Ladung an Bord verstaut war oder ob es sich um leichte Güter handelte.

An den anderen Sonntagen unternahmen wir Ausflüge zu Sehenswürdigkeiten und schönen Stellen, die an einem Tag erreichbar waren, wie den Sani Pass oder Royal National Park in den Drakensbergen. Nördlich von Durban lag die Frachthafenanlage von Richards Bay, der Tierpark von Umfolozi oder die großen Sumpfgebiete von St. Lucia. Südlich von Durban gab es wunderschöne Strände und die Wild Coast mit seinem Spielkasino und Freizeitangebot. Im Hinterkopf bedachte ich dabei immer, die Stellen auszusuchen, die auch für meine Ermittlungen in wirtschaftlicher und militärischer Hinsicht ergiebig sein könnten. Wir hatten uns so eingelebt, dass wir uns fast nur noch auf Englisch unterhielten und auch die Lebensgewohnheiten der „Einheimischen" annahmen. Wir tranken weniger Kaffee und mehr Tee und hielten die sogenannte „Tea Time" ein. Das Fernsehen hatte sich in der Zeit noch nicht so stark durchgesetzt und man ging früh zu Bett und stand zeitig auf. Geweckt wurde man mit einer Tasse Tee, die das Hausmädchen oder auch die Hausfrau ans Bett brachte.

Wenn man beim geselligen Zusammensein unter Männern in einem Raum Platz genommen hatte und eine Frau betrat das Zimmer, war es selbstverständlich, dass man sich von seinem

289

Platz erhob und dieser Frau damit seinen Respekt erwies. Ich hatte mich an diese Besonderheiten gewöhnt und sie gehörten schon sehr stark zu meinem neuen Lebensstil. Ein Maulwurf muss sich jeder Situation anpassen, um Informationen zu bekommen. Das war meine Devise.

Als die Schule Hermannsburg Winterferien hatte und Marcelle an einem Samstag zuhause eintraf, nahmen wir uns vor, am Sonntag das Urnengrab von Lenny zu besuchen. Der große Friedhof der Stadt Durban lag etwas außerhalb der Stadt im südlichen Teil auf einem Berg. Er war so angelegt, dass man die Gräber der Verstorbenen mit dem Auto besuchen konnte und war über gut befestigten Straßen zu erreichen. Auf diesem Friedhof wurden nur Verstorbene mit weißer Hautfarbe beerdigt. Das Urnengrab für Lenny stand in einer großen Urnenwand und gehörte den Großeltern meiner Frau. Zum Gedenken befestigten wir an der Tafel für Lenny eine weiße Muschel aus dem Indischen Ozean.

So wie die Inder in Durban wurden viele Weiße Verstorbene in einer Verbrennungsanlage, die sich auf dem Friedhof befand, verbrannt und die Asche in einer Urne in einer Urnenwand abgestellt. Die Toten der Inder brachte man an einen Verbrennungsplatz, der an einem Fluss lag und legte den Leichnam auf einen Holzstoß, der angezündet wurde. Die Asche streuten sie dann in den Fluss. Eine für mich würdevolle Zeremonie, die ich mehrmals miterlebte. Das praktizierten nur Inder hinduistischen Glaubens. Muslimische Inder wurden beerdigt und nicht verbrannt. Die Mehrzahl der Inder, die in Durban und Südafrika lebten, folgten der Hindu-Religion.

Nach dem Besuch auf dem Friedhof fuhren wir zum Segelhafen und buchten bei einem Reiseführer eine Hafenrundfahrt. Sie war gut von Touristen besucht und wir besichtigten den Kai mit den anliegenden Schiffen, die ent- oder auch beladen wurden. Weiter ging es an drei großen Werften vorbei. In einer Werft konnte ich rege Arbeitstätigkeit erkennen und der Reiseführer erzählte uns Besuchern, dass dort Forschungsboote gebaut würden, die die wichtigsten Fischbestände im Indischen und Atlantischen Ozean kontrollieren sollten. Auffallend war ein Trockendock, weil es zum Teil mit großen Planen abgedeckt war. Auf die Frage nach der Bedeutung der Planen konnte er uns keine richtige Auskunft geben.

„Vielleicht wurden in diesem Schiff elektronische Teile eingebaut, die man mit dieser Plane vor Regen schützte?", überlegte ich. Aber die Regenzeit war schon seit Längerem vorbei. Ich hatte den Hafen vorher schon mit meinem kleinen Boot erkundet und der Bau von Booten entsprach genau den Schilderungen des Holländers. Bestimmt wurde unter den abgedeckten Planen das U-Boot gebaut, von dem er erzählte. Da musste ich unbedingt nochmals nachhaken und mich mit dem Holländer treffen.

Ich informierte die Betreuer von meinem Vorhaben und sie meinten, ich sollte so schnell wie möglich ein Treffen mit dem Holländer vereinbaren. Solche Gespräche mit dem Holländer waren aber nur in der bekannten Hafenbar möglich und ich suchte nach einem triftigen Grund, um so ein Gespräch zu organisieren. Noch zwei Monate und meine Zeit in Durban wäre nämlich abgelaufen und wir mussten zurück nach Windhoek. Ich erzählte dem Holländer, dass meine eingetragene Sprengfirma in Windhoek mich wegen der Auftragslage unbedingt brauchte und wir wieder dorthin zurückmussten.

In Durban hätte ich das Großraumsprengen erlernt, dass ich für meine weitere Arbeit in Windhoek unbedingt benötigte. Deshalb würde ich ihn gerne in der Bar treffen, um uns dort ein Abschiedsgetränk zu genehmigen und außerdem hätte ich ein kleines Geschenk für ihn. Als Geschenk hatte ich zwei Flaschen Jack Daniels Whisky, sein Lieblingsgetränk. Der Holländer erklärte mir erfreut, dass er eine Gehaltserhöhung erwartete, da jetzt Schnellboote der Klasse Gabriel 2 gebaut wurden und diese Boote für die Küstensicherung Richtung Mosambik eingesetzt würden. Die Hafenbehörde von Durban hatte ihn beauftragt, ein Gutachten über den Zustand des Trockendocks zu erstellen und nun konnte man dort solche Boote bedenkenlos bauen. Als wir die zweite Flasche Whisky fast geleert hatten, gab er mit leiser Stimme zu verstehen, dass sich die Sicherheitslage im Schiffsverkehr nach Maputo in Mosambik für die Kommunisten noch nachhaltig verändern würde, wenn Transportschiffe mit Kriegsmaterial die Hafeneinfahrt blockierten. Das wäre geschäftlich sehr vorteilhaft für die Hafenanlagen von Durban und Richards Bay. In einer Werft von Durban würde ein Boot gebaut, das Torpedos abschießen konnte. Diese Erklärung fand ich sehr aussagekräftig, da man schon mit bloßem Auge erkennen konnte, dass im Trockendock, das vor einigen Wochen noch leer stand, Boote gebaut wurden. Er war in guter Stimmung wegen seiner beruflichen Anerkennung von hohen Vorgesetzten in Verbindung mit einer Gehaltserhöhung und ich über die Neuigkeiten, die das Gespräch brachte. Wir verblieben so, dass ich ihn und seine Familie zu einem Abschiedsgrillen bei mir nach Hause einlud und leerten noch die zweite Flasche Whisky. Anschließend fuhren wir mit dem Taxi nach Hause.

Meine Betreuer waren sehr zufrieden und begaben sich noch am gleichen Tag auf eine Hafenrundfahrt, um sich von den geschilderten Zuständen an den Trockendockanlagen zu überzeugen. Sie kamen beide zur gleichen Auffassung, nämlich, dass Schnellboote gebaut wurden, die man mit schweren Waffen bestücken konnte. Das mit Planen abgedeckte Trockendock verbarg ein Geheimnis, das man aufgrund des Embargos der westlichen Welt gegen Südafrika der Öffentlichkeit nicht zeigen wollte. Ich hatte erfolgreich meinen Auftrag erledigt und sollte nach der Feier mit dem Holländer und seiner Familie sofort zurück nach Windhoek, da sich dort die politische und militärische Lage veränderte. Die Situation meiner Familie wäre ihnen bekannt und meiner Frau mit den Kindern verblieben zwei Monate Zeit, um alle Maßnahmen, wie Kündigung des Geschäfts, Hausvertrag und die erforderliche Schulabmeldung von Marcelle in Hermannsburg zu treffen. In Windhoek könnte ich mich um eine neue Wohnmöglichkeit kümmern und unsere untergestellten Möbel wieder abholen. Für die Kosten käme die Firma auf, versicherten sie mir. Für mich war es keine große Überraschung, da ich mit so einer plötzlichen Entscheidung immer rechnen musste und ich hatte deshalb vorsorglich mit meinem Arbeitgeber eine vierwöchige Kündigungsfrist vereinbart. Meine Kündigung nahm er mit Bedauern auf, da ich als neuer Manager für den Steinbruch Verulam vorgesehen war. Da die Betreuer die Kosten übernahmen, engagierte meine Frau für das Geschäft und die Hauskündigung Fachleute, die diese Arbeit erledigten. Die Abschiedsparty von der Familie, den Freunden und Bekannten gaben wir noch in unserem gemieteten Haus in Durban. Das Hotel meiner Schwiegereltern war für uns nicht der richtige Ort, da unsere Trauer um Lenny noch zu stark war. An einem Montag starteten wir die Rückfahrt nach Windhoek. Vorher fuhren wir noch zum Friedhof und verabschiedeten uns von Lenny. Marcelle und Storm backten einen Kuchen und das sollte unser „Padkos" sein. Das ist die Afrikaans Bezeichnung für das besondere Essen auf einer langen Fahrt. Mit Zwischenstopp bei Freunden in Upington und Marienthal kamen wir nach drei Tagen Fahrt gut in Windhoek an und quartierten uns im Kalahari Hotel ein. Haussuche und den Aufbau der Möbel übergab ich ebenfalls Fachleuten. Ich nutzte die Zeit, mich bei Freunden und Bekannten in Windhoek zurück zu melden und weitere berufliche Verbindungen aufzunehmen. Meine gute und zuverlässige Arbeit als Sprengmeister kannte man schon in Windhoek und ich erhielt ein vielversprechendes Angebot vom staatlichen Wasserwesen. Nordöstlich von Windhoek, nicht weit weg vom internationalen Flugplatz, wurde ein Damm gebaut, um dort das Wasser eines Bachs zu stauen und ein Trinkwasserreservat anzulegen. Das Baumaterial für die Staumauer kam aus einem etwa fünf km entfernt liegenden Steinbruch. Der zuständige Sprengmeister war erkrankt und ich sollte für einen Monat diese Arbeit übernehmen. Es waren in diesem Steinbruch einige Schwierigkeiten aufgetreten, die unbedingt abgestellt werden mussten. Man bot mir freie Unterkunft, Verpflegung und einen zusätzlichen Bonus, wenn ich die anstehenden Probleme im Steinbruch zügig löste. Ich fand das Angebot verlockend und verabredete mich mit dem zuständigen Manager für 8.00 Uhr in seinem Büro auf der Dienststelle in Windhoek. Bei einer Tasse Kaffee erklärte er mir den gesamten Arbeitsablauf. Er hatte einen festen Zeitplan zum Bau der Staumauer, der bis zum Beginn der Regenzeit eingehalten werden musste. Dieser Zeitplan war jedoch gefährdet, da die erforderlichen Steine aus dem Steinbruch nicht nachkamen. Nach dieser Besprechung fuhren wir zur Baustelle. Wir erreichten einen leicht erhöhten Platz und er zeigte mir, welche Ausdehnung der zukünftige Stausee erreichen sollte. Es handelte sich um eine große, freie Fläche, die in der Mitte eine Art Mulde bildete und nach Osten geneigt war. Ein Bach durchlief diese freie Fläche in östlicher Richtung. Es war nur ein Trockenbett vorhanden, denn die Bäche und Flüsse führten nur in der Regenzeit Wasser. Am Ende der auslaufenden Mulde erkannte ich eine Staumauer, an der die Arbeiten fast beendet waren, nur eine Lücke von zirka hundert Meter musste noch geschlossenen werden. Was hier fehlte, waren die Steine. Mit dem Geländewagen fuhren wir anschließend zum Steinbruch. Allerdings hatte dieser Platz die Bezeichnung Steinbruch nicht verdient. Die Bruchkante, die sich nach einer Sprengung bildete, war kaum zu erkennen. Sofort sah ich, dass ein gravierender Fehler bei der Sprengarbeit vorlag. Nach der Besichtigung zeigte mir der Manager das Quartier, das ich für einen Monat bewohnen sollte. Moderne Holzhäuser, die man schnell auf und abbauen konnte, dienten den Facharbeitern mit ihren Familien als Wohnung. Weiterhin gab es dort einen kleinen Supermarkt, einen Versammlungsraum und einen kleinen Kirchenraum. Die Schwarzen Arbeiter lebten etwa einen km entfernt in einem Zeltlager. Dort befanden sich auch sanitäre Einrichtungen und eine Küche, die kostenlos drei Mahlzeiten anbot. Nach dieser Einweisung fuhr ich nach Hause um meine Sachen zu packen.

Juanita erklärte ich die Umstände des Arbeitsvertrages, der eine Laufzeit von einem Monat hatte. Sie war nicht davon begeistert, dass ich länger auswärts wohnen würde. Als ich meine Sachen gepackt hatte, versprach ich ihr, sie unverzüglich nach Ankunft an meinem neuen Arbeitsplatz anzurufen und ihr meine neue Telefonnummer mitzuteilen. In den Morgen- und Abendstunden wäre ich erreichbar und alles andere könnten wir dann am Telefon besprechen.

Am späten Nachmittag bezog ich mein Haus und betrachtete erstaunt die zweckmäßige und saubere Einrichtung. Es besaß eine kleine Küche mit Kühlschrank, einen eingerichteten Wohnraum mit Telefon und Radio und ein Schlafzimmer mit zwei Betten. Juanita und die Kinder konnten mich also am Wochenende besuchen und hier übernachten. Ich wollte gerade meine Sachen auspacken, als es an der Tür klopfte. Vor der Tür stand ein junger großer Mann, der sich in Afrikaans vorstellte. Er sei der zuständige Sprengmeister und verantwortlich für die anstehenden Fehler. Da mein Afrikaans nicht so gut war, verständigten wir uns weiter auf Englisch. Im Wohnzimmer, bei einer Tasse Kaffee, schilderte er mir seine Situation. Seit sechs Monaten arbeitete er jetzt für die Abteilung und sein Vater, der in der gleichen staatlichen Einrichtung beschäftig war, hatte ihm den Job vermittelt. Zuvor war er zwei Jahre als Soldat bei der Armee, davon ein Jahr in Südwestafrika, im Owambo Land. Dort hatte er als Pioniersoldat den erforderlichen militärischen Sprengschein gemacht. Er musste als Unteroffizier mit seinen Leuten die Sandstraßen mit einem minengerechten Transportfahrzeug nach Panzerminen absuchen oder aufgefundene Sprengladungen entschärfen oder sprengen. Der Umgang mit Sprengmunition und das Entschärfen waren für ihn die Voraussetzungen für diese gefährliche Tätigkeit. Aufgrund seiner erfolgreichen Arbeit war er mit einem Orden ausgezeichnet worden. Diese

Kenntnisse waren die Grundlage, diese Arbeitsstelle nach seiner Militärzeit zu bekommen. Weiterhin berichtete er, dass er verheiratet war und die Verantwortung für seine Frau und zwei kleinen Kindern hatte. Der vorherige Sprengmeister wurde nach Südafrika abgeordnet und von diesem Kollegen erhielt er nur eine kurze Einweisung. Seine Sprengungen waren erst in den letzten Wochen nicht mehr erfolgreich, da sich das Gestein so verändert hatte, dass es viele große Brocken gab, die nochmals gesprengt werden mussten. Die Arbeit verzögerte sich und somit fehlten an der Staumauer die Steine. Außerdem war durch die Härte des Gesteins der Gesteinsbrecher beschädigt und musste repariert werden. Die abgesprengten Steine wurden von einem Bagger auf einen Lkw verladen, zum Gesteinsbrecher transportiert und dort in die Mühle gekippt. Nach dem Zerkleinerungsvorgang wurden sie wieder auf einen Lkw verfrachtet und zur Weiterverarbeitung zur Staumauer gebracht. Nach diesen Erklärungen des mir sympathisch und kompetent erscheinenden Mannes, dem anscheinend nur die Erfahrung für Sprengungen selbst fehlte, stellte ich die für mich entscheidende Frage, mit welchem Sprengstoff er die Sprengarbeit verrichtete. Er hatte Sprengpatronen bei der Kupfermine Otjehase eingekauft, antwortete er. Die Mine Otjehase gehörte zur Tsumeb Gesellschaft, die am östlichen Rand von Windhoek eine moderne Mine besaß und Kupfer im Untertagebereich abbaute. Dort wurde schon seit Beginn der Arbeiten an der Staumauer der benötigte Sprengstoff eingekauft. Ich erklärte ihm, dass, wenn das Gestein sich verändert hatte und jetzt härter war, bräuchte er eine andere Art von Sprengstoff. Bei Sprengungen im Übertagebereich verwendete man meist Ammoniumnitrat, ein Düngemittel, das kostengünstiger und vor allem

297

wesentlich effektiver war. Es konnte auf dem Einkaufsmarkt für Farmer erworben werden, da die Farmer diesen Dünger auf ihren Feldern einsetzten. Weiterhin benötigten wir einen Betonmischer, in dem dieses Nitrat mit Diesel gemischt wurde. Das Mischungsverhältnis lag bei neunzig Teilen Ammoniumnitrat und zehn Teilen Diesel, wodurch es eine hohe Sprengkraft erreichte. Weiter brauchten wir genügend Sprengschnur und die erforderlichen Zeitzünder. Ich fertigte eine Skizze an, die den Sprengablauf mit den Abständen der Sprenglöcher anzeigte und die Stellen markierte, an denen die Zeitzünder eingebaut werden mussten. Am nächsten Tag wollte ich die Lage der zu bohrenden Löcher im Steinbruch kennzeichnen und der Boss Boy konnte dann das Bohrteam einsetzen. Zusammen kauften wir im Farmermarkt das Ammoniumnitrat und bei der Mine die erforderlichen Dinge. Für den folgenden Tag setze ich die Sprengung an. Der junge Sprengmeister strahlte nun eine Begeisterung aus, die ansteckend wirkte. Seine Krankmeldung war nur ein Vorwand gewesen, um mit seinen Problemen fertig zu werden. Aber sein größtes Problem stellte der zweite Manager dar, der für den praktischen Arbeitsablauf auf der Baustelle Verantwortliche. Dieser wollte einen anderen Sprengmeister und deshalb schikanierte er ihn andauernd. Am nächsten Morgen bereiteten wir den Steinbruch wie abgesprochen zur Sprengung vor. Zwischenzeitlich traf ich diesen zweiten Manager und stellte mich ihm vor. Diesen etwa fünfzig Jahre alten Mann konnte ich nicht einschätzen. Er machte einen „normalen" Eindruck, aber er schaute mir bei unserem Gespräch nicht in die Augen und das irritierte mich. Das Gespräch verlief kurz und er kritisierte nur die Arbeit des jungen Sprengmeisters. Mein zweites Treffen mit dem Hauptmanager zeigte sich als entscheidend für den weiteren Ablauf auf der Großbaustelle. Seine Entscheidung war es, dass eine Sprengfirma einen Monat lang die Sprengarbeit übernahm, um Fehler zu erkennen und abzustellen. Außerdem hatte man festgestellt, dass der Gesteinsbrecher manipuliert wurde und deshalb einige Tage ausgefallen war. Diese Anlage war nun wieder einsatzbereit. Unsere erste gemeinsame Sprengung nach meinen Regeln verlief erfolgreich. Ich verlebte weiterhin einen angenehmen Arbeitsmonat, da der junge Sprengmeister selbstständig und auch gut arbeitete. Die Abschlussbesprechung mit dem hauptverantwortlichen Manager war interessant. Er freute sich sehr darüber, dass der junge Sprengmeister wieder erfolgreich arbeitete und dass der Damm nun doch termingerecht fertig würde. Außerdem hatte er erkannt, dass sein Stellvertreter für diese Arbeit wohl schon etwas zu alt war und ein Generationswechsel stattfinden musste. Nicht nur jüngere Leute waren gefragt, sondern auch vor allem eine andere Einstellung der Schwarzen Bevölkerung gegenüber. Unbedingt mussten die Apartheidgesetze abgeschafft werden. Die Schwarzen Arbeiter konnten die gleichen Aufgaben erlernen und übernehmen. Dies war allerdings noch nicht einfach. Die Afrikaaner oder auch Buren wurden durch die calvinistische Kirche sehr stark beeinflusst. Diese Glaubensgruppe war vor zirka vierhundert Jahren aufgrund der Glaubenskriege in Europa nach Südafrika geflüchtet und hatte am Kap der Guten Hoffnung eine starke Gemeinschaft mit einer eigenen Sprache, die auf die Niederländische zurückgeht, aufgebaut. Aufgrund ihrer Freiheitsliebe waren sie, als die Engländer den Kap Stützpunkt besetzten, als Trek Buren mit ihren Rinderherden nach Osten und Norden ins Inland von Südafrika gezogen. Dabei kam es zu Zusammenstößen mit den aus dem Norden kommenden Stämmen. Nach erfolgreichen Kämpfen gegen die Volksgruppen der Xhosa und der Zulus erfolgten die Staatsgründungen in Natal und Transvaal. Die Engländer bedrohten sie dann, da Goldvorkommen im heutigen Johannesburg entdeckt wurde und sie ebenfalls Natal als Siedlungsgebiet beanspruchten. Auch hier konnten sich die Buren bei einigen Kämpfen erfolgreich durchsetzen. Entscheidend war bei den Buren ihre Verbundenheit mit der Natur und der neuen Kampftaktik des schnellen Stellungswechsels. Außerdem benutzten sie das magazingespeiste Mausergewehr im Kampf, das in Deutschland hergestellt wurde. Erst im bekannten Burenkrieg 1898 - 1900 gegen den Erzfeind England wurde die Vormacht der Buren gebrochen, aber nur durch eine menschenverachtende Taktik. Die Engländer richteten Konzentrationslager ein, in denen sie die Frauen und Kinder der Buren einsperrten. In diesen herrschten unmenschliche Bedingungen. Tausende von Frauen und Kinder verhungerten oder verstarben an Krankheiten. Mit dieser Taktik zwangen sie die kämpfenden Buren zur Kapitulation. Noch heute besteht ein gespaltenes Verhältnis zwischen diesen beiden Nationen.

Das Verhältnis zwischen den Buren und der Schwarzen Bevölkerung lockerte sich mit der Zeit mehr auf und es entwickelte sich eine Art Partnerschaft zwischen den Völkern. Die Calvinistische Kirche befürchtete aber eine Verschmelzung dieser unterschiedlichen Volksgruppen und arbeitete mit aller Kraft dagegen. Sie ordnete eine klare Trennung an und schrieb sie gesetzlich fest. Später wurden sie in den Apartheidgesetzen verankert, für deren Einhaltung sich die Regierung stark einsetzte. Nun lag die politische Führung wieder in den Händen der Buren. Aufgrund der freien Wahlen in Südwestafrika sollten diese Gesetze abgeschafft werden. Viele waren der Überzeugung, dass es nur eine Zeitfrage sei, bis sich die Beteiligung an der Politik des Landes auch von der Schwarzen Bevölkerung durch setzte. Die Buren oder auch Afrikaaner konnten dabei eine richtungsweisende Rolle spielen, da sie schon über Generationen in diesem Land lebten und die Schwarze Bevölkerung inzwischen gut einschätzten.

Meine Betreuer waren an diesen Meinungsfragen überhaupt nicht interessiert. Damit könnte ich bei ihnen kein Geld verdienen und sie drängten auf handfeste schnelle Ermittlungsergebnisse in den Bereichen Wirtschaft und Politik. Sie benötigten Tatsachen, die sich momentan ereigneten und nicht in zehn oder zwanzig Jahren oder gar überhaupt nicht zum Tragen kämen.

Von einem Ereignis konnte ich ihnen etwa eine Woche später ausführlich berichten. Mein Freund Uwe, der Kripobeamte, teilte mir am Telefon mit, ich sollte so schnell wie möglich nach Swakopmund kommen und keine weiteren Fragen stellen. Es musste sehr wichtig sein, da er sich sehr kurz fasste an diesem Nachmittag. Ich musste vor Einbruch der Dunkelheit die Wüste hinter der Ortschaft Usakos erreicht haben, sonst war die schnelle Fahrt mit dem Auto lebensgefährlich. Die Gefahr bestand nicht aus Terroristen oder Landminen, sondern aus Wildtieren wie Kudus oder Antilopen. Von Windhoek beginnend bis zur Wüste war Farmland, das mit etwa brusthohen Zäunen zum Straßenrand abgezäunt war. Die Wildtiere wechselten bei Einbruch der Dunkelheit die Fahrbahn. Die Zäune bedeuteten für die Tiere keine unüberwind-

baren Hindernisse und sollten nur die Rinder in ihrem Farm-
bereich absichern. Für solche plötzlichen außergewöhnlichen
Aktionen lag meine Ausrüstung immer bereit. Schnell verstaute ich alles ins Auto und fuhr los. An einer Tankstelle ließ
ich den Wagen volltanken. Im erlaubten Tempo ging es dann
Richtung Swakopmund. Zum Zielpunkt waren es etwa drei-
hundertsiebzig km und die Fahrzeit betrug etwa vier Stunden. Vor der Ortschaft Karibib ging langsam die Sonne unter
und ich hatte noch gut dreißig km bis zur Wüste. Die Auto-
scheinwerfer hatte ich eingeschaltet und da kaum Gegenver-
kehr zu erwarten war, konnte ich mein Tempo beibehalten.
Ohne Vorkommnisse erreichte ich die Wüste. Als Wüste stellt
man sich eine große Sandfläche vor, in der man nicht überleben kann, wenn man die Orientierung verlor. Also eine nicht
menschenfreundliche Landschaft. Ich selbst hatte in der letzten Zeit diese Wüste nicht als menschenfeindlich erlebt, sondern sie hatte mir Arbeit und Geld eingebracht. Ich fand in
dieser Wüste wunderbare Mineralien und entdeckte so ein
Hobby für mich. Ebenfalls faszinierend war es, einen großartigen Sternenhimmel in sauberer und klarer Luft in der Nacht
zu erleben. Die Wüste ist ein Paradies, man muss nur mit einer gewissen Vorbereitung diesen geheimnisvollen Bereich
betreten. Ich befürchte, dass der Mensch in seinem Macht-
hunger auch leider dieses letzte Paradies vernichten wird.
Fast genau nach vier Stunden Fahrzeit traf ich Uwe am verabredeten Treffpunkt. Er stieg in mein Fahrzeug und wir fuhren gemeinsam Richtung Walvis Bay. Auf der Fahrt dorthin
gab er mir zu verstehen, er werde mir etwas zeigen, was er
selber nie für möglich gehalten hätte. Nun wurde ich richtig
neugierig, aber Fragen wollte ich nicht stellen, da seine
Stimme sehr seltsam klang und er einen Gesichtsausdruck

aufwies, den ich sonst nicht von ihm kannte. Kurz vor Walvis Bay musste ich von der Straße abbiegen und auf einer Landstraße Richtung Osten fahren. Nach einer Fahrzeit von etwa dreißig Minuten sollte ich das Auto anhalten, er wollte das Auto weiterfahren. Er schaltete die Autobeleuchtung aus und wir fuhren von der Landstraße auf eine flache Sandebene und das bei Dunkelheit. Bei geöffnetem Fenster sahen wir den klaren Sternenhimmel, der uns den Weg erkennen ließ. Mir kam zu Bewusstsein, dass wir auf einem der größten von der Natur geschaffenen Flugplatz von ganz Afrika fuhren und das war die flache Sandwüste. Hier hatte die südafrikanische Armee für die Luftwaffe und Marine im Bereich von Walvis Bay ihre logistische Basis für Südwestafrika aufgebaut. Wenn dieser flache Wüstenplatz als Flugplatz benutzt wurde, stellte man Positionslichter auf und den Funkverkehr übernahmen fahrbare Fernmeldeeinheiten, die dann die an- und abfliegenden Flugzeuge über Funk einwiesen. Plötzlich sahen wir weit in südlicher Richtung ein schwaches Licht. Uwe steuerte das Auto so, dass wir nicht direkt auf das Licht zufuhren, sondern hielt etwas nach links, um es dann von der Seite aus zu betrachten. Wir kamen dem Objekt immer näher und erkannten ein Flugzeug, das eine ungewöhnliche Form hatte. Im aufgestellten Scheinwerferlicht sahen wir zwei Lkw mit Containern, die neben dem Flugzeug sehr klein wirkten. Wir hatten einen Platz erreicht, der uns eine gute Sicht ermöglichte ohne selber gesehen zu werden. Ich holte aus meiner Bereitschaftstasche mein Nachtglas heraus und betrachtete das Flugzeug genau. So eine Maschine hatte ich noch nie gesehen und fragte Uwe, was das darstellen sollte. Er sagte mit gepresster Stimme, das wäre eine russische Transportmaschine und sie würde mit fertigem Uranoxid beladen. Das Uran kam aus der

Rössing Mine. Diese „Schweine" verkauften es an die Kommunisten, die dann Atomsprengkörper bauen, um uns zu vernichten. Die korrupten Politiker füllten sich ihre Taschen mit Blutgeld und unsere Soldaten verloren ihr Leben in den Kriegsgebieten. Diese verdammte Ungerechtigkeit musste die westliche Welt erfahren. Meine Arbeit in Südwestafrika wäre ihm bekannt und ich sollte jetzt „meinen Job machen".

Ich konnte aus dieser Entfernung keine guten Aufnahmen mit meiner Kamera machen und bewegte mich vorsichtig zu Fuß in Richtung Maschine. An dem Objekt beluden drei Personen vier Container, die mit einem Seilzug in den Laderaum des Flugzeugs hineingezogen wurden. Die Container liefen über Rollen oder Schienen, da sie fast gleitend in dem Laderaum verschwanden. Männer in Uniform konnte ich nicht erkennen und das Flugzeug wies auch keine Hoheitsabzeichen oder irgendeine Nummer oder einen Namen auf. Als die Ladearbeit beendet war, bewegte ich mich zurück zum Auto. Schnell verstaute ich meine Ausrüstung und wir entfernten uns aus der Sichtweite der Maschine. Etwa eine halbe Stunde später hörten wir ungewöhnliche Startgeräusche, die sich dann Richtung Süden verloren. Später erfuhr ich, dass es sich um eine russische Iijuschin IL 76 handelte. Sie konnte über vierzig Tonnen Nutzlast tragen und war für den Transport von Panzern und Geschützen vorgesehen. Während meiner Zeit als Soldat bei der Bundeswehr war dieser Flugzeugtyp aus dem sowjetischen Machtbereich noch nicht bekannt, da dieses Flugzeug erst 1974 eingesetzt wurde.

Als wir wieder die Sandstraße erreichten, übernahm ich das Steuer und schaltete das Autolicht an. Schweigend fuhren wir Richtung Swakopmund und etwa zwei km vor der Ortschaft bog ich von der Straße Richtung Strand ab. Ich überquerte die

Eisenbahnschienen und parkte das Auto nicht weit vom Strand. Dann holte ich aus meiner Bereitschaftstasche eine Flasche Brandy, die ich immer für besondere Ereignisse aufbewahrte und wir setzen uns an den Strand. Es war eine angenehme Nacht und ein leichter Wind wehte aus der Wüste. Jeder von uns trank einen Schluck aus der Flasche und danach ließen wir sie kreisen. Wir hingen unseren eigenen Gedanken nach und sprachen zunächst kein Wort. Für mich war es ein Ermittlungsereignis besonderer Bedeutung und für Uwe bestimmt ein Schock, der seine Einstellung zu seinem Land verändern konnte. Plötzlich begann er zu reden. Der südafrikanische Geheimdienst hatte ein Büro in Walvis Bay und ein ehemaliger Schulfreund war dort eingesetzt. Von ihm erhielt er am Vortag diese Information und rief mich sofort an. Diese Maschine war in Sambia gestartet und über Angola zum Atlantischen Ozean geflogen. Dann war sie außerhalb der festgelegten Meilenzone Richtung Süden abgedreht, über dem Meer an Südwestafrika vorbeigeflogen, etwa in Höhe von Sossusvlei nach Südwestafrika beigedreht und über die Wüste auf dem Wüstenflugplatz bei Walvis Bay gelandet. Die Uranladung wurde aufgenommen und auf dem gleichen Weg zurück nach Sambia geflogen. Vorsorglich war für diesen Tag verboten worden, dass die Fischerflotte von Walvis Bay und Lüderitz auslief. Für uns bedeutete es ein perfekt organisiertes Verbrechen der südafrikanischen Regierung an der Bevölkerung von Südafrika. Der Alkohol hatte ihn nicht beruhigt, sondern seine Wut und Enttäuschung noch stärker angeregt. Damit er nicht noch mehr aus seinem Gleichgewicht kam, erzählte ich ihm meine Lebensgeschichte und warum ich diese Arbeit überhaupt machte. Von Osten her, über den Sanddünen, wurde es langsam immer heller und die ersten Sonnenstrahlen waren zu spüren. Unsere Brandyflasche war leer und unsere Gemüter hatten sich etwas beruhigt. Wir fuhren zu ihm nach Hause und seine Frau machte uns ein ordentliches Frühstück. Er hatte die ideale Frau, die keine unnötigen Fragen stellte. Uwe fuhr zu seiner Dienststelle, die Kinder gingen zur Schule und ich machte einen Bummel durch Swakopmund und kaufte für meine Gastgeber, meine Ehefrau und den Kindern kleine Geschenke.

Über einen sicheren Weg teilte ich meinen Betreuern mit, dass schon am nächsten Tag ein Treffen in Windhoek unbedingt erforderlich war.

Ich verbrachte noch einen schönen Abend mit der Familie und fuhr am frühen Morgen nach Windhoek. Auf der Fahrt überdachte ich nochmals das Erlebte. Auch ich war entsetzt über die Handlung der südafrikanischen Regierung, die solche Maßnahmen ergriff. Nicht nur das Land Südafrika, sondern die westliche Welt war dadurch bedroht. Warum verkaufte man solche Rohstoffe an die Kommunisten? Ich war nur ein Ermittler und kein Weltverbesserer und dafür wurde ich bezahlt. Bei meiner Ankunft in Windhoek erzählte ich meine Beobachtungen meiner südafrikanischen Ehefrau und sie war so entsetzt, dass sie in Tränen ausbrach. Das gleiche Entsetzen hatte ich bei Uwe erlebt. Für diese beiden Südafrikaner brach eine Welt zusammen.

Meine Betreuer, die ich am Nachmittag traf, stuften die Erkenntnisse als äußerst brisant ein und ich konnte eine gute Erfolgsprämie erwarten. In dieser Erfolgsphase wollte ich weiterleben und unauffällig meine Fühler ausstrecken. Ich war ein Mensch mit zwei Gesichtern oder auch eine „dreckige Spinne". Spinnen werden meist zerquetscht, wenn man sie entdeckt. Das musste ich mir immer bei meiner Arbeit vor Augen halten. Aber der Alltag verlief für mich so abwechslungsreich und interessant, dass ich damit leben konnte.

Juanita erhielt einen wichtigen Anruf. Ich sollte nach meiner Rückkehr unsere Bekannten aus Mariental so schnell wie möglich anrufen. Bei meinem Rückruf hatte ich John am Telefon und nach unserer freundlichen Begrüßung, so wie es in diesem Land üblich war, erklärte er mir, die Kupfermine suchte einen Bergmann mit Untertageerfahrung. Er hatte sofort an mich gedacht, da ich alle Voraussetzungen erfüllte. Es wurde eine Urlaubsvertretung gesucht und ich könnte in dieser Zeit den Sprengschein für Untertage machen. Das war doch für meinen Verwendungsbereich von Vorteil. Ich war begeistert und fand, dies war ein Angebot, dass ich nicht abschlagen konnte. Außerdem war es eine Kupfermine, die ich bereits durch den Einkauf von Sprengmunition für die Abteilung Wasserwesen kannte und die im Verdacht stand, andere wertvolle Mineralien abzubauen, ohne es der Öffentlichkeit mitzuteilen. Als ich meine Betreuer darüber informierte, waren sie davon sehr angetan.

Ich wurde an der Mine Otjehase schon im Personalbüro erwartet und man schickte mich zum Bergamt Windhoek zur ärztlichen Untersuchung, damit dort meine gesundheitliche Tauglichkeit für die Untertage Arbeit festgestellt werden konnte. Nach einer Woche erhielt ich meine „Red Card" (Gesundheitskarte) und nahm zwei Tage später die Arbeit im Untertagebereich auf.

Im Windhoeker Ortsteil Olympia befanden sich Familienhäuser für Weiße Bergleute. Sie wurden von dort mit einem Bus abgeholt und zur Mine gefahren. Nach der Arbeit erfolgte dann der Rücktransport. In zwei Schichten wurden die Arbeiten ausgeführt und eine Schicht dauerte neun Stunden. Schichtbeginn war um 6.00 Uhr in den Morgenstunden. Die Bergleute bestiegen einen LKW, der sie nach Untertage brachte. Die Einfahrt in den Berg war so groß, dass zwei LKW nebeneinander Platz hatten und die Fahrbahn verlief schräg, mit einem Einfallswinkel von etwa dreißig Grad, in den Berg. Das Gestein war so hart, dass ein Ausbau des Tunnels nicht notwendig war, ein Bergmann würde diesen abfallenden Tunnel als Diagonale bezeichnen. In der Tagesschicht wurde gebohrt und gesprengt. In einer Tiefe von dreihundert Meter befanden sich die Kupferschichten, die eine Mächtigkeit oder auch Dicke bis zu vier Meter ergaben. Da hier ein hoher Kupferwert mit großen Mengen vorlag und ein Ausbau des frei gesprengten Raumes aufgrund der Härte des Gesteins nicht notwendig war, konnte man von einem erfolgsversprechenden und preisgünstigen Bergbau sprechen. Die zweite Schicht, die Spät- oder auch Nachtschicht, verlud die abgesprengten Mineralien und beförderte sie nach Übertage. Mit einem Tieflader schafften Arbeiter das Gestein auf einen speziellen Lkw, der es zum Brecher fuhr und dort abgekippte. Diese Anlage befand sich zentral gelegen im Untertagebereich. Die zerkleinerten Steine fielen auf ein laufendes Förderband, dass in einem ausgebauten Tunnel stand und das Gestein nach oben transportierte. Der Tunnel mit dem Förderband hatte einen Anstieg von zirka vierzig Grad. Es waren moderne Bergbaugeräte eingesetzt, um die Kosten zu minimieren und den Abbau zu beschleunigen. Die schwedische Maschinenfabrik Atlas Copco verkaufte diese modernen Geräte an Südafrika. Weiter fand ich heraus, dass der schwedische Staat, der zwar die Apartheid verurteilte, trotzdem panzerbrechende Waffen, wie die Panzerfaust Karl Gustav und andere Infanteriewaffen sowie Munition an Südafrika verkaufte. An dieser Panzerfaust wurde ich als Soldat in meiner Bundeswehrzeit selber ausgebildet. Sie löste den Vorläufer, die amerikanische Panzerfaust Bazzoka ab. An Kriegsgeräten verdienten die herstellenden Länder sehr viel Geld. Und wer das Geld hatte, erhielt was er brauchte. Die Moral stand an zweiter Stelle.

In meiner ersten Schicht wurde ich einem Bergmann zugeteilt, der mich einweisen sollte und dann seinen Urlaub antreten konnte. Wilhelm war ein Coloured und er stammte aus dem Ort Rehoboth. In Südafrika bezeichnete man sogenannte „Mischlinge" als Coloured. Wir verstanden uns sofort gut. Nach der Einfahrt nach Untertage mit dem LKW gingen wir etwa zehn Minuten zu Fuß vom Haltepunkt bis zum Arbeitsplatz. Dort angekommen, fiel mir der fahrbare und elektrisch angetriebene Bohrwagen auf, der mit einem übergroßen Lkw vergleichbar war.

Der Ort Rehoboth liegt in südlicher Richtung etwa achtzig km von Windhoek entfernt. Um 1870 ließ sich eine Gruppe, die sich Baster nannte, in dieser Gegend nieder. Diese Nachkommen europäischer Kolonisten und Khoisan Frauen waren aus dem Kap nach Südwestafrika gezogen, da ein Zusammenleben mit den Weißen nicht mehr möglich war. Das hatte mir bereits der Polizeianwärter aus Rehoboth bei unserem Einsatz im Owamboland erklärt.

Wilhelm teilte seine sechs Schwarzen Mitarbeiter zu bestimmten Arbeitsvorgängen ein. Der Bohrwagen stand etwa zweihundert Meter von der Bohrstelle entfernt. Als erstes schaltete er das Licht am Bohrwagen ein, um den Arbeitsplatz zu beleuchten. Unsere Kopflampen reichten kaum aus, um die immense Größe des Arbeitsplatzes zu erkennen. Die Strecke oder auch der Tunnel besaß eine Breite von zirka zehn Meter und die Höhe erstreckte sich auf zirka sechs Meter. Dort, wo gebohrt werden sollte, konnte ich zwei Sektoren erkennen. Wilhelm gab zum Arbeitsablauf folgende Erklärung ab: Als erstes würde die Sicherheit am Arbeitsplatz von uns überprüft. Der Boss Boy inspizierte mit seinen Leuten die Decke (das Hangende) die Seiten der Strecke und auch die Ortscheibe, wo später gebohrt würde, auf loses Gestein unter Zuhilfenahme einer Brechstange. War der Platz sicher und gereinigt, würde der Bohrwagen vor Ort gefahren. Wilhelm kennzeichnete zuerst die Bohrlöcher. Er hatte einen Eimer mit weißer Farbe und einen Pinsel, der an einem drei Meter langen Ladestock befestigt war und malte die Lage der Bohrlöcher mit einem weißen Punkt an die Felswand oder Ortsscheibe. Es gab zwei Bohrstellen, die gekennzeichnet wurden: Erstens die Hauptstrecke und zweitens die Seitenstrecke, die etwa fünf Meter zurücklag. Beide wurden abgebohrt und nach dem Besetzen der Bohrlöcher, mit einem geringen Zeitunterschied gesprengt. Die Bohrlöcher hatten eine Tiefe von zweiundfünfzig Meter und die Breite der Strecke lag mit der Seitenstrecke bei zirka zehn Meter. Die Bohrlöcher waren gekennzeichnet, die Sicherheit gegeben und die Bohrarbeiten konnten starten. Diese Arbeit führte ein ausgebildeter Schwarzer Bergmann durch. Hydraulisch konnte er mit zwei kleinen Hebeln, zwei voneinander getrennte Bohrstangen bedienen. Der Bohrer wurde elektrisch angetrieben und der Strom kam über ein langes Kabel, das über eine große Rolle lief, die am hinteren Teil des Bohrwagens angebracht war. Die elektrischen Versorgungsleitungen wurden jeweils von

Elektrikern mit dem Schaltkasten vorgebaut und an den Seitenwänden befestigt. Diese technischen Arbeiten erledigten sie in einer Zwischenschicht. Auch wurden die Wasserleitungen und Druckluftleitungen vorinstalliert, da das Bohren mit Wasser erfolgte, um die Bohrkrone zu kühlen und den auftretenden Staub mit dem Wasser zu binden. Die Druckluft wurde benötigt, um nach dem Bohren das Wasser aus den Bohrlöchern auszublasen. Nach etwa drei Stunden war die Bohrarbeit beendet. In der Zwischenzeit kam der Posthauer oder auch Vorarbeiter mit seinem Geländewagen vorgefahren und brachte den telefonisch bestellten Sprengstoff. Der verantwortliche Steiger kontrollierte den Arbeitsplatz und überzeugte sich von den eingerichteten Sicherheitsmaßnahmen am Arbeitsplatz, dem Arbeitsablauf und überprüfte die Laseranlage, damit die Abbaurichtung eingehalten wurde. Alles war in bester Ordnung. Das Ausblasen und das Besetzen der Bohrlöcher mit Sprengstoff konnte begonnen werden. Die Bohrlöcher wurden mit Druckluft ausgeblasen, um das Wasser und die Feuchtigkeit zu entfernen und sie somit frei und sauber für die Sprengpatronen waren. Der Erfolg einer Sprengung lag beim verantwortlichen Sprengmeister. Er musste persönlich die Reihenfolge der Zeitzünder so setzen, dass der Abschlag in der Länge der Bohrlöcher zerschmetterte, keine großen Gesteinsbrocken entstanden, sondern ein überblickbares Haufwerk, so dass später das Laden der gesprengten Erze und des Gesteins zügig voranschreiten konnte. Als das Besetzen und Verbinden der Bohrlöcher beendet und die Zündschnur gelegt war, verständigte Wilhelm über Telefon den Vorarbeiter, dass der Abschlag zur Sprengung bereit sei.

Der Bohrwagen wurde etwa zweihundert Meter rückwärts

aus der Gefahrenzone gefahren und der Arbeitsplatz befand sich in einem aufgeräumten Zustand. Der Vorarbeiter wartete auf die Anrufe von den anderen Sprengplätzen und koordinierte, welcher Sprengplatz zuerst seine Zündschnur zündete. Die Bergleute konnten die Haltstelle, an der der Transport nach Übertage erfolgte zu Fuß erreichen. Nach etwa fünfzehn Minuten erreichte der Vorarbeiter mit seinem Fahrzeug die Sprengstelle und gab das Kommando zum Zünden. Wilhelm entzündete die 1,20 m lange Zündschnur und wir verließen umgehend den Sprengplatz Richtung Haltestelle. Nach ungefähr zwei Minuten erfolgte die erste Detonation, die sich in der Reihenfolge der Zünder blitzschnell fortsetzte. Wir bestiegen indessen den Lkw und fuhren Richtung Übertage. Auf der Fahrt zum Tageslicht hörte man von den anderen Sprengplätzen die harten Detonationsgeräusche der gezündeten Sprengladungen. Die laufenden Ventilatoren spülten die giftigen Rauchschwaden, aus dem Untertagebereich nach Übertage. Nach gut zwei Stunden war dieser große Bereich von den Rauchschwaden gereinigt und die Zwischenschicht fuhr ein, um erforderliche Arbeiten zu verrichten. Um 21.00 Uhr begann die Nachtschicht damit, die gesprengten Erze und Steine an den Sprengplätzen aufzuladen. Wir hatten eine erfolgreiche Woche. Ich musste nur noch mit dem Bohrwagen vertraut werden und zum Teil eigenständig die Bohrgeräte bedienen lernen. Die letzten drei Tage übergab Wilhelm mir die volle Verantwortung. Wilhelm „spielte" stiller Beobachter, der kaum eingreifen brauchte. An Wilhelm war mir aufgefallen, dass er leicht humpelte und auf meine Nachfrage erklärte er mir, dass er vor einigen Wochen einen Sportunfall hatte. Seine große Leidenschaft war Fußball und bei einem Spiel hatte er sich seinen Fuß verletzt. Da er keine

Unfallversicherung hatte, gab er es als Arbeitsunfall an. Für Montag war der medizinische Eingriff geplant und er hatte seinen Jahresurlaub zur Heilungstherapie genommen. Er war sehr dankbar für meine Unterstützung und dafür, dass ich seine Arbeit so gut bis zu seiner Rückkehr weiterführen könnte. Die Mannschaft wäre in Ordnung. Es wären Owambos und da müsste man schon mal Abstriche in Kauf nehmen. In der neuen Woche hätten einige den Arbeitsablauf vergessen, da sie zu viel selbst hergestelltes Bier an ihren freien Tagen tranken. Der Boss Boy war jedoch zuverlässig und würde die Quertreiber schon zurechtstutzen.

Die vier Wochen ohne Wilhelm verliefen erfolgreich. In der Halbzeit musste ich für einen Tag zum Bergamt und legte meine Prüfung für den Sprengschein für Untertage ab. Ich konnte damit nicht nur auf Kupferminen, sondern auch auf Gold, Platin, Diamanten, Silber, Kohle und anderen bekannten Mineralien Sprengungen im Untertagebereich Südafrikas durchführen. Für diesen Prüfungstag übernahm der Vorarbeiter meinen Arbeitsplatz. Nach bestandener Prüfung sollte ich mich beim Betriebsführer der Mine melden. Deshalb fuhr ich mit meinem Fahrzeug vom Bergamt Windhoek sofort zurück. Zwischenzeitlich teilte ich Juanita meinen Prüfungserfolg mit, die sich sehr freute. Ich wäre ein Glückspilz, aber ich sollte mich nicht für diese gefährliche Arbeit anwerben lassen. Über ein Treffen mit dem Betriebsführer erzählte ich ihr nichts.

Aber: „Frauen haben manchmal einen sechsten Sinn!"
Der Betriebsführer der Otjehase Mine war ein großer schlanker Mann mit harten Gesichtszügen. Bekannt war mir, dass seine Vorfahren aus Deutschland stammten. Mit knappen Worten teilte er mir in deutscher Sprache mit, dass meine

313

Leistungen gut waren und er das nicht anders erwartet hatte. Er bot mir eine Zukunft in seinem Betrieb. Dieses Angebot sollte ich gut überdenken und ihm bis Monatsende meine Entscheidung mitteilen. Damit war unser Gespräch beendet. Auf dem Weg zum Auto traf ich den Steiger, der mir zur bestandenen Prüfung gratulierte und mich mit meiner Frau zum Tanzabend am Wochenende in den Club einlud. Die Mine hatte für seine Weißen Angestellten ein gutes Freizeitangebot. Der Club hielt täglich warme Speisen und diverse Getränke bereit. Weiterhin konnte man das Schwimmbad und die Turnhalle mit allen Sportgeräten benutzen. Es existierte sogar eine tolle Außenanlage mit einem Spielplatz für Kinder. Weiterhin gab es ein Kino, in dem die neuesten Filme gezeigt wurden und auch eine Bibliothek mit einer ansprechenden Sammlung deutscher Büchern. Einmal im Monat veranstaltete der Club einen Tanzabend mit Kapelle. Für ledige Angestellte wurden kostenlos kleine Apartments auf dem Firmengelände gestellt. Die Nichtweißen Arbeitnehmer, waren ebenfalls in dem Programm mit einbezogen, wenn sie eine Tätigkeit verrichteten, die für Weiße Angestellte oder Bergleute vorgesehen war, wie zum Beispiel der Klasse I Bergmann mit einem Sprengberechtigungsschein. Für die Schwarzen Arbeiter oder Bergleute gab es kasernenähnliche Unterkünfte im Bereich der Mine. Dort wurde freie Verpflegung und kostenlose Heilfürsorge angeboten. Einmal im Monat hatten sie die Möglichkeit, ihre Familie im Owamboland zu besuchen. Die Kosten der Hin- und Rückfahrt übernahm die Bergwerksgesellschaft. Auf dem Gelände stand auch eine kleine Kirche, die von den unterschiedlichen Bevölkerungsgruppen getrennt besucht werden konnte. Alle größeren Minen in Südafrika boten ihren Mitarbeitern dieses Sozialprogramm.

Über die Clubleitung konnte ich organisieren, dass wir nach dem Tanzabend im Clubhaus übernachteten und somit einen entspannten Sonntag im Freibad verbringen konnten. Der Tanzabend nach südafrikanischer Art verlief sehr fröhlich und manchmal etwas wild. Die Kapelle spielte die bekannten englischen und amerikanischen Schlager und die ausgelassene Musik der Buren. Bei dieser Burenmusik hatte ich das Gefühl, einen fröhlichen Schützenabend in Deutschland zu verleben. Auch lernte ich einige Leute aus dem Übertagebetrieb kennen, die für die Aufbereitung der geförderten Mineralien verantwortlich waren. Ich spreche hier von Uran und Gold, aber auch Pyrit und Fluorit, die ich ausfindig machen sollte. Ein älterer Herr, der für die Minengesellschaft schon seit Jahren als Geologe arbeitete und aus Finnland stammte, war deshalb interessant für mich. Er gehörte zur Geschäftsführung und hatte dem Alkohol schon gut zugesprochen. Längere Zeit saß er mit dem Betriebsführer zusammen, der aber frühzeitig mit seiner Frau den Tanzabend verließ. Nun stand ich gemeinsam mit ihm an der Bar und mein Gesprächspartner versuchte, sich in seinem angetrunkenen Zustand etwas zu profilieren. Der Betriebsführer wäre ein geradliniger Mensch, der die Zeichen der Zeit noch nicht erkannt hatte, gab er mir zu verstehen. Auf meine Frage, was er unter Zeichen der Zeit verstehe, ging er von der Politik der Minengesellschaft aus. Die Gesellschaft hätte nur Interesse an einer guten Produktionsleistung und nicht an den Menschen. Auch war Deutschland mit im Bergbaugeschäft, aber der Haupteigner dieser Zeche war eine große kanadische Gesellschaft. Weiter erzählte er mir, dass er vor zwei Jahren seine

Frau verloren hatte und mittlerweile war ihm alles egal. Während des Gespräches achtete ich darauf, dass sein Glas immer gefüllt war und er weitersprach. Als Whiskyliebhaber trank er nur von der besten Sorte. Das merkte ich später an meinem Portemonnaie. Ein Zeichen der Zeit war der unaufrichtige Einsatz der westlichen Welt für die Freiheit der Schwarzen Bevölkerung. Er faselte weiter, dass die Führer der Schwarzen Bevölkerung korrupt waren und wenn sie die Macht übernahmen, konnte man bei ihnen die Mineralien weit günstiger einkaufen, als heute von der Weißen Führung. Diese Mine besaß gute Erzvorkommen, die noch ca. vierzig Jahre reichten und in dieser Zeit würden hier keine Weißen mehr arbeiten. Es wurden auch Mineralien als Nebenprodukte abgebaut, was vielen nicht bekannt war. Auf meine vorsichtige Frage, welche Produkte dies waren, zählte er Gold, Uran, Pyrit und das Mineral Fluorit auf. Dann meinte er hastig, seine Zeit wäre abgelaufen und er müsste zur Toilette. Er verschwand von der Bildfläche und kehrte nicht mehr zurück.

Ihn könnte ich nicht für voll nehmen. Immer wenn er trank, redete er dummes Zeug, versuchte mir ein anderer Gast, der wahrscheinlich unser Gespräch verfolgt hatte, zu erklären. Er selbst arbeitete in der Aufbereitungsanlage und im letzten Monat waren drei Prozent mehr Gold gewonnen worden. Dann meinte er entsetzt „Scheiße!", trank sein Bier aus und verschwand ebenfalls. Auch ein Blinder mit dem Krückstock konnte fühlen, dass etwas nicht stimmte, dachte ich mir. Ich ging zurück zu meiner Ehefrau und wir tanzten ausgelassen nach echter Burenmusik und genossen den restlichen Abend. Den Sonntag verbrachten wir entspannt am Pool.

Der Rest des Monats verlief arbeitsmäßig gelungen und in

meiner letzten Schicht übergab ich Wilhelm seinen Arbeitsplatz. Seine Verletzung war ausgeheilt und er bedankte sich nochmals überschwänglich für meine Hilfe. Sollte politisch eine Änderung für Südwestafrika eintreten, dann hatte Wilhelm auf dieser Mine eine gute berufliche Zukunft. Der verantwortliche Betriebsleiter, dem ich meinen Entschluss mitteilen sollte, war in der Zwischenzeit in seinem Urlaub nach Deutschland geflogen. Erst einige Wochen später traf ich ihn zufällig in der Stadt. Er wirkte wie umgewandelt. Er lud mich zu einem Kaffee ein und wir führten eine entspannte Unterhaltung. Sein Leben war die Arbeit und dann kam erst die Familie. Aber diese Gegebenheit hätte sich durch familiäre Ereignisse in Deutschland grundliegend geändert, erklärte er mir. Er würde ab jetzt mehr auf die menschlichen Bedürfnisse seiner Mitarbeiter eingehen und versuchen, diese auch zu verstehen. Meine Entscheidung, nicht für die Mine zu arbeiten, nahm er zur Kenntnis und bedauerte es auch. Es wäre meine Entscheidung und dies musste er akzeptieren, äußerte er zum Schluss. Überrascht, aber auch erfreut, war ich über seine neue Einstellung. Vielleicht hatte auch er die Zeichen der Zeit erkannt.

Das folgende Treffen mit dem Betreuer lief so ab wie in der vergangenen Zeit. Ich überreichte meine Berichte und erhielt mein Geld. Die Quittung, die mir vorgelegt wurde, unterschrieb ich wie gewohnt mit meinem Zweitnamen. Nun konnte der gemütliche Teil starten, denn wir hatten nach über sechs Jahren Zusammenarbeit, ein fast kameradschaftliches Verhältnis aufgebaut. Aber diesmal bemerkte ich eine bedrückende Stimmung. Schon seit Längerem wurde ich von meinen Betreuern darauf hingewiesen, dass ein Personalwechsel in den kommenden Wochen stattfinden würde. Ich hatte diese Andeutungen vernommen, aber die Lage nicht ernst genug eingeschätzt. Um es kurz zu fassen, man teilte mir mit, in der nächsten Woche, um die gleiche Zeit und am selben Ort, würde ich meine neuen Mitarbeiter kennen lernen. Sie verabschiedeten sich und wünschten mir weiterhin viel Erfolg. Nach diesem Treffen tröstete ich mich mit den Gedanken, dass es eben ein harter Beruf und ich bisher ein Einzelkämpfer in diesem Land war. Meine Laune verbesserte sich, als ich unsere Wohnung betrat und dann bei einer Tasse Kaffee und für mich einen heißen Kakao mit Juanita mein erhaltenes Gehalt zählte. Bei der überraschenden Höhe des Betrages konnte ich vielleicht ein wenig Kameradschaft erkennen. Die Franzosen würden sagen: „So ist das Leben!"

Ich verbrachte mit Juanita und den Kindern eine ruhige Woche. Mit Juanita besprach ich unser weiteres Leben, im Falle, dass der Tag X einmal eintreten würde und ich als Ermittler für einen Nachrichtendienst aufflog. Ich malte mir verschiedene Szenarien aus und der schlimmste Fall wäre für mich, für einige Jahre im Gefängnis zu landen und das Land verlassen zu müssen. Unser Leben war durch meine eigene „Firma" abgesichert. Juanita könnte man keine Mittäterschaft nachweisen, da ich in diesem Land als normaler Bürger lebte und viele Südafrikaner zu unseren Freunden und Bekannten zählten. Das meiste unseres Einkommens gehörte dann Juanita und den Kindern, da ich bei einer Festnahme nur das Geld nachweisen dürfte, das ich in meinen „bürgerlichen" Berufen eingenommen hatte. Einen Teil des Geldes würde ich also vorweisen, um so meine Daseinsberechtigung in diesem Land zu rechtfertigen und das würde Juanita noch weiter entlasten. Wir bauten uns mit diesen möglichen Überlegungen, sollte wirklich einmal der Ernstfall eintreten, eine Art „Lebensversicherung" auf.

Etwas beruhigter war ich jetzt auf meine neue Führung sehr gespannt. Hoffentlich war ihre Bezahlung genauso anständig wie bisher. Beim ersten Treffen betraten zwei Männer das Lokal mit über einer halben Stunde Verspätung. An der Kleidung erkannte ich, dass sie Touristen zuzuordnen waren. Beide trugen Sandalen mit schwarzen kurzen Socken und ihre weißen Beine kamen durch die kurze Hose noch mehr zur Geltung. Ein Typ trug, wie es bei Touristen so üblich war, eine Kamera um den Hals. In Afrika hatten sie bestimmt ihren ersten Einsatz. Ich saß verdeckt in einer Ecke und fiel Beiden bestimmt nicht auf. Um eine Verbindung herzustellen, stand ich auf, ging ihnen entgegen und begrüßte sie mit: „Herzlich willkommen". Sie nickten mit dem Kopf, folgten mir und wir setzten uns dann hin. Die erste Verbindung war hergestellt! Diese Treffen fanden grundsätzlich in verschiedenen Lokalen statt, die auch von Touristen aufgesucht wurden. Den Beiden war ich bestimmt bekannt, nur ich musste mich versichern, ob es auch die richtigen Personen waren. Auf meine Frage: „Was darf ich Ihnen bestellen?", kam dann laut und deutlich die richtige Antwort, die sie mir geben mussten: „Bitte keine Cola." Etwas später orderten wir Kaffee und kamen ins Gespräch. Es wurde eine rein dienstliche Unterhaltung, die für mich nicht erfreulich ausfiel. Es würden bei meinen Ermittlungen oft die echten, schriftlichen Beweise fehlen, meinten sie. Als Beispiel nannten sie den letzten Bericht über den Goldgehalt im Kupfer und anderen Mineralien aus der Otjihase Mine. Hier hatte ich Vermutungen angegeben, aber sie waren nicht nachweisbar und somit nicht verwertbar. Sie wollten bei allen Ermittlungen ab sofort keine Kopien mehr, sondern „Originale"! So könnte ich nicht arbeiten, führte ich als Gegenargument an. Müssten zum Beispiel Ausweise entwendet werden, wäre das ein Diebstahl und der Geschädigte stellte vielleicht eine Anzeige bei Polizei, diese leitete Ermittlungen ein und sicherte Spuren, wie zum Beispiel Fingerabdrücke. „Dann tragen Sie doch Handschuhe um Fingerabdrücke zu vermeiden," entgegneten sie lapidar. Nein, das konnte keiner von mir verlangen, ich war ein Ermittler und kein Krimineller, auch wenn die Grenzen manchmal sehr dünn waren. Meine Vorhaltungen waren nutzlos, sie bestanden auf diese härtere Gangart bei meiner Arbeit. Die für mich als „Touristenclowns" verkleideten Betreuer hatten eine andere Klasse und waren auf schnelle Ermittlungserfolge mit stichhaltigen Beweisen aus. Unser nächstes Treffen wurde genau in zwei Wochen anberaumt. Was sollte ich machen um dieser Sache gerecht zu werden? Ich zweifelte und zudem hegte ich den Verdacht, dass diese Leute mich testen wollten. Wenn ich einen Fall in zwei Wochen nach deren Vorstellung erfolgreich durchzog, hatte ich vielleicht den Test bestanden. Sie beabsichtigten etwas, das wichtig war und wollten vorher meine Arbeitsweise erkunden. Was könnte das nur sein? Mit dieser Ungewissheit ließen sie mich allein.

Einige Weiße sympathisierten mit der politischen Partei SWAPO, um sich bei einer Machtübernahme gute Positionen in dem neuen Regierungsapparat zu sichern. Bei diesen Personen handelte es sich meistens um Anwälte oder auch um überzeugte Kommunisten. Eine Anwaltspraxis war für die Arbeit für diese Partei bekannt und sie wurde von der weißen Bevölkerung von Windhoek als „Nestbeschmutzer" beschimpft. Viele wollten den alten Status und die Privilegien im Land beibehalten und keine neue Regierung ohne Apartheidgesetze so wie die SWAPO. Es war viel Zeit und Geduld notwendig, um einen Einblick in den Geschäftsablauf dieser Anwaltspraxen zu bekommen. Herausgefunden hatte ich, dass zu bestimmten Zeiten in den Nachtstunden ihre Büroräume von einem Wachdienst kontrolliert wurden. Das Schloss zum Öffnen der Eingangstür der Anwaltsbüros war für mich kein großes Hindernis. Nach zwei Wochen intensiver Erkundungen der Objekte war ich bereit zum Einstieg. Ich wählte die Nachtstunden zwischen Samstag und Sonntag, da die Bürger in dieser Zeit noch feierten oder schon im tiefen Schlaf versunken waren. Eine Stunde Aufenthalt hatte ich mir gesetzt, um die Aufgabe zu erledigen. Aber ich benötigte nur eine halbe Stunde, um alle wichtigen Originalpapiere einzusammeln. Dies war für mich ein einfacher Einbruch, dessen Arbeitsaufwand mehr in der Vorbereitung und der Tat selbst lag. Warum sollte ich diese Originalpapiere mitnehmen, wenn ich sie auch fotografieren konnte? Ich verstand es nicht. Sollte das tatsächlich meine zukünftige Arbeit werden? Mir schwirrten so viele Gedanken durch den Kopf, dass ich sie erst einmal ordnen musste. Alle meine so genannten Einbrüche oder auch Ermittlungen im nichtmilitärischen Bereich erfolgten ohne Mitnahme einer Waffe. Was machte ich aber, wenn ich überrascht und dadurch meine Identität aufgedeckt wurde? Musste ich, um das zu verhindern, körperliche Gewalt einsetzen und dafür gezielt trainieren? Meine Selbstverteidigungskenntnisse mussten ebenfalls verbessert werden. In welche Organisation war ich geraten, die mich für solch eine Tätigkeit aufbaut hatte, ohne dass es mir bewusst war. Bestand diese Organisation aus gesetzlich geschützten Kriminellen, die vor keiner Straftat zurückschreckten, um die gesetzten Ziele zu erreichen? Das konnte und wollte ich mir nicht vorstellen. Ein gewisser Zweifel daran, ob ich weiterhin einer guten Sache diente, blieb bei mir bestehen.

Nach der Durchsicht der entwendeten Berichte zeigten meine neuen Betreuer eine gewisse Zufriedenheit mit meiner Arbeit und meine Bezahlung war auch nicht zu verachten. In ihrer Kleidung traten sie diesmal als seriöse Geschäftsleute auf. Unser nächstes Treffen würden sie mir auf dem bekannten Weg mitteilen.

Einige Zeit später sprach mich bei einem Einkauf im Supermarkt ein mir unbekannter Weißer an. Er stellte mir die Frage, ob ich interessiert war, schnell viel Geld zu verdienen. Ich lachte und lehnte dieses Angebot ab. Danach wartete er auf dem Parkplatz neben meinem Fahrzeug. In seiner Hand hielt er einige Steine, die er mir zeigte. Es waren Rohdiamanten und die konnten in Europa gut verkauft werden. Ich wäre am Verkaufspreis mit fünfzig Prozent beteiligt, erklärte er mir. Das war ein gezieltes Manöver und eine Falle, um unerwünschte Personen dingfest zu machen, dachte ich sofort.

Verkäufer waren oft Nichtweiße Personen, die solche Angebote machten. Hatte man sich zum Kauf überreden lassen, war man in eine Falle gelockt und eine Festnahme von der sogenannten Diamantenpolizei erfolgte. Den Kauf von Diamanten bestrafte man sehr hart. In der Bevölkerung erzählte man sich: „Du wirst eingesperrt und der Schlüssel zu deiner Zelle wird weggeworfen."

Die Macht über das Diamantengeschäft überwachte die de Beers Gruppe, eine der größten Organisation, die auch das Weltmonopol innehatte, die die Diamantgeschäfte tätigte. Im

Ersten Weltkrieg hatte Deutschland die großen Diamantenfelder in der Namibwüste verloren und an de Beer abgeben
müssen. Ich ignorierte nochmals dieses Angebot, stieg in
mein Auto und fuhr davon. Jetzt war ich richtig unsicher. Das
war doch ein Hinweis, dass etwas ganz und gar nicht in Ordnung war. Für mich bedeute die Aktion eindeutig eine Falle
und ich war verpflichtet, auch zu meiner eigenen Sicherheit,
es den Betreuern unverzüglich mitzuteilen.

Und dann überschlugen sich die Ereignisse. Uwe wollte mich
plötzlich und unbedingt außerhalb von Windhoek treffen. Es
wäre sehr wichtig, betonte er sehr eindringlich. Wir trafen uns
sofort nördlich von Windhoek in einem Park an einer Stelle,
an der eine Observation kaum möglich war. Aufgrund der Informationen, die er in dem monatlichen Meeting im Polizei-
präsidium erfahren hatte, waren ihm sehr schlechte Nachrichten, die mich betrafen, bekannt. „Verlasse sofort
Südafrika. Am besten, du steigst in ein Flugzeug und fliegst
zurück nach Europa. Juanita soll dich sofort nach Johannesburg zum Flugplatz bringen. Dort besteht noch die Möglichkeit, das Land unerkannt zu verlassen. Der Flugplatz Windhoek ist zu unsicher und du bist dort schon bekannt. Eine
Fahndung wird in den nächsten Tagen ausgeschrieben." Als
ich mich zu bedanken versuchte, schüttelte er den Kopf und
äußerte mit verkrampfter Stimme: „Sei bitte ruhig, du kennst
ja meine Einstellung und jetzt verschwinde. Ich wünsche dir
noch viel Glück." Was genau vorlag, erfuhr ich jedoch nicht;
er stieg in sein Auto und verschwand.

Dies war also der gefürchtete Tag X. Juanita und ich handel-
ten sofort. Nach über siebzehn Stunden Fahrt mit Juanitas

Auto erreichten wir den Flugplatz Johannesburg. Die gesamte Strecke fuhr ich mit zwei kurzen Pausen durch. Juanita sollte so schnell wie möglich wieder in Windhoek bei den Kindern gesehen werden. Auf der Fahrt überlegte ich, welchen Ausweis ich an der Passkontrolle am Flugplatz vorlegen sollte. Da ich mehrere Reisepässe besaß, entschied ich mich, dass der echte deutsche Reisepass mir mehr Sicherheit gab. Ich hatte das Einreisedatum nach Südafrika verändert und die Eintragungen von Rhodesien entfernt. Weiterhin befanden sich zwei Reisepässe mit falschem Namen und mein südafrikanischer Permit Residenz Ausweis in meinem Besitz. Bei meinem zweiten Halt verbrannte ich die falschen Reisepässe und den südafrikanischen Ausweis. Vorbereitet hatte ich Schreiben, die darauf hinwiesen, dass ich für eine bekannte deutsche Rüstungsfirma arbeitete. Juanita und ich verabschiedeten uns aus Sicherheitsgründen im Auto. Der Abschied war sehr traurig, doch jeder von uns beiden wusste, worauf er sich eingelassen hatte. Mit leichtem Gepäck ging ich zum Flughafengebäude und buchte dort einen Rückflug nach London bei der Britischen Fluggesellschaft. Nur eine Stunde Zeit blieb bis zum Abflug und ich musste so schnell wie möglich die Sicherheits- und Passkontrolle durchlaufen. Ich schluckte eine Pille, die meine Nerven beruhigte. Den Vorgang selbst erlebte ich fast schwebend ohne Ecken und Kanten und wurde bei der Passkontrolle nur nach meiner Rückkehrzeit gefragt. Später in der Maschine, noch vor dem Start, wurde mir ein Platz in der ersten Klasse angeboten, da dort noch genügend Plätze frei waren. Was für ein Glück ich hatte! Als die Maschine vom Flugplatz Johannesburg abhob und ihre Flughöhe erreichte, war es, als erwachte ich aus einem Traum und in diesem Traum hatte ich etwas Wunderbares verloren. Es war für mich ein fast schmerzhaftes Gefühl. Der Schmerz verblasste aber nach einiger Zeit und ich war einfach nur sehr traurig. Auch dieses Gefühl ließ nach und ich konnte mich jetzt klar an fast alle sich überstürzenden Ereignisse erinnern. In den Morgenstunden landeten wir in London. Hier hatte sich kaum etwas verändert. Mich irritierten nur die vielen Menschen. Nach zwei Stunden Aufenthalt startete mein Weiterflug nach Düsseldorf. Mein erster Eindruck am Flughafen Düsseldorf war die Sauberkeit der Anlage und der schnelle Ablauf bei der Abfertigung der Passagiere. Es war für mich eine andere Welt, in die ich eintrat. Meine Welt in den vergangenen Jahren war ein Abenteuer. Das Gefühl der versteckten Angst konnte ich ablegen. Jetzt war ich ein so genannter Heimkehrer und erwartete den nächsten Einsatz.

Ich versuchte Kontakt zur Organisation aufzunehmen, erfuhr aber, dass die Firma, für die ich gearbeitet und mein Leben riskiert hatte, nicht bekannt war! Sollte ich weitere Maßnahmen gegen die „Organisation" einleiten, würde meine Familie in Afrika darunter leiden, überlegte ich.

Ich musste mir also eine neue Existenz in Deutschland aufbauen und in geordneten Verhältnissen leben. In einer unglaubwürdigen Welt träumte ich von meiner Frau, den Kindern und dem Land Afrika.

Die Lust zu überleben hatte ich aber nicht verloren.

Epilog

Bereits nach einem Monat in Deutschland erhielt ich wieder eine feste Anstellung und von dieser Zeit an war es für mich nicht mehr langweilig. Zudem war ich damit beschäftigt, meine Existenz zu festigen und notwendige Angelegenheiten für mein zukünftiges Leben zu regeln. Mir gelang es, für meine Frau einen deutschen Fremdenpass und für beide Kinder einen Kinderpass zubekommen. Nach einem Jahr der Trennung konnten sie nach Deutschland einreisen.

C`est la vie

Danke

Meine Kinder Storm, Marcelle, Sylvia, Carla, sowie meine Schwiegertochter Tina und meine Lebensgefährtin Ulla gaben mir die Kraft, dieses Buch überhaupt zu schreiben.
Vielen, vielen Dank dafür ihr Lieben. Allen und auch meinen Enkeln wünsche ich weiterhin ein gesundes, glückliches und zufriedenes Leben. Ich bedaure, dass die Verstorbenen Juanita und mein Sohn Lenny dies alles nicht mehr erleben dürfen.